HEYNE <

NICO ROSE

HARD, HEAVY & HAPPY

HEAVY METAL UND DIE KUNST DES GUTEN LEBENS

WILHELM HEYNE VERLAG
MÜNCHEN

MIX
Papier | Fördert gute Waldnutzung
FSC® C083411

Penguin Random House Verlagsgruppe FSC® N001967

5. Auflage
Originalausgabe 2022

Redaktion: Lars Zwickies, Bielefeld
Umschlaggestaltung: Nele Schütz, Memmingen
unter Verwendung eines Motivs von
Shutterstock Images LLC (442250) Bildnummern
(333195158, 565889851, 566472385, 642004081)
Illustrationen der Metalpersonas: Stephan Baumgarten, Osnabrück
Umschlagfoto: Heinz Feußner, Hamm
Satz: Satzwerk Huber, Germering
Druck und Bindung: CPI books GmbH, Leck
Printed in the EU
ISBN: 978-3-453-21829-1

www.heyne.de

Ohne Musik wäre das Leben ein Irrtum.

– Friedrich Nietzsche

Thousands of cars and a million guitars
Screaming with power in the air
We've found the place where the decibels race
This army of rock will be there

– Judas Priest

I bin da Heavy-Metal-Pepi, nur wenn's laut is, bin i happy.

– Erste Allgemeine Verunsicherung

Ich widme dieses Buch, ohne bestimmte Reihenfolge:
Uli Jon Roth, Kai Hansen, Timo Tolkki, Joey DeMaio sowie Jon Oliva -
und den Menschen, mit denen sie ihre Musik erschaffen haben.
Ohne sie wäre ich heute nicht mehr.

PLAYLIST

VORWORT

von Holger Hübner und Thomas Jensen

Liebe Headbangerinnen und Headbanger (und solche, die es werden wollen), seit über dreißig Jahren widmen wir uns privat und beruflich der schönsten Hauptsache der Welt: Heavy Metal. Als in uns damals die (Schnaps-) Idee reifte, ein Festival in unserem Dorf zu veranstalten, hatten wir natürlich nicht den blassesten Schimmer, wo das hinführen würde. Uns ging es um das Jetzt, das unserer Meinung nach *so laut wie möglich* sein sollte.

Ein Mantra, das uns seitdem begleitet, lautet: von Fans für Fans! Damit wollen wir zum Ausdruck bringen, *warum* – und vor allem, *wie* wir es tun. Es ist nämlich so: Metalfan zu sein bedeutet mehr, als Freude an derben Gitarrenriffs und donnernden Drums zu haben. Es ist eine Lebenseinstellung. Eine, die im beruflichen und privaten Alltag begleitet, die Orientierung schafft und – Obacht, großes Wort – Sinn stiftet. Für alle Lebenslagen, nicht zuletzt die schwierigen, haben Lemmy, Ronnie oder Bruce den richtigen Ratschlag parat. Gerade in den vergangenen Pandemie-Jahren, die uns das genommen haben, wofür wir und unser Team brennen, fanden wir in der Musik immer wieder den Arschtritt, den es nach Rückschlägen braucht. Weitermachen, weitermachen – nö sleep 'til W:O:A!

Für uns ist das Festival mehr als eine riesige Party mit Freundinnen und Freunden aus aller Welt. Dieses jährliche Aufeinandertreffen unserer heiligen Dreifaltigkeit aus Fans, Bands und Crew vor, auf und hinter den Bühnen ist der Ausgangspunkt all der großartigen Aktivitäten, die unsere Metal-Family auch außerhalb des Holy Ground umsetzt. Die Verantwortlichen unserer Wacken Foundation und des W:O:A Metal Battle betreiben Nachwuchsförderung und leisten einen Beitrag dazu, dass die Szene auch zukünftig vital und vielfältig bleibt. Zusammen mit unserer Community können wir Organisationen wie DKMS, WWF, STARK gegen KREBS oder Metality bei ihren wichtigen Aufgaben im Sinne der Allgemeinheit unterstützen. Schließlich sind da noch die verschiedensten Fan-Gruppierungen rund um den Globus, die Zusammenhalt und Miteinander so vorleben, wie wir es uns auch anderswo wünschen würden.

Das deckt noch lange nicht ab, was wir in der Metal-Community erleben und beobachten: Ausgehend von der geteilten Liebe für die Musik entstehen Allianzen, für die weitere Faktoren unerheblich sind, anhand derer sich andernorts leider oftmals noch voneinander abgegrenzt wird. Herkunft? Job? Sexualität? Egal, united we stand! Wieso das so ist? Ganz genau können wir es nicht erklären, aber dafür haben wir ja unseren Kumpel Nico. Mit seinem Buch geht er dieser Frage nach und arbeitet die Besonderheiten von Metal als Leidenschaft und Lifestyle so präzise und bisweilen mit überraschenden Erkenntnissen heraus, dass auch wir bei der Lektüre einiges lernen und manche Eigenart endlich einordnen konnten. Unterhaltsam ist das Ganze auch noch, da bleiben keine Wünsche offen. Uns bleibt an dieser Stelle nur noch zu sagen: IN METAL WE TRUST!

INTRO

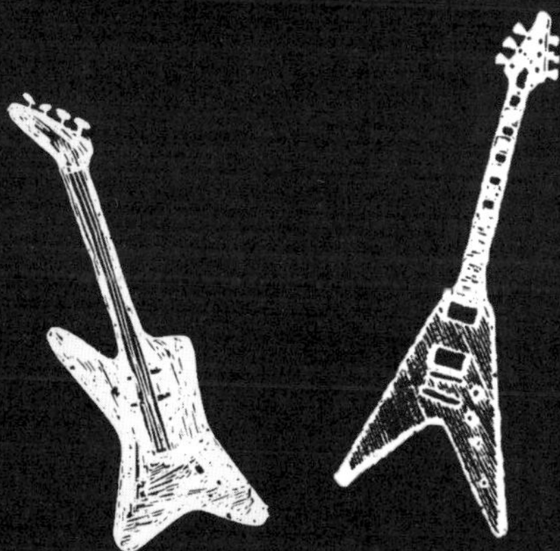

Libro Cornuto

I'd sign a contract with the devil
In the book of heavy metal
Dream Evil, »The Book of Heavy Metal«

Kennst du das Gefühl? Dieses Gefühl, wenn du noch ganz frisch verliebt bist? Wenn du dich so leidenschaftlich nach einem anderen Menschen verzehrst, dass es, abgesehen von den seelischen Qualen, geradezu körperlich wehtut, dieser Person nicht nah sein zu können? Diesen Schmerz spüre ich heute, obwohl ich kürzlich meinen zehnten Hochzeitstag feiern konnte und, inklusive zweier hinreißender Kinder, glücklich verheiratet bin. Die Ursache für diese Pein ist so simpel wie niederschmetternd: Ich schreibe diese Zeilen am 1. Juni 2021. Heute Mittag wurde das Wacken Open Air abgesagt, zum zweiten Mal nach 2020. Corona ist ein Arschloch!

Nun könnte jemand leichtfertig sagen: »Kopf hoch, ist doch nur ein Festival. Es gibt Schlimmeres.« Im großen Lauf der Dinge und der Welt als solcher ist das einerseits zutreffend. Andererseits – und ich sage das mit dem gebotenen Respekt – können mir solche Menschen gehörig den Schritt shampoonieren. Erklär mal einem fünfjährigen Kind, dass in diesem Jahr sein Geburtstag, Weihnachten und Ostern komplett ins Wasser fallen – und dass darüber hinaus alle Spielplätze dauerhaft geschlossen sind. So in etwa fühlt sich das für mich an.

Zudem bin ich beileibe nicht der einzige Mensch, dem Metal[1] so richtig ans Herz geht. Da wäre die Mutter aus Neuseeland, die ihre drei Kinder Metallica, Slayer und Pantera genannt hat.[2] Vielleicht ist das ein bisschen drüber, aber ich bin nicht hier, um den ersten Stein zu werfen. Schauen wir uns stattdessen den Schweden Roger Tullgren an: Er bezieht seit über einem Jahrzehnt eine Art Invalidenrente. Der schwedische Staat hat bestätigt, dass Tullgren unter Heavy-Metal-Sucht leidet, und diese Malaise als eine besondere Form der Behinderung anerkannt. Weil er sich zum Erhalt seiner seelischen Gesundheit zu viel auf Konzerten rumtreiben muss, gilt er als nicht voll erwerbsfähig und erhält fünfundzwanzig Prozent Lohnzuschuss vom Amt. Klingt komisch, ist aber so.[3] Bei mir ist es noch nicht ganz so weit gediehen, aber ich fürchte, der deutsche Sozialstaat würde mir auf Nachfrage sowieso den amtlichen Stinkefinger zeigen.

Mittlerweile schreiben wir Silvester 2021. Die ersten Konzerte und auch kleinere Festivals konnten wieder stattfinden, ich selbst habe es im Spätsommer immerhin zu Blind Guardian nach Krefeld geschafft. Vor dieser Erquickung war mein letztes Live-Erlebnis ein Autokonzert mit einem scheintoten Interpreten von Kinderliedern im Sommer 2020. Und was soll ich sagen: Ich habe es genossen. Doch an meiner Pinnwand überlagern sich die Karten für verschobene Konzerte aus den Jahren 2020 und 2021. Ist okay, ich kann warten. Aber Wacken ist nur einmal im Jahr.

Für viele Menschen in der Metalszene ist das Wacken Open Air (W:O:A) so etwas wie das Hochamt, das absolute Highlight im Metalkalender.[4] Das W:O:A ist überlebensgroß, ein Mythos, ein Sehnsuchtsort. Es findet in einem Paralleluniversum statt, das für Menschen wie mich ein besserer Ort ist, besser als die echte Welt. Das liegt natürlich an der wunderbaren Kraft der Musik - aber da ist noch so viel mehr. Das Wichtigste: Wacken ist ein Ort, an dem Menschen wie ich die Normalen sind, nicht die Verrückten. Im Grunde ist es dort egal, wer oder was du bist, und das kann man nicht von vielen Gestaden auf diesem Planeten sagen. Wacken ist ein *heiliger* Ort. Nicht umsonst wird die weite Fläche vor den Hauptbühnen als »Holy Ground« bezeichnet. In den meisten Wochen des Jahres ist es nur ein Acker. Doch für wenige Tage im Sommer verwandelt sich dieser Acker in einen Ort, in eine Gemeinschaft, in der Menschen wie ich *heil* sein dürfen.[5]

Der gemeine Headbanger von nebenan

Da stellt sich die Frage: Menschen wie ich - wer soll das bitte schön sein? Im richtigen Leben bin ich Mitte vierzig und - wie schon berichtet - verheiratet, habe zwei Kinder und zwei Katzen, lebe in einem gemütlichen, immer leicht unordentlichen Haus mit einem gemütlichen, immer leicht unordentlichen Garten.[6] Ich war zuletzt eine Zeit lang Professor für Wirtschaftspsychologie, habe das aber im Lauf der Arbeit an diesem Buch an den Nagel gehängt. Davor war ich lange Jahre Manager in der Wirtschaft, gehobene Führungsposition. In vielerlei Hinsicht also ein ziemlich bürgerliches Leben, am Ende des Tages. Im anderen richtigen Leben bin ich seit drei Jahrzehnten eingefleischter Headbanger, Metalhead, ein langhaariger Bombenleger (wenn auch nur im Herzen), wie manche Menschen zu sagen pflegen. Seit einigen Jahren betreibe ich auf Facebook das *Ministerium für Schwermetall*, eine Seite zur amtlichen Verehrung schwermetallischer Musik. Und für Quatsch. Aber hauptsächlich: Metal.[7] Diese Musik spielt

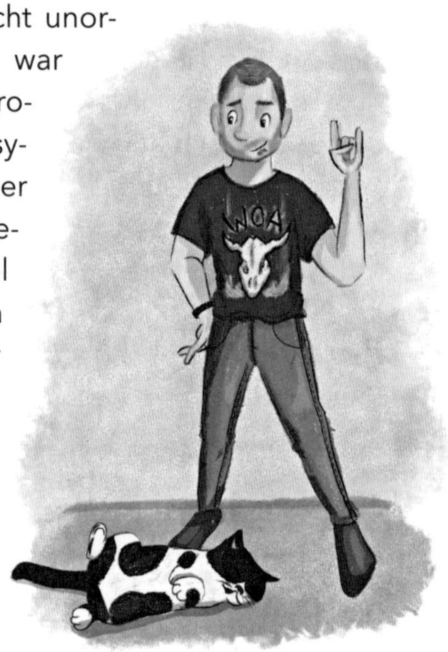

Nico Rose, mit Kater

eine außerordentlich große Rolle in meiner Existenz, neben meiner Familie und der Arbeit. Sie definiert einen wichtigen Teil meiner Persönlichkeit. Ich höre die Musik nicht einfach nur seit Jahrzehnten – dieser Krach macht enorm viel von dem aus, wer und was ich bin.

Von Menschen wie mir, von Metalheads, handelt dieses Buch. Ich werde naturgemäß viel über die Musik sprechen, aber noch mehr geht es um die besondere Spezies Mensch, die sich zu dieser einzigartigen klanglichen Sphäre hingezogen fühlt, sie bisweilen so sehr braucht wie Luft zum Atmen. Es geht um das Lebensgefühl als Headbanger, um die positiven Seiten, die negativen – und die komischen, um Karl Valentin die Ehre zu geben.

Warum gibt es dieses Buch?

Eine einfache Antwort: Weil es keiner verhindert hat, doch ich schätze, das bringt uns nicht weiter. Also mit etwas mehr Anlauf: Die Band Dream Evil singt in ihrem eingangs zitierten Song über das »Buch des Heavy Metal«. In jenes Buch werde ich mich vermutlich nicht mehr eintragen können. Meine Fender Stratocaster steht seit rund fünfzehn Jahren unberührt im Keller. Ich werde also mit hoher Wahrscheinlichkeit in meinem Leben kein Metal God mehr. Doch möglicherweise reicht für den Seelenfrieden statt einer Erwähnung im Buch *vom* Heavy Metal auch ein Buch *über* Heavy Metal? Ich möchte es zumindest drauf ankommen lassen.

Dies ist das Buch eines Metalfans für Metalfans – und Menschen, die es vielleicht noch werden wollen.[8] Ich werde beleuchten, wie Metal das Leben bereichert und einfach verdammt glücklich macht. Oder manchmal: ein bisschen weniger unglücklich. Dafür werfe ich immer wieder heitere, bisweilen aber auch melancholische Blicke auf die Kultur und die Gepflogenheiten der Szene. Im Kern interessiert mich als Psychologe vor allem der Metalhead (w/m/d) als solcher. Ich möchte wissen:

- Was macht die Musik mit uns?
- Was machen wir mit der Musik?
- Wie hilft Metal uns dabei, ein gutes Leben zu führen?

Ich bin schwer davon überzeugt, dass im schwermetallischen Literaturkanon noch gut und gerne Platz ist für ein solches Buch. Metal ist nicht zwingend ein Allerweltsthema, trotzdem gibt es schon das eine oder andere Werk, vom kurzen Essay bis hin zum ausgewachsenen Türstopper. Die meisten dieser Texte widmen sich jedoch der Musik als solcher – oder auch der Metalszene als mehr oder weniger abgrenzbarer (Sub-)Kultur. So gibt es schon wunderbare Bücher über die:

- Geschichte des Metal (Empfehlung: *Höllen-Lärm* von Ian Christe; wenn möglich, die englische Ausgabe lesen),
- soziologisch-ethnografischen Besonderheiten der Szene (Empfehlung: *Heavy Metal: The Music and its Culture* von Deena Weinstein),
- musiktheoretische Einordnung des Schwermetalls (Empfehlung: *Schwermetallanalysen* von Dietmar Elflein; wobei das für Leute ohne Kenntnisse in Musiktheorie durchaus ein hartes Brett ist),

- Geschlechter- und Machtdynamiken in der Szene (Empfehlung: *Running with the Devil* von Robert Walser),
- kunsthistorisch-ästhetische Dimension der Musik (Empfehlung: *Metalmorphosen* von Jörg Scheller).

Es gibt Essays über Metal in Afrika, im Nahen Osten oder in der DDR, über die Typografie von Bandlogos, über die Rolle von Gott und Teufel in den Lyrics,[9] über spezifische Festivals und wie man sie durchsteht, ohne dass Leib und Seele Schaden nehmen. Und natürlich reichlich (Auto-) Biografien von Bands oder einzelnen Künstlern. Was es, wie schon erwähnt, meines Wissens noch nicht gibt, ist ein Buch, dass nicht so sehr die Musik oder die Szene ins Zentrum der Aufmerksamkeit rückt, sondern das metalverehrende Individuum sui generis: den Fan und seine Psychologie. An diesem Punkt möchte ich eine kleine Delle ins Universum hauen.

Dazu sei gesagt: Ich will gar nicht erst den Eindruck erwecken, ich sei ein oberkrasser Metalexperte. Ich bin kein Musikjournalist, auch kein Edelfan oder Musiknerd. Weder bin ich mit meiner Lieblingscombo auf Weltreise gegangen noch habe ich über die Jahre mit Myriaden von Bands im Backstage-Bereich von verr(a)uchten Konzertbühnen herumgelungert. Ich besitze auch keine streng limitierten Sonderpressungen von Metalmeilensteinen aus dem frühen 1980ern in grünem Vinyl. Ich bin einfach ein Fan, habe in meinem Leben einige Hundert Konzerte und Festivals besucht, haufenweise Bandshirts gekauft (und zerschlissen) und besitze auch heute noch einige Hundert CDs.

Aber ich bin ein metalfanatischer Psychologe und Autor von bislang sechs Büchern. Damit muss doch irgendetwas anzufangen sein.[10] Gemäß meinem Hintergrund werde ich also regelmäßig psychologische Erkenntnisse bemühen, um das eine oder andere schwermetallische Phänomen zu illuminieren. Zudem habe ich zur Vorbereitung auf dieses Buch eine Studie unter mehr als sechstausend Metalfans im deutschsprachigen Raum durchgeführt. Dafür habe ich die Headbanger zu ihrer Persönlichkeit befragt, wollte wissen, ob und warum sie glücklich sind und welchen (psychologischen) Nutzen der Metal in ihrem Leben stiftet. Zentrale Auszüge aus dieser Studie finden sich im Anhang (»Hidden Track«). Auch diese Erkenntnisse werde ich regelmäßig in das Buch einfließen lassen.

Hard, Heavy & Happy möchte informieren, faszinieren und inspirieren. Das Buch darf zum Schmunzeln anregen, wird bisweilen aber auch todtraurig und existenziell. Aus eigener Erfahrung wie auch dem Austausch mit Fans (und Ergebnissen der bereits erwähnten Studie) darf ich davon ausgehen, dass der Anteil von Menschen mit Depressionen und artverwandten psychischen Störungen unter Metalfans höher ist als in der allgemeinen Bevölkerung. Ich kann ohne den geringsten Zweifel sagen, dass diese Musik mir mindestens einmal das Leben gerettet hat. Und ich bin ums Verrecken – darauf verwette ich sämtliche meiner Iron-Maiden-Tonträger – nicht der einzige Mensch, dem es so ergangen ist, wie auch die Ergebnisse meiner Studie andeuten.

Metal ist Teamsport

Ergänzt werden meine Einlassungen und die Befunde aus der Forschung durch Interviews mit Musikern, Machern und Fans aus der Szene. Auch diese Gespräche drehen sich weniger um die Musik an sich, sondern eher um deren Wirkung und das begleitende Lebensgefühl. Hier ein kurzer Überblick, in alphabetischer Reihenfolge:

- Mit Marcus Bischoff, Sänger von Heaven Shall Burn, habe ich darüber gesprochen, wie es sich anfühlt, wenn dein Album auf Platz eins der Charts steht und du an einem Tag beim W:O:A vor sechzigtausend Menschen spielst – und am kommenden Tag wieder Dienst als Krankenpfleger schiebst.
- Sabina Classen ist die Sängerin der deutschen Thrash-Legende Holy Moses und bietet in ihrem bürgerlichen Leben seit vielen Jahren Psychotherapie an. Wir unterhalten uns ausführlich über die Parallelen ihrer beiden Berufungen.
- Kerstin Dämon und Micha Bohmann sind einfache Fans, leben die metallische Leidenschaft jedoch mit besonderem Nachdruck aus. Mit den beiden spreche ich darüber, wie sich Metal in ein bürgerliches Leben integrieren lässt. Wie kann man in einer Volksbank arbeiten, wenn man ausschaut, als sei man gerade vom Filmset einer Wikinger-Serie getürmt?

- Thomas Gurrath, kreativer Kopf hinter der Death-Metal-Band Debauchery und weiteren musikalischen Leckerbissen, hat mir erzählt, woher er seine Inspiration bezieht, was er von der Aussage hält, Metal sei gewaltverherrlichend – und wie es ist, wenn man wegen der musikalischen Leidenschaft gezwungen wird, seinen bürgerlichen Beruf aufzugeben.
- Mit Alexander Prinz (aka Der dunkle Parabelritter) spreche ich über die Frage, wie es sich als Deutschlands wohl bekanntester Metal-Influencer lebt, wie man mit dem zugehörigen »Hate« umgeht und warum der gemeine Metalhead so allergisch auf »Kommerzkacke« reagiert.
- Mit dem Kunsthistoriker Prof. Dr. Jörg Scheller habe ich einen bunten Strauß an Themen abgeklappert. Ist Metal mittlerweile im Mainstream angekommen? Warum kann sich praktisch jeder Headbanger genau an den Moment erinnern, als er oder sie Metalfan wurde? Und warum ist Metal eigentlich immer harte Arbeit, für die Macher wie auch die Fans?
- Dr. Rainer Sontheimer ist Soziologe und hat schon seine Diplomarbeit über Metal verfasst. Mit ihm diskutiere ich, warum Metal im Grunde konservativ ist, ob die Fans am Ende des Tages Schisser sind und warum Friedrich Nietzsche Rammstein gehört hätte.
- Claudia Witte und Florian Döring sind ebenfalls Fans, aber auch in metallischer Mission unterwegs. Sie sind Mitglieder im Vorstand von Metality e.V., einem Verein, der sich auf die Fahnen geschrieben hat, die Werte des Metal in die Welt zu tragen und nebenbei Gutes zu tun. Was treibt sie um, was treibt der Verein?

Waschzettel

Das Buch besteht, neben Intro, Outro und dem im Metal unvermeidlichen überlangen Solo und einem Interludium, aus Essays von unterschiedlicher Länge, die sich auf fünf übergreifende Sinneinheiten aufteilen. Einige davon sind ein Stück wissenschaftlich geprägt, andere haben einen stärker autobiografischen Touch, die meisten verknüpfen das eine mit dem anderen. Auch wenn ich an vielen Stellen wissenschaftliche Literatur bemühe, so unterliegt das Buch doch notwendigerweise voll und ganz meiner persönlichen Perspektive. Hinzu gesellen sich die schon erwähnten Interviews.

Die Themen der fünf übergreifenden Teile sind nicht unmittelbar auf meinem Mist gewachsen, sondern basieren auf Daten aus meiner Metalstudie. Ich hatte die Teilnehmerinnen und Teilnehmer neben vielen anderen Dingen gefragt, welchen (psychologischen) Nutzen sie aus der Beschäftigung mit ihrer Musik ziehen. Dabei haben sich fünf Themenbereiche ergeben, die nun als Gerüst für die einzelnen Kapitel dienen:

- **Emotion:** In diesen Kapiteln geht es um die Frage, wie Metal den Fans dabei hilft, ihre emotionale und mentale Welt zu regulieren. Sprich: bei Laune und bei Verstand zu bleiben.
- **Relation:** Die Kapitel thematisieren verschiedene Aspekte des Eingebundenseins in die Gemeinschaft der Metalheads sowie das oft herzliche und manchmal komplizierte Verhältnis der Headbanger untereinander.
- **Expression:** Der Abschnitt behandelt den Aspekt des persönlichen Ausdrucks und die Frage, wie Metal

Headbanger dabei unterstützt, ihr wahres Selbst auszuleben.

- **Expertise:** Hier geht es um den Stellenwert von Werkkenntnis und darum, wie Metalfans mithilfe ihrer Musik ihre Welt verstehen, organisieren und Brücken in andere Bereiche des Lebens schlagen.
- **Transzendenz:** Im letzten Teil geht es um die Frage, wie Metal es den Fans ermöglicht, sich spirituellen und metaphysischen Aspekten des Lebens zu stellen.

Du musst das Buch aber keinesfalls von vorne bis hinten durchlesen. Mein Opa mütterlicherseits, Lemmy hab ihn selig, hatte zeit seines Lebens reichlich gute Sprüche auf Lager. Einerseits ergaben die meisten davon keinen Sinn, was jedoch andererseits dazu führte, dass sie im Grunde zu jeder Gelegenheit passten. Sein liebstes Bonmot lautete: »Junge, merk dir eins: Vom Denken sterben die meisten Hühner.« Gemäß dieser Einsicht möchte ich dir eine Empfehlung für den Genuss dieses Buches geben: Du bist herzlich eingeladen, hinten, in der Mitte oder sonst irgendwo zu beginnen. Drück ganz nach Bedarf auf »Fast Forward«, »Repeat« oder »zufällige Wiedergabe«.

So wie es nur wenige perfekte Musikalben gibt, so werden auch die Texte in deinen Augen unterschiedliche Qualität haben. Die verschiedenen Parts können gut für sich stehen, aber ich werde an geeigneter Stelle thematische Bezüge herstellen. Die Aufteilung in die übergeordneten Abschnitte lässt sich mit dem Trommelspiel von Lars Ulrich vergleichen: mit Inbrunst vorgetragen, aber unter Umständen nicht immer ganz treffsicher.

Viel wichtiger: Lies (oder höre) dieses Buch unbedingt **LAUT!** Leg deine Lieblingsalben ein und dreh alle Regler auf Elf. Für die weitere Inspiration findet sich auf Spotify eine Playlist mit allen im Text erwähnten Musikern, Bands und Musikstücken.[11]

Das gute Leben

Bevor es richtig losgeht, bleibt noch eine Sache zu klären. Im Titel dieses Buches steht - neben Metal - bekanntlich etwas von der Kunst des guten Lebens. Da gebietet es sich, zumindest kurz darauf einzugehen, was denn damit gemeint sein könnte. Nun ist die Frage, was ein gutes Leben ausmacht, in etwa so alt wie die Menschheit selbst. Spätestens seit den griechischen Philosophen gibt es auch schriftliche Abhandlungen dazu. Ich möchte im Folgenden kurz ein psychologisches Modell[12] vorstellen, das einerseits nicht zu viel Komplexität erzeugt, andererseits nach meinem Dafürhalten jedoch erhellend ist und einigen Nutzen stiften kann.

Auf einer grundlegenden Ebene lassen sich zwei Dimensionen des psychologischen Wohlbefindens unterscheiden: die *hedonische* und die *eudaimonische* Achse. Sie sind verwandt, aber gut unterscheidbar, und sie tragen auf unterschiedliche Weise zu einem erfüllenden Leben bei. Verkürzt lässt sich die hedonische Dimension als *Lustachse* bezeichnen, während die eudaimonische Dimension sich mit dem Titel *Sinnachse* schmücken könnte. Die hedonische Achse steht für das Ich, das Nehmen, die Sorge um sich selbst. Sie ist auf das Jetzt oder die nahe Zukunft fokussiert, auf die Erfüllung von Bedürfnissen, Spaß und Vergnügen. Es geht ums Wollen und alles, was sich *gut anfühlt*.

Die eudaimonische Achse steht für das, was Nicht-Ich ist, für das Geben und Kultivieren, für die Sorge um andere, für die langfristige Perspektive und Ziele höherer Ordnung. Es geht ums Sollen und alles, was *richtig ist*.

Zusammengefasst beschreibt die hedonische Achse, ganz im Sinne ihres Namens, das schöne Leben. Sie thematisiert das Streben nach angenehmen, genussvollen und energetisierenden Erfahrungen. Die eudaimonische Achse hingegen ist angelehnt an Aristoteles' Konzeption eines guten Lebens, das aus seiner Sicht eine ethisch wertvolle Existenz sein muss: Im Kern geht es hier um Mäßigung, Tugenden, um Dienst an der Gemeinschaft. Ebenfalls auf dieser Achse kann man das Streben nach Exzellenz und Auslotung des ureigenen Potenzials verorten. In ihrer komplementären Natur lassen sich die beiden Dimensionen zu einem Vier-Felder-Schema aufspannen.[13]

Anhand dieser Darstellung soll (auch) deutlich gemacht werden, dass beide Dimensionen von komplementärer Natur sind, sich befruchten, bisweilen aber auch gegenseitig behindern können. Sich sinnlichen Ergüssen hinzugeben, verschafft unmittelbare Befriedigung, verhindert aber bisweilen, dass man sich zur rechten Zeit anderen, langfristig wichtigeren Themen zuwendet. Oder wie es der Volksmund ausdrückt: Das letzte Bier war meistens schlecht. Ganz konkret kennt praktisch jeder Mensch die Erfahrung, sich ab

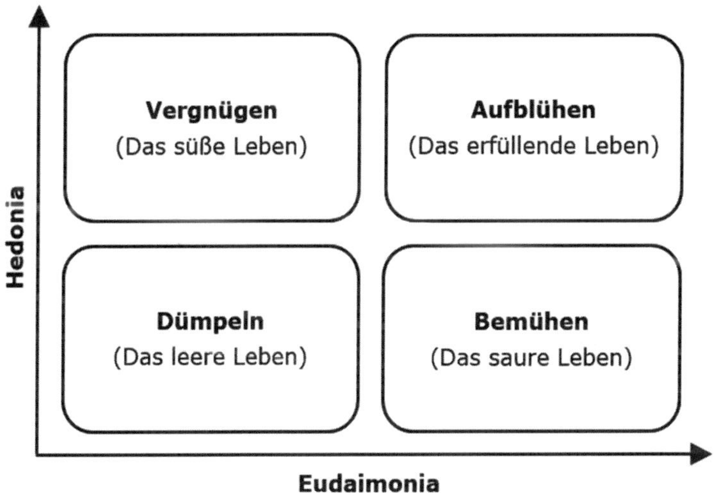

Das gute Leben: wenn Spaß und Sinnerleben sich gegenseitig befruchten

und an entscheiden zu müssen: zum Beispiel zwischen der ausgewachsenen Party am Wochenende (Lustgewinn in der Gegenwart) und dem Lernen für eine nahende Prüfung (Potenzialerweiterung in die Zukunft hinein).

Übergreifend kann man außerdem nachvollziehen, dass die relative Bedeutung beider Achsen typischen Veränderungen über den Lebensverlauf unterworfen ist. In dem Maße, wie wir zum Beispiel als Eltern Verantwortung für Nachwuchs übernehmen, aber auch in dem Maße, wie wir uns allgemein Erkenntnis und Weisheit aneignen, die wir weitergeben können (z. B. als Führungskraft oder Mentor), steigt die Relevanz der eudaimonischen Achse, während das Streben nach unmittelbarer Belohnung typischerweise ein wenig abnimmt. Klingt jetzt nicht nach Metal, ist aber so.

Die hedonische Achse erscheint gemäß den Beschreibungen weniger gewichtig als die eudaimonische Dimension. Man sollte jedoch nicht zu dem Schluss kommen, sie sei per se belanglos(er). Denn Menschen brauchen regelmäßig kleine und größere Glückskicks im Alltag. Sie funktionieren wie Kraftquellen, die uns Energie spenden und in die Zukunft treiben. »… and don't forget to rock 'n' roll!«, hätte Lemmy an dieser Stelle sicher gesagt. Aus gutem Grund gehören Niedergeschlagenheit und ein Mangel an Freude im Alltag über einen längeren Zeitraum zu wichtigen Kriterien für die Diagnose einer Depression.

Kernaussage der obigen Vier-Felder-Matrix ist die Idee, dass wir für ein gelingendes Leben immer wieder beide Achsen in ausreichendem Maße bedienen müssen. Werden *beide* zu wenig angesteuert, gleicht das einem Zustand des Dümpelns, im schlimmsten Fall der Apathie. Wird die hedonische Achse dauerhaft im Übermaß bespielt, ergibt sich ein von sinnlichen Genüssen geprägtes Leben. Das klingt erst mal angenehm, ist aber langfristig ein wenig sinnbefreit.[14] Überwiegt hingegen die eudaimonische Achse zu oft und zu deutlich, mündet das mit einiger Wahrscheinlichkeit in ein blutarmes Leben, eine Existenz in Sorge um andere, die im Extremfall bis zur Selbstaufgabe reicht. Auch das ist, in langen Zeiträumen gedacht, keine sonderlich verlockende Perspektive. Idealerweise gilt es also, beide Achsen immer wieder in ausreichendem Maße zu bespielen – am besten jede zu ihrer Zeit.

Wie passt nun Metal in dieses Bild? Es ist natürlich reizvoll, die Musik mit allem Drum und Dran streng auf der hedonischen Achse zu verorten. Gerade die Metalszene mit ihrem Hang zu – ich sag mal – dionysischen Tendenzen[15] legt diesen Schluss nahe. Und natürlich ist da eine Menge dran. Ich vermisse aktuell nichts so sehr wie Konzerte: die Musik, die Lautstärke, dieses Gefühl in den Eingeweiden, wenn dir eine Doublebass-Salve das Zwerchfell püriert, das gemeinsame Singen,[16] das Brennen von Pyros auf der Haut. Verdammt, im Augenblick vermisse ich sogar diese Empfindung, wenn sich der Mattenträger neben dir ins Propeller-Headbanging reinsteigert und du im Viervierteltakt von schwitzigen Haarspitzen ausgepeitscht wirst.

Doch es wäre zu kurz gesprungen, Metal ausschließlich auf Spaß und Exzess zu reduzieren. Ich bin fest davon überzeugt (und versuche im Lauf des Buches zu zeigen), dass Headbanger auch auf der eudaimonischen Seite von ihrer Musik profitieren. Es ist jetzt nicht so, dass Metalheads ständig die Welt retten (wollen), doch ich glaube, dass die intensive Beschäftigung mit der Musik durchaus zur Persönlichkeitsbildung beitragen kann und unter Umständen einen tieferen Sinn im Leben stiftet. Wie hat Franz Beckenbauer gesagt: »Schaun mer mal, dann sehn mer scho.«

EMOTION

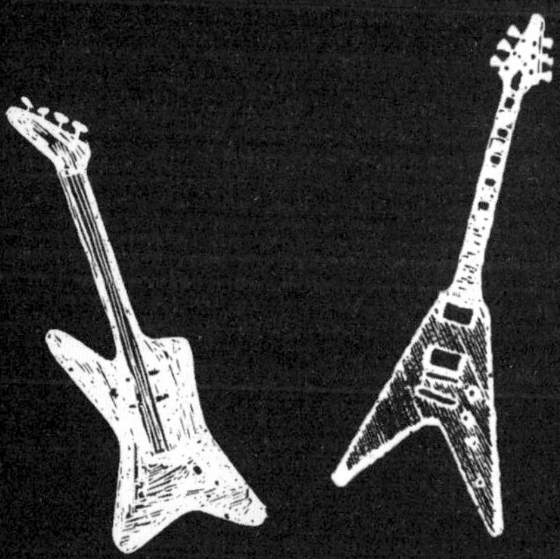

Wenn du Krach brauchst: Ein Erklärungsversuch

We came to feel the thunder
The lightning and the heat
We came to hail the metal gods
Banging to the beat

Gamma Ray, »To the Metal«

Ein Essay heißt Essay (französisch für »Versuch«), weil man *versucht*, sich einem Thema in Schriftform anzunähern. Der Begriff »Versuch« wiederum legt nahe: Man kann dabei vortrefflich scheitern. Ich vermute, so wird es mir auf den kommenden Seiten ergehen. Jedoch macht Versuch bekanntlich kluch, also Augen auf und durch.

Ich habe mich schon oft gefragt, wie ein Mensch zu seinem Musikgeschmack kommt. Natürlich gibt es die Fraktion »Ich hör halt das, was im Radio läuft«.[17] Für mich war dieser Satz als Jüngling immer der mächtigste Abturner beim ersten Date, aber diese geschmacksverarmten Gesellinnen und Gesellen möchte ich hier bewusst ignorieren. Mir stellt sich die Frage, warum manche Menschen eine Musik irgendwann so sehr lieben, dass sie gewissermaßen zu einem Teil ihrer selbst wird. Vor allem möchte ich wissen, warum etwa zehn Prozent der Menschen (in Deutschland) die Götter des Metal hochleben lassen, so wie es Gamma Ray in ihrem Song »To the Metal« beschreiben. Das Lied der Mannen um Kai Hansen ist nur eines von vielen, das die energetisierende Komponente und die besondere Anziehungskraft des Metal selbst zum Thema hat.

Gewiss braucht es zunächst Exposition: Irgendwie, irgendwo, irgendwann muss man zum allerersten Mal mit einer Musikrichtung konfrontiert werden – durch den Freundeskreis, durch die Eltern oder Geschwister, vielleicht auch nur durch Zufall, weil etwas im Radio läuft. Doch was genau passiert in diesem Moment? Ich kann mich noch glasklar daran erinnern, als ich um meinen vierzehnten Geburtstag herum zum ersten Mal die Musik von Helloween vernahm (siehe auch »Überlanges Solo«). Und ich weiß noch, dass es sich um eine ganzkörperliche Erfahrung handelte. Irgendetwas an oder in meinem Körper wurde geweckt – etwas, das sich bis zu diesem Moment in einem erwartungsvollen Ruhezustand befunden hatte.

Trotz der Härte: Mit Metal wurde *für mich alles* heller, klarer, lebendiger. Offenbar erzeugt diese Musik eine Art Schwingung, die mein Körper und mein Geist brauchen. Ich kann auch fast jeder anderen Form der Musik punktuell etwas abgewinnen, aber wenn ich die Wahl habe, strebt mein gesamter Organismus zielstrebig in Richtung schwer verzerrter Gitarren und gepflegter Doublebass-Attacken.

In diesem Sinne stelle ich mir manchmal die Frage, ob wir uns die Musik aussuchen – oder ob nicht die Musik *uns* aussucht. Was lässt den einen zum Schlagerfuzzi mutieren, einen anderen zum Jazzenthusiasten und wieder einen anderen zum Metalhead? Hat es etwas mit der Persönlichkeit zu tun? Gibt es so etwas wie eine körperlich-seelische Resonanz, die von Mensch zu Mensch unterschiedlich angesteuert muss? Oder ist aller purer Zufall?

Ich erinnere mich an eine Szene aus dem Film *Pretty Woman*:[18] Millionär Edward (Richard Gere) lädt die Prostituierte Vivian (Julia Roberts) in die Oper ein und philosophiert darüber, was passiert, wenn Menschen zum ersten Mal mit der besonderen Atmosphäre dort konfrontiert werden. (Im Film ist es *La Traviata* von Verdi.) »Entweder mögen sie die Oper, oder sie hassen sie. Wenn sie die Oper lieben, dann ist es für immer. Die anderen … tun mir leid«, sagt er zu ihr. Ich war in den vergangenen Jahren einige Male in der Oper zu Baden-Baden, habe mir beispielsweise Mozarts *Don Giovanni* angeschaut. Und was soll ich sagen? Es war hinreißend, es hat mich berührt – aber … mehr ist da nicht.

Ich werde bestimmt noch einige Male in die Oper gehen, doch ihre Abwesenheit hinterlässt nicht diese schmerzliche Leere, die ich fühlte, als mir klar wurde, dass Wacken manchmal keinmal im Jahr ist. Möglicherweise hat Edward/Richard recht: Vielleicht war dieser besondere Platz in meinem musikalischen Herzen schon besetzt, als ich zum ersten Mal mit der Oper konfrontiert wurde. Vielleicht hätte sie diesen Platz aber auch nie einnehmen können, weil sie mir nicht die Form von Energie vermittelt, nach der sich mein gesamter Organismus so sehr verzehrt.

Die Härte und die Schwere

Letztlich glaube ich, dass es die Härte und die Schwere der Musik selbst sind, die Metalheads wie mich glücklich machen und andere Menschen wiederum nie berühren werden. Perfekt beschrieben fühle ich mich in den Worten des Journalisten Dan Franklin. In seinem Buch *Heavy: How Metal Changes the Way We See the World* von 2020 erzählt er, dass er eine recht normale Kindheit hatte, sich geliebt fühlte, so gar nicht dem Klischee vom wütenden Teenager entsprach. Trotzdem fühlte er sich magisch zur Heavyness hingezogen. Er schreibt:[19]

> Heavyness ist schonungslos, beängstigend, beglückend und süchtig machend. Überdies fühlt sie sich zwingend notwendig an, wie ein Aderlass für die überbordende Seele. Sie ist gemacht für jene Person, die sich mit sich selbst und ihren Gefühlen beschäftigt, die manchmal *zu viel fühlt* und von Schall und Heftigkeit verschlungen werden möchte.

Die überbordende Seele, die manchmal zu viel fühlt – welch schönes Bild. Es spiegelt einen Befund, der sich auch in meiner Metalstudie zeigt. Der gemeine Metalhead ist allem Anschein nach oft aufgewühlter als Otto Normalverbraucher. Als ich die Menschen fragte, *wozu* sie Metal hören, zeigte sich folglich, dass dem bewussten Heraufbeschwören von positiven Emotionen und dem Abdämpfen von negativen Emotionen eine besondere Rolle zukommt.

Gerade im letztgenannten Punkt liegt für mich eines der großen Geheimnisse dieser Musik: Nicht wenige Menschen empfinden sie als brutal und aggressiv, eine längere Exposition würde sie massiv verstören. Den Fan allerdings vermag Metal zu beruhigen und auszugleichen, er ist für den Headbanger ein fabelhafter Weg, sich von Frust zu befreien.[20] Dies passt zu der Beobachtung, dass es eine Form des konstruktiven Ärger(n)s gibt, ein bewusstes Hineingehen in diese an sich negative Emotion.[21] Oder wie es Marcus Bischoff von Heaven Shall Burn im Interview ausdrückt: Nach einer Probe fühlt er sich wie gewaschen und gebügelt.

Aus eigener Erfahrung und Gesprächen mit vielen Fans weiß ich, dass bei Headbangern hingegen ausnehmend negative Reaktionen auf normale Musik entstehen können. Ich fahre ungern und daher selten Auto. Wenn ich aber doch einmal unsere Familienkutsche bemühen muss und das von meiner Gattin eingestellte Radio anspringt, kriege ich in aller Regel nach ein paar Minuten schlechte Laune. Das anämische Pop-Soft-Rock-Hip-Hop-Gemisch der meisten größeren Sender lässt mich zu Beginn ratlos zurück, nach einer Weile werde ich aber regelrecht grantig. Zunächst gibt es nur diesen typischen »Hier rein – da raus«-Effekt, die Musik macht einfach nichts mit mir. Später gesellt sich allerdings verlässlich eine Empfindung hinzu, die ich nur schwer in Worte fassen kann. Im Amerikanischen gibt es den schönen Begriff »hangry«, eine Mischung aus »hungrig« (»hungry«) und »wütend« (»angry«).

Ich kenne das hautnah von meiner Frau. Wenn die zu wenig Kohlenhydrate intus hat, wird es schnell zappenduster. Als Metapher mag das gut passen: Wenn man Headbanger zu ausgiebig mit softer Musik füttert, tritt eine körperliche Mangelerscheinung auf, weil der Organismus nicht die Nährstoffe erhält, nach denen es ihn gelüstet.

Mit dem ganzen Körper hören

Jede Musik hat per se auch eine körperliche Dimension. Oft soll sie zum Tanzen oder zumindest zum Mitklatschen und -singen anregen, manchmal aufwühlen, erheitern oder beruhigen. Ich kenne jedoch keine andere Musik, die so sehr nicht nur am, sondern im Körper arbeitet, wie Metal in seinen verschiedenen Spielarten. Er hat eine hochgradig viszerale Qualität, wie es auch Jörg Scheller im Interview anmerkt. Diese Wirkung im Inneren des Körpers wird regelmäßig auch in den Lyrics thematisiert. Lemmy von Motörhead singt im Klassiker »Overkill«:

> On your feet you feel the beat
> It goes straight to your spine
> Shake your head, you must be dead
> If it don't make you fly

Wie Deena Weinstein in ihrem schon erwähnten Buch beschreibt, lässt sich Metal neben der allgemeinen Wucht und hohen Geschwindigkeit (nicht immer, aber oft) vor allem durch eine besondere Dynamik in den tiefen Tonfrequenzen charakterisieren: in Form des verzerrten Basses, der Präsenz des Schlagzeugs und der mit schöner Regelmäßigkeit heruntergestimmten Gitarren.[22] Vielleicht erklärt das diese besondere Schwingung, die der Metalhead so sehr begehrt?[23]

Eine Gruppe von Forschern hat festgestellt, dass Musik, in der die tiefen Frequenzen besonders präsent sind, Gefühle von Kraft bzw. Macht hervorruft.[24] Dies ist wiederum eine Wahrnehmung, die Metal – neben weiteren Emotionen wie Freude und innerem Frieden – beständig bei Fans auslöst.[25] Es lässt sich folgern: Auf eingefleischte Headbanger wirkt der Genuss von Metal »empowering«, also ermächtigend und bestärkend, auf den Normalo hingegen »overpowering« – überwältigend im negativen Sinn.

Doch wozu braucht der Metal(fan) überhaupt Macht? Deena Weinstein bemerkt, dass die Lyrics im Metal, neben der Beschreibung von Ausschweifungen (Sex, Partys, Alkohol, dem Rausch der Musik selbst), vor allem das Chaos thematisieren. Wobei Chaos weit gefasst wird im Sinn von Kräften, die Unordnung stiften, angestammte Muster aufbrechen und Beziehungen zerstören: zuvorderst Krieg, Gewalt, Monster und Dämonen.[26] Metal malt gerne den Teufel an die Wand (aus Schall), all das, was im Fernsehgarten und beim Festival der Volksmusik gnadenlos ausgeblendet wird. Die Forscher Cheung und Feng haben genau hingeschaut und mehr als tausend Metalsongs inhaltlich analysiert.[27] Die Analyse ergab, dass …

> Metal-Texte in Bezug auf den Affekt in der Regel ein Gefühl der Unsicherheit, der Entfremdung, der Traurigkeit und der Sehnsucht

> nach Tod und Erlösung vermitteln. Hinsichtlich der Werte heben die Metal-Texte […] Eroberung sowie die Verurteilung von Kriegen und Scheinheiligkeit hervor.

Vielleicht braucht es die Tiefe, die Kraft, die Macht dieser besonderen Musik, um jene Themen zu bannen, sie in ihre Schranken zu weisen und dadurch beherrschbar zu machen. Folglich spricht Jörg Scheller in seinem Buch *Metalmorphosen* vom Metal als einer »Immunisierungsstrategie gegen Ängste«.[28] Da passt es doch wie Arsch auf Eimer, dass Rainer Sontheimer den gemeinen Metaller im Interview als Schisser tituliert. Klingt nach Frevel, ist aber alles andere als verkehrt, wie wir im Lauf des Buches noch besser verstehen werden.

Vor allem in der Live-Performance kommt die Ganzkörperlichkeit des Metal voll zur Geltung. Heutzutage gucken viele Menschen acht oder mehr Stunden pro Tag auf Bildschirme verschiedener Formen und Größen. Ich gehöre nicht zu den Unkenrufern, die behaupten, wir würden dadurch unwiderruflich cyberkrank. Aber es ist nicht zu leugnen, dass die gängige Digitaltechnik nur einen Teil unserer Sinne anspricht. Das ist bedauerlich, denn je mehr Sinne in einer gegebenen Situation angesprochen werden, desto eindrucksvoller ist die Erfahrung. Insbesondere wenn auch noch starke Emotionen ins Spiel kommen.[29] Niemand hat das früher und besser erkannt als die katholische Kirche. Die opulente Optik, Hostien und Wein, das Dröhnen der Orgel, das Semibekifftsein durch den Weihrauch, der Schmerz in Knien und Rücken - alles prima durchchoreografiert im Namen des Herrn.

Perfekt umgesetzt findet man Ganzkörperlichkeit auf Rammstein-Konzerten. Lautstärke, die die Eingeweide zum Oszillieren bringt, Feuerblitze, Hitze auf der Haut, dazu der Geruch von Sprühnebel und Brennpaste - und natürlich der Schweiß, wenn dreißigtausend Menschen im Gleichtakt ihren Nacken malträtieren. Zudem verlassen einige Fans regelmäßig die Rolle des Beobachters, um Teil der Show zu werden, wenn sie die Bandmitglieder in einem Gummiboot auf Händen von hinten zur Bühne bugsieren. Mit dem ganzen Körper begreifen, mittendrin statt nur dabei: Metal ist im Grunde die Waldorfpädagogik unter den Musikrichtungen.

Nun muss ich einräumen, dass keine der bis hierhin angestellten Überlegungen aufklären kann, *warum* ein Teil der Menschheit so positiv auf diese auditiven Signale reagiert, während das Gros der Bevölkerung davon langfristig betrachtet Pickel am Pöter bekommt. An anderer Stelle werde ich eingehender beleuchten, wie bestimmte Aspekte der Persönlichkeit ein Faible für Metal zumindest begünstigen können. Allerdings vermute ich, dass Metalheads sich auch körperlich von Normalos unterscheiden könnten. Ich bewege mich nun vollkommen im Bereich der Spekulation und weit außerhalb meiner Expertise, aber ein wenig lautes Denken ist ja nicht verboten.

Menschen verfügen im Oberstübchen über das sogenannte aufsteigende retikuläre Aktivierungssystem (ARAS).[30] Damit bezeichnet man eine Gruppe von verzweigten Kerngebieten in einem Bereich unseres Gehirns, der vom Hirnstamm bis zu den Anfängen der Wirbelsäule reicht. Das ARAS ist entscheidend beteiligt an der allgemeinen mentalen Aktivierung, an unserer Aufmerksamkeitsreaktion und auch der Steuerung des Schlaf-wach-Rhythmus. In der Forschung gibt es schon seit Jahrzehnten die Hypothese, dass Unterschiede in der Sensibilität dieses Areals entscheidend für Differenzen in puncto Persönlichkeit sein könnten.[31] Etwas verkürzt ausgedrückt: Wo einige Menschen eher wenig externe Stimulation brauchen, um voll dabei zu sein, muss es bei anderen richtig krachen, damit sich der gleiche Effekt einstellt. Es liegt im Bereich des Möglichen, dass ich hier gerade kompletten Bullshit von mir gebe, aber zumindest erscheint mir die Idee nicht ganz abwegig.[32]

Abhärtung und Aushärtung

Freilich kann sich die Leidenschaft für Heavyness auch entwickeln, an einige Dinge muss man sich herantasten. Den ersten torfigen Highland-Whisky kann erfahrungsgemäß auch niemand so richtig genießen, aber wenn man dranbleibt, wird's geil. In meinen ersten Jahren als Metalhead mochte ich im Grunde nur Teutonen-Speed à la Helloween und Blind Guardian oder die klassisch angehauchte Variante à la Stratovarius.[33] Mit der brutalen Qualität eines Death-Metal-Songs von Amon Amarth wäre ich zu Beginn komplett überfordert gewesen, von erbarmungslosem Krach à la Cannibal Corpse oder halsbrecherischen Experimenten wie Meshuggah ganz zu schweigen. Es waren die frühen Alben von melodischen Death-Metal-Bands wie Amorphis oder In Flames, die mir gegen Ende der Teenager-Zeit den Weg in die härteren Gefilde des Metal ebneten. Heute genieße ich je nach Laune und Anlass fast alles, quer durch den schwermetallischen Garten – solange noch genug Melodie im Spiel ist: Death, Black, Doom, Gothic, Progressive, ein bisschen Industrial und natürlich immer wieder Speed und Power Metal.

Doch es gibt immer noch eine Grenze, an der ich einfach aussteige, an der ich nicht mehr mitkomme. 2019 auf Wacken bin ich in den Genuss meines ersten Slayer-Konzerts gekommen, während die Altmeister auf Abschiedstournee waren. Folglich kann ich einen weiteren Haken auf der Liste der Bands machen, die man als Headbanger gesehen haben muss. Doch auf die Gefahr hin, dass einige Menschen an dieser Stelle das Buch zerreißen oder direkt verbrennen werden: Ich bin nach fünfundvierzig Minuten gegangen, zusammen mit meiner Begleitung. Uns hat's nicht gepackt. Zu aggressiv, geile Riffs fürwahr, aber zu eintönig. Das hat die anderen sechzigtausend Menschen auf dem Holy Ground natürlich keinen Deut gestört. Und das ist auch gut so.

Es heißt, der Herrgott habe einen reichen Tiergarten. Das gilt insbesondere auch für das schwermetallische Refugium innerhalb des großen Ganzen. Deena Weinstein erläutert in ihrem Buch, dass Musikstile typischerweise drei Phasen durchlaufen:[34]

- Während der *Formation* löst sich ein neuer Stil langsam, aber sicher von seinen Wurzeln, doch es ist noch nicht ganz klar, wo die Reise hingehen wird.
- In der Phase der *Kristallisation* nimmt die Musik für Insider und Outsider eine klar abgrenzbare Form an, der neue Stil hat sich etabliert.
- Früher oder später folgt schließlich eine Phase der *Erstarrung und des Verfalls*, in der bestehende musikalische Muster nur noch reproduziert werden. Dann wird es für Musiker und schließlich auch für die Fans langweilig. Somit stirbt der Stil oder verkommt zur eigenen Karikatur.

Metal als übergreifende Stilrichtung bildet eine Ausnahme von diesem Muster. Er ist auch nach über fünfzig Jahren nicht wirklich in der dritten Phase angekommen.[35] Stattdessen differenziert er sich immer weiter aus und erfindet sich in Teilen ständig neu, ohne jedoch das grundsätzlich-metallische Konzept hinter sich zu lassen. Im Interview erzählt der Kunsthistoriker Jörg Scheller, dass er die Metalkultur gerne mit der Schweiz vergleicht: Ein gemeinsamer Bund mit einem hohen Grad an Unterschieden und inneren Spannungen, in dem man sich auch leidenschaftlich zoffen kann. Trotzdem fühlt man sich zugehörig, meist ein ganzes Leben lang.

Glücklich wie ein Headbanger

This is the good life now
This is the high life now
Can't you see with your own eyes
That it's a good, good life
Farmer Boys, »The Good Life«

Sind Metaller glücklich? Haben sie ein gutes Leben, so wie es die Farmer Boys im Jahr 2000 besangen? Vor wenigen Jahren machte eine Studie Furore, die den Bauernjungs mächtig in die Karten spielte. Sie brauste nicht nur wie ein Orkan durch alle schwermetallischen Postillen, sondern schaffte es sogar in die Tagespresse - vermutlich, weil sie dem Klischee vom Metalfan als miesepetrigem Sonderling mit einigem Nachdruck widersprach.[36] Ein Team um die Psychologin Tasha Howe hatte zutage gefördert, dass sich Metalheads trotz einer häufig etwas roughen Jugend in aller Regel zu glücklichen und ausgeglichenen Erwachsenen entwickeln. Oder vielleicht sogar *wegen* der renitenten Teenager-Phase?[37]

Die Arbeit erregte einerseits vermutlich so viel Aufmerksamkeit, weil sie die erste ihrer Art war. Die meisten Studien zu menschlichem Verhalten schauen sich ihre Untersuchungsobjekte zu einem Zeitpunkt x an. Daraus lässt sich jedoch nicht viel über deren Entwicklung ableiten.

Das Team um Howe wählte hingegen eine interessante zeitliche Perspektive: Sie untersuchten Personen in der Mitte des Lebens, die nachweislich schon dreißig Jahre zuvor Headbanger gewesen waren (Musiker, Groupies, Fans) und konnten folglich ein Stück weit nachvollziehen, was in der Zwischenzeit geschehen war.

Gleichzeitig widersprach die Arbeit wie berichtet vielen Klischees, auch jenen der frühen Metalforschung. In den Achtziger- und Neunzigerjahren, als die ersten Studien über Metalfans veröffentlicht wurden, zeichnete man mit schöner Regelmäßigkeit ein düsteres Bild vom Potenzial dieser Menschen. Der Konsum von Metal wurde bisweilen einer psychischen Störung gleichgesetzt, mindestens aber einer schlechten Sozialprognose.[38] Die Daten des Teams um Tasha Howe legen hingegen nahe, dass die meisten Headbanger schon in ihrer Jugend recht glücklich waren, zumindest auf der im Intro beschriebenen hedonischen Achse des Wohlbefindens. Um es kurz zu sagen: Sie haben's ordentlich krachen lassen, was so manchem Elternteil und der respektablen Gesellschaft als solcher nicht besonders gut in den Kram passte.

Darüber hinaus zeigte die Studie, dass die meisten dieser Metaller auch dreißig Jahre später ein zufriedenstellendes Leben führten. Vielleicht ist Metal – um Goethe die Ehre zu geben[39] – ein Teil von jener Kraft, die stets das Böse will und stets das Gute schafft? In den Worten von Howe:[40]

> Die Ergebnisse zeigen auf, dass Metalenthusiasten oft ein […] risikoreiches »Sex, Drugs & Rock 'n' Roll«-Leben geführt haben. Indes diente die Identität als Metalhead auch als Schutzfaktor

gegen negative Folgeerscheinungen. Sie waren in der Jugend spürbar fröhlicher und sind gegenwärtig ausgeglichener als mittelalte und jugendliche Vergleichsgruppen.

Was mich nicht umbringt …

… macht mich stärker, schrieb einst Nietzsche.[41] Irgendwas *wird* uns irgendwann umbringen, und wenn es der Tod selbst ist, wie Lemmy gesungen hat. Doch einstweilen hatte Nietzsche natürlich recht. Selbstverständlich ist Metal keine magische Pille, die einem ewiges Glück verschafft. Wenn ich die zuvor erwähnte Studie richtig deute, ist eine schwermetallische Identität eher so etwas wie ein Zeigefinger. Der wiederum zeigt auf gewisse geteilte Erfahrungen in der Jugend: Partys, Musik, das Experimentieren mit Drogen - aber auch Gefühle der Ausgrenzung, des Nichtdazugehörens, des Fremdseins, wie manch andere Studie andeutet.[42] Diese Tiefschläge ins Teenager-Gemüt müssen langfristig jedoch nicht zwingend etwas Schlechtes bedeuten. Tatsächlich scheint es für den weiteren Lebensverlauf gar nicht so verkehrt, wenn einem das Leben früh den einen oder anderen Leberhaken verpasst.

In einer anderen, viel zitierten psychologischen Studie haben Forscher das »kumulative Lebensleid« für mehr als zweitausend Personen errechnet: Diese Menschen im mittleren und höheren Lebensalter gaben ausführlich Auskunft über bisherige Verlusterfahrungen, Krankheiten, Zeiten der Vernachlässigung und ähnliche unschöne

Episoden ihrer bisherigen Existenz. Aus diesen Angaben errechneten die Forscher einen Gesamtwert, der aufzeigt, wem das Leben übel mitgespielt hatte, wer vom Universum bislang eine Erholungsinkarnation spendiert bekommen hatte und wer irgendwo in den Graubereichen zwischen diesen beiden Polen lag. Zusätzlich wurde die aktuelle Lebenszufriedenheit erfasst. Ebenso erfasste man, wie die Studienteilnehmer mit aktuellen Krisen in ihrem Leben umgehen konnten.[43]

Als sie das kumulierte Leid mit der gegenwärtigen Lebenssituation statistisch in Beziehung setzten, entdeckten sie eine umgekehrt U-förmige Beziehung. Im Klartext: Wer vom Leben bislang eine mittlere Dosis metaphorischer Prügel beziehen musste, ist im späteren Leben am zufriedensten und kann am besten mit aktuellen Krisen umgehen. Wem das Leben hingegen einerseits *zu* übel mitgespielt hat oder wer andererseits komplett in Watte gepackt wurde, dem ergeht es später (im Mittel) weniger gut.

Es scheint, bildlich gesprochen, als ob unser psychisches Immunsystem anständig trainiert werden möchte, wenn es uns vor späteren Härten schützen soll. Ich spekuliere an diesem Punkt wieder, doch auf der Basis der Forschungslage erscheint es nicht abwegig, dass eine amtliche Metaladoleszenz wie eine psychische Boosterimpfung fungiert.[44]

Wie Kerstin Dämon im Interview schildert: Metal ist wütende Musik für fröhliche Menschen. Das zeigt sich auch in den Daten meiner Metalstudie. Die mehr als sechstausend befragten Headbanger sind im Mittel etwas glücklicher als eine Vergleichsstichprobe von Normalos. Insbesondere fühlen sich Metalheads regelmäßig energetisiert.

Der Metaller als solcher scheint außergewöhnlich begeisterungsfähig zu sein, er lebt mit Leidenschaft – eine von fünf zentralen Dimensionen des psychischen Wohlbefindens.[45] Möglicherweise spiegelt sich in diesem Befund auch die Passion für die Musik und den schwermetallischen Lifestyle selbst.

Zeigt her eure Narben

Noch einmal zurück zum psychischen Immunsystem: In der japanischen Handwerkskunst gibt es seit vielen Jahrhunderten die Tradition des Kintsugi.[46] Dabei repariert man beschädigte Keramikgefäße mit einem besonderen Lack, dem zuvor Goldstaub beigemengt wurde. Die Bruchstellen werden so besonders hervorgehoben, anstatt sie möglichst unsichtbar zu machen. Die Tatsache, dass das Gefäß beschädigt war, soll gerade nicht verdeckt, sondern herausgestellt und wertgeschätzt werden. Sie verleiht dem Objekt eine einzigartige Ästhetik.

Ich denke, dass Kintsugi auch eine wundervolle Metapher für menschliche Entwicklung ist. Viele von uns haben die Tendenz, ihre Schattenseiten, alles Unperfekte zu verdecken oder zu verheimlichen. Wir fürchten, dass wir dadurch weniger liebenswert erscheinen, dass unsere Makel uns von anderen trennen. Doch das Gegenteil ist der Fall. Das Lied »Wounds« der Power-Metal-Truppe Masterplan (mit dem früheren Helloween-Gitarristen Roland Grapow) hat mir früher in schweren Zeiten viel bedeutet:

Show the scars you've been hiding deep inside
And reveal who you are
'Cause your wounds are real

Der Song hat mir Kraft gespendet, mich aber auch daran erinnert, dass Leid ein normaler Teil menschlicher Erfahrung ist, aus der man darüber hinaus gestärkt hervorgehen kann. Die Psychologie hat in den letzten Jahrzehnten immer besser verstanden, was da eigentlich vor sich geht. Viele Menschen, auch jene, die sich nicht für Psychologie interessieren, haben schon einmal von posttraumatischem Stress gehört, der Tatsache, dass wir unter Umständen noch lange nach besonders belastenden Ereignissen unter Folgeerscheinungen leiden können. Weniger bekannt ist, dass es auch eine gegenläufige Entwicklungslinie gibt: posttraumatisches Wachstum.[47] Nicht wenige Menschen erfahren nach leidvollen Erfahrungen das, was Psychologen als *höheres funktionales Niveau* bezeichnen. Möglicherweise erkennst du mit Blick auf dein eigenes Leben, dass du diesen Weg auch schon einmal (oder mehrfach) beschritten hast. Posttraumatisches Wachstum erkennt man typischerweise an einem oder mehreren der folgenden Aspekte:

- größere Wertschätzung für das Leben,
- tieferes Wissen um die eigenen Stärken,
- sinnhaftere Entwicklungslinien, die sich auftun,
- engere Beziehungen zu wichtigen Menschen,
- spirituelle Reifung.

Metal war mir immer ein treuer Begleiter auf dem Pfad durch meine Krisen. Das Gros der radiotauglichen Pop-Rock-Musik traut sich nicht an die wirklich düsteren Orte.

Mit Metal kann man durch die Hölle gehen, er beschönigt nichts. Manchmal *ist* Metal die Hölle. So wie Wasser den Stahl aushärtet, kann er die geneigte Seele temperieren. Metal macht nichts ungeschehen - doch er rückt unsere Narben ins rechte Licht.

Die Sau rauslassen

Your trust is in whiskey, weed, and Black Sabbath

Pantera, »Goddamn Electric«

Freunde, die meisten Metalheads trinken. Gerne. Manchmal. Viel. Pantera haben eigentlich alles dazu gesagt. Daher nur kurz:

Wir saufen wirklich mehr als andere, es gibt Studien dazu.[48] Jetzt steht die Frage im Raum: Ist das ein Problem? Im Einzelfall sicherlich. Doch es lohnt der Blick auf das große Ganze. In einer groß angelegten Populationsstudie aus Finnland hat man sich die Hospitalisierungsraten und -ursachen über einen längeren Zeitraum angeschaut und diese in Verbindung mit der Dichte von Metalbands in verschiedenen Regionen in Verbindung gesetzt. Wenn überhaupt, so schließen die Forscher, lebt es sich in Kommunen mit vielen Metalbands insgesamt etwas gesünder. Oder etwas konkreter: Es stirbt sich schwerer.[49] Sie streiten nicht ab, dass in der Szene viel Alkohol konsumiert wird, kommen jedoch zu dem Schluss, dass dies durch positive Effekte wieder aufgewogen wird, zum Beispiel durch den besonderen Zusammenhalt unter den Menschen.

»Angry music for happy people«

Interview mit Kerstin Dämon und Michael Bohmann

Wie man mit Metal den Kopf freibekommt, ist – neben vielen anderen Aspekten – auch Thema im ersten Interview dieses Buches. Als ich Kerstin Dämon vor einigen Jahren, zunächst virtuell, kennenlernte, war sie Redakteurin bei der *WirtschaftsWoche*, Ressort »Erfolg & Karriere«, ich noch Führungskraft im Konzern. Ich wusste zunächst nicht, dass sie auch Metal hört, unsere Beziehung gestaltete sich professionell-geschäftlich. Auf LinkedIn zeigte sich das Gesicht einer jungen Dame mit zieeemlich roten Haaren, aber das allein muss ja nichts heißen. Beim Nachnamen Dämon hätte man jedoch was ahnen können.

Im Frühjahr 2017 schrieb ich dann einen Text über das W:O:A für *Zeit Online*, der von der Redaktion entsprechend bebildert wurde. Und siehe da: Kerstin zierte unvermittelt, aber dafür hart headbangend, das Titelbild des Beitrags. Und so geschah es, dass wir uns als Metalheads erkannten und auf dem W:O:A 2017 zum nicht virtuellen Kennenlernen verabredeten. Als wir uns nach den üblichen, der Vielzahl an Bühnen (und möglicherweise dem Alkohol) geschuldeten missglückten Meeting-Versuchen endlich fanden, hatte sie neben einem Tross an Freunden auch ihren damaligen Lebenspartner Michael Bohmann im Gepäck. Mittlerweile sind die beiden nach vielen Jahren Beziehung nur noch Freunde, aber vor meinem geistigen Auge existieren sie weiterhin im Doppelpack, denn in voller Metalmontur sind sie wahrlich eine Erscheinung.

Kerstin sticht im schwermetallischen Ornat mit ihrer feuerroten Mähne schon ganz für sich aus der Masse heraus, aber im Doppelpack wird es something else. Micha könnte mit seinen kräftig gebauten 1,95 Metern, einer prachtvollen Matte und dem in Ehren ergrauten Rauschebart umgehend in jedem Wikingerfilm mitspielen und würde eine gute Figur machen. Später beim Quatschen erfuhr ich, dass er im richtigen Leben einem durch und durch seriösen Beruf nachgeht: Er ist Immobiliengutachter bei der Volksbank Köln Bonn. Kerstin ist mittlerweile Onlineredakteurin bei einem Verkehrsdienstleister und hat ein Buch über New Work mit herausgegeben. Beide gehen also, zumindest beruflich, einer bürgerlichen Existenz nach. Aus Erzählungen weiß ich jedoch, dass Metal in ihrem Leben eine enorm große Rolle einnimmt. Sie sind sozusagen Heavy User, was Konzerte, Festivals uns das Brimborium drum herum angeht. Da steht für mich die Frage im Raum: Wie geht das zusammen?

Micha, normalerweise würde ich »Ladies first« sagen, aber bei dir brennt mir einfach die erste Frage auf der Zunge: Du arbeitest bei einer Volksbank. Wie machst du das auf der Arbeit mit deiner

Mähne und dem Bart? Du kannst ja nicht im Wikinger-Style in die Bank spazieren, oder?

Michael Bohmann: Zunächst kann ich sagen, dass sich da in den letzten Jahren viel gewandelt hat. Bis vor etwa vier Jahren bin ich noch in kompletter Montur zu Arbeit gegangen, mit Anzug, Hemd, Krawatte und allem Drum und Dran. Klar, die Haare sind dann zurückgebunden. Aber an dem Bart: Da machst du halt nichts. Den kannst du akkurat stylen, aber das ist es dann auch. Das wurde so auch akzeptiert. Und dann fing das an, dass der Vorstand die Krawatte weggelassen hat …

… das grenzt ja an New Work.

M. B.: Ja, da gab es schon deutliche Änderungen beim Dresscode, vor allem im Backoffice. Meine Rolle ist so ein Zwitter-Ding: Ich bin eigentlich im Innendienst, aber trotzdem regelmäßig beim Kunden, werde als Experte hinzugezogen. Und dann fing es an, dass man die Anzughose gegen eine Jeans getauscht hat, das klassische Sakko gegen etwas aus Cord oder Ähnliches. Ich habe da bislang keinerlei negative Erfahrungen gemacht.

Wobei die Klamotten das eine sind, aber du bist ja als Typ immer noch eine Ausnahmeerscheinung.

M. B.: Gut, wenn ich bei einer Immobilienbesichtigung aus dem Auto steige, dann sehe ich schon, wie da ab und zu die Augen größer werden. Das ist diese Gesamterscheinung aus Größe, Breite, Haaren, Bart. Da denken sich die Leute vermutlich schon: »Joa … Was kommt denn da?!« Letztlich sind das aber positive Reaktionen, ich erlebe vor allem Neugier. Das liegt vielleicht auch an der Kundschaft. Ich habe viel mit Unternehmern und Selbstständigen zu tun. Die denken sich vermutlich: »Ach, der soll mich jetzt erst mal überzeugen!« Das mache ich dann, und ab dem Punkt ist es egal, dass ich diese Haare und den Bart habe. Beim nächsten Termin ist der Wiedererkennungseffekt umso größer.

Hat dich die Bank schon mit dieser Optik eingestellt?

M. B.: Ich habe damals zunächst eine ganz normale Ausbildung zum Bankkaufmann gemacht. Bei der Bewerbung, zwei Jahre bevor es losging, hatte ich schon lange Haare und auch einen Bart. Meine Mutter hatte mir geraten, den abzurasieren, das habe ich auch gemacht. Aber die Matte sollte schon bleiben. Die Bank hat später allerdings gesagt: »Wenn, dann nur mit kurzen Haaren!« Und daran sollte es nicht scheitern, das habe ich dann gemacht und hatte ein paar Jahre kurze Haare. Und irgendwann habe ich sie einfach wieder wachsen lassen. Ich habe damals in der Kneipe einen Kumpel getroffen, der bei der Sparkasse arbeitete und auch lange Haare hatte. Da habe ich mir gedacht: »Wenn das bei der Sparkasse geht, warum dann nicht auch bei uns?«

Aber noch mal, ich kann mich wirklich an keinerlei negative Reaktionen seitens der Kundschaft oder von Kollegen erinnern. Vielleicht hilft da auch der Gesamteindruck. Wenn ich ein bisschen schmächtiger wäre, würden mir die Leute vielleicht schneller einen Spruch reindrücken.

Nach dem Motto »Oh Gott, wenn ich jetzt was sage, dann setzt der sich auf mich«?

M. B.: So was in der Art, ja. (lacht)

Wo fühlst du dich mehr verkleidet, im Anzug oder in der Kutte? Oder machst du dir gar keine Gedanken darüber?

M. B.: Da ich jahrelang Anzüge getragen hatte, habe ich das ab einem gewissen Punkt einfach als Arbeitskleidung akzeptiert. Am Anfang kam ich mir schon verkleidet vor, aber das legt sich halt irgendwann. Im Grunde ist das mit dem Anzug auch gar nicht so verkehrt. Da kannst du gut mit den Details spielen. Ich hatte dann meinetwegen eine AC/DC-Krawatte um. Oder die Manschettenknöpfe waren Totenköpfe oder Whiskey-Tumbler – so Dinge, die dem Gegenüber nicht direkt ins Gesicht springen. Aber wenn jemand das sieht, wirst du schon darauf angesprochen. Dann hat man schnell ein gutes Gesprächsthema. Ich habe sogar Iron-Maiden-Unterwäsche, aber das ist mehr für einen selbst, genauso wie meine Tattoos. Da hört's dann doch auf in der Bank, auch heute noch.

Wie schaut das bei dir aus, Kerstin? Als wir uns kennenlernten, warst du bei der *WirtschaftsWoche*. Auch da würde ich vermuten, dass Metal erst einmal nicht so gut hineinpasst.

Kerstin Dämon: In meinem direkten Team war das kein Problem. Aber ja, das hat nicht zu allen Kollegen, zu allen Gesprächspartnern, zu allen Veranstaltungen gepasst. Ich kann mich erinnern, dass ich mal einen Termin vergessen hatte. Ich saß in zerrissenen Jeans und Motörhead-Pulli in meiner Ecke, als Outlook mir sagt: »Ey, du hast in fünfzehn Minuten einen Termin mit einem Partner von der schnieken Anwaltskanzlei schräg gegenüber auf der Königsallee.« Und dann dachte ich: »Ach du Scheiße.« Aber ich konnte auch nichts mehr tun. Ich bin dann rüber und habe mir die ganze Zeit den Mantel zugehalten. Die Security hat mich auch ziemlich schräg angeschaut.

Der Typ hatte dann Kleidung vermutlich im Gegenwert eines Kleinwagens an, da war noch die Unterhose aus Brokat. Fachlich ist das kein Problem. Doch es gibt schon Momente, wo man einander anschaut und denkt: »Also, wir beide passen nicht zusammen …« (schmunzelt) Aber dass jemand sagt: »Mit dir spreche ich nicht!«, das hat es tatsächlich nie gegeben.

Wie sieht es mit der anderen Seite aus: Gibt es auch Vorteile im Berufsleben? Ich war früher in meinem Managerleben immer dankbar, wenn bei

jemandem, den man noch nicht gut kannte, ein Festival-Bändchen unter der Manschette hervorblitzte.

K. D.: Klar! Ich habe, ganz unabhängig von meiner Kleidung, einfach den Vorteil, dass ich extrem auffalle, mit den roten Haaren und auch mit dem Nachnamen. Die Leute finden mich ohne Probleme auf einer Messe mit zigtausend Personen. Du bleibst einfach im Gedächtnis. Ich werde ständig von Menschen angesprochen: »Ach, Frau Dämon …« Und ich denke nur: »Wat, wer bist du denn?!« Die meisten Leute sehen halt normal aus, das merkt man sich nicht so schnell.

Konkret erinnere ich mich an eine schöne Anekdote mit dem ehemaligen CEO von Innogy. Wir standen auf einem Event nach seinem Vortrag zusammen, und ich hatte ein AC/DC-T-Shirt unterm Sakko, das blitzte so ein wenig raus. Und er fragt mich: »Ist das die Band?« Ich wusste gar nicht, was er meinte, es ging zwei Sekunden vorher noch um Energie und so weiter. Und er: »Na, Ihr T-Shirt – ist das die Band?« Ich: »Ach so, ja, das ist die Band.« Und er: »Ach prima, die hör ich auch gerne …« Und dann ist man so ins Gespräch gekommen, und es war wirklich nett.

Micha, wie geht dir das?

M. B.: Köln ist eine Medienstadt. Man schickt mich gerne raus zu den Kreativen, den Medienleuten, den

Freiberuflern. Das sind oft Menschen mit einer großen Leidenschaft für Musik, Kunst und so weiter. Das kann auch etwas komplett anderes sein als Metal, aber man kommt eben ins Gespräch über diese Leidenschaft, das schafft schnell eine gute Verbindung. Ich laufe schon los, um meine Firma zu repräsentieren. Und ich glaube, ich repräsentiere die Firma so, wie das auch kein anderer kann.

Einmal ging es um die Bewertung einer Gewerbeimmobilie, ich hatte einen Termin mit einer Geschäftsführerin. Ich komme rein, und sie sagt (macht einen kölschen Dialekt nach): »Woa, dat han isch jetzt nit erwartet …« Und mir gegenüber sitzt eine Endfünfzigerin, die wirklich von der Hand bis zum Hals mit Tattoos zugehackt ist. Ja, und dann war halt alles in Ordnung.

Darüber hinaus gilt das, was Kerstin sagte. Als damals die Volksbanken aus Köln und Bonn fusioniert wurden, da war ich schon der Erste, den alle kannten. Vielleicht ist es sogar so, dass die Leute erst mal negative Erwartungen aufgrund irgendwelcher Klischees haben. Aber dann verstehen die: Der ist mindestens genauso gut in seinem Job. Dann ist dieser Effekt umso größer.

Das mit den Klischees ist auch so eine Sache …

M. B.: Ja, ich denke, dass das in der Außenwahrnehmung einfach anders ist als von innen. Die Metalszene ist ja schon sehr divers. Und die Sachen, die ich heute höre, sind meistens komplexe Musik, das passt so gar nicht zu diesem stumpfen Image. Außerdem kostet das ja auch alles Geld. Denk an die Festivals, diese Metalkreuzfahrten, die immer beliebter werden. Das muss man sich leisten können.

Ja, das sehe ich auch in meiner Studie. Also, wenn es einen Unterschied zu den Normalos gibt, dann sind Metalheads in Deutschland tendenziell gebildet und haben das etwas dickere Portemonnaie.

M. B.: Siehst du, das meine ich.

Wann habt ihr angefangen, Metal zu hören?

K. D.: Bei mir hat das in der sechsten Klasse begonnen, neue Schule, neue Freunde, wie das so ist. Zuerst war das Deutschrock, die Toten Hosen, die Ärzte und so weiter. Da waren auch ein paar ältere Jungs, die haben gesagt: »Hör mal das hier, das ist Sepultura. Und hier ist dies und hier ist das …« Außerdem gab es in Gießen, wo ich herkomme, das Music Attack. Das war noch so ein klassischer Laden, wo man sich die Platten vorne am Counter anhören konnte. Die Leute, die dort arbeiteten, haben regelmäßig in lokalen Klubs aufgelegt. Da konnte man dann wunderbar hingehen und sagen: »Hey, da gibt es so ein Lied, das hat diesen Rhythmus, und der Text geht irgendwie so …« Die haben einen dann prompt in den richtigen Gang zum richtigen Regal geschickt. Man konnte auch seine gebrauchten Scheiben mitbringen und gegen neue Sachen eintauschen. Das war mein Einstiegsort, tatsächlich ein physischer Ort.

Ein Erweckungserlebnis gab es noch in der siebten Klasse während eines Schüleraustauschs in England. Da bin ich in Liverpool schnurstracks in den Virgin Megastore gegangen, weil in England zum Teil die Platten früher veröffentlicht wurden. Dort habe ich mir stolz wie Bolle die *Cruelty and the Beast* von Cradle of Filth gekauft. Kurz zuvor hatte ich mir schon die *Reign in Blood* von Slayer besorgt. Das waren die ersten beiden Metalalben, die es mir so richtig angetan hatten. Ab sechzehn hatte ich dann eine Gothic- und Industrial-Phase. In der Zeit habe ich viele meiner klassischen Metalalben wieder ins Attack getragen. Später hätte ich mir dafür in den Hintern beißen können. Heute höre ich auch noch Gothic und EBM, aber eher mal so einen Abend zum Tanzen – und sonst eben Metal.

Wie war das bei dir, Micha?

M. B.: So richtig auf einen Musiker gestanden habe ich erstmals mit zwölf Jahren, das war Michael Jackson. Im Grunde ist das auch kein schlechter Einstieg, wenn man auf die Gitarrensoli hört, zum Beispiel bei »Beat It«.[50] Danach wurde es erst mal bunt. Wie bei Kerstin ein bisschen Punk inklusive Ärzte und Tote Hosen, aber auch Hip-Hop, irgendwann Crossover.

AC/DC und Motörhead haben um mich herum auch alle gehört. Aber richtig rein in den Metal ging es für mich mit dem schwarzen Album von Metallica.

Ich habe auch erst spät zu Metallica gefunden. Wenn man die schon in den Achtzigern mochte, wird man ja quasi gezwungen, alles ab der schwarzen Scheibe scheiße zu finden.

M. B.: Ja, das ist schon eine gute Einstiegsdroge. Danach habe ich dann schnell Sepultura für mich entdeckt, das waren die ersten Bands, die so richtig eingeschlagen haben. Und das waren auch meine allerersten Konzerte, in Frankfurt und Mülheim. Heute höre ich eine viel größere Bandbreite als früher, neben richtigem Krach zum Beispiel auch Progressive Metal. Spotify ist da echt hilfreich, weil du viel leichter neue Sachen entdecken kannst. Wenn mir etwas richtig gut gefällt, dann kaufe ich aber meist noch die Platte, mittlerweile vor allem Vinyl.

Wie habt ihr euch kennengelernt? Hatte der Metal da auch die Finger im Spiel?

M. B.: Wir haben uns im Valhalla in Köln kennengelernt, das ist eine bekannte Metalkneipe …

… die gibt es noch?

K. D.: Ja, wir haben alle miteinander unser Möglichstes gegeben, den Laden am Leben zu halten. Als der im Lockdown geschlossen war, haben wir alle zusammen die Biervorräte aufgekauft und so weiter. Das hat geklappt. (lacht) Es gibt selbst in Köln nicht so viele Orte, wo man hingehen kann, wenn man Metal nicht bloß einmal im Monat bei Vollmond hören möchte.

Was bedeutet euch diese Musik? Könnt ihr euch ein Leben ohne Metal überhaupt vorstellen?

K. D.: Es gibt so ein T-Shirt, da steht drauf: »Angry Music for Happy People«. Das trifft es schon sehr gut bei mir. Im Grunde bin ich ein fröhlicher und optimistischer Mensch. Doch ab und zu gibt es halt doch so einen Wutball – der ganze Ärger und Frust, der sich im Alltag aufstaut –, und der muss ja irgendwohin. Diese Musik ist einfach ein fantastisches Ventil, ein sicherer Raum für alles, was du verarbeiten musst. Sei es, dass du alleine brüllend durch deine Küche tobst, oder ein Moshpit beim Konzert, oder eine Wall of Death auf dem Festival. Du kannst das alles in einem sicheren Rahmen rauslassen, weil du weißt, dass die anderen Leute auf dich aufpassen.

Familie, das ist immer ein etwas überstrapazierter Begriff, aber es ist doch so: Wir verstehen uns, wir sind alle aus dem gleichen Grund da. Und dann sagst du eben: »Ey, lass die Sau raus. Ist okay. Und wenn du nackt einen Schlammengel machen willst, dann werde ich das beklatschen. Wir wissen beide, dass du das am Montag nicht mehr tun solltest. Aber jetzt gerade – ist voll in Ordnung.« (lacht) Das ist die

Botschaft: Leg los, tu, was du willst, mach, was dich glücklich macht … und nimm die Energie mit für die Zeit, wenn du sie brauchst!

Wie würdest du das beschreiben, Micha?

M. B.: Ich bin ein eher verkopfter Mensch, der viel über Sachen nachdenkt, bevor er sie tut. Metal gibt mir die Möglichkeit, das alles nicht zu tun. Das ist geplantes Chaos in meinem Gehirn. Also, bildlich laufen meine Synapsen im normalen Leben immer schön gerade, das funktioniert, weil ich funktionieren muss. Und Metal hilft mir, das alles ganz wunderbar durcheinanderzubringen. Natürlich kann ich mit der Musik auch komplett ausrasten im Moshpit, aber heutzutage reicht es mir oft, wenn ich mit einem Bier an der Theke stehen kann, und das Chaos spielt sich nur noch im Kopf ab.

Kerstin, zum Abschluss: Du hast ein Buch über New Work mit herausgegeben. Vielleicht eine blöde Frage, aber siehst du Parallelen zwischen Metal und diesem Thema?

K. D.: Oje, das kommt natürlich sehr auf deine Definitionen von New Work und Metal an. Wenn Metal für dich irgendeine Musikrichtung ist und New Work halt irgendeine neue Arbeitsweise – heute mal im Kreis stehen und Post-its kleben, anstatt alleine überm Leitz-Ordner zu brüten –, dann sicher nicht. Wenn du natürlich sagst, Metal ist meine Lebenseinstellung, das ist das, was mich ausmacht, und dir dann Frithjof Bergmanns Definition von New Work anschaust, also dass New Work bedeutet, dass du für dich herausfinden musst, was du wirklich, wirklich tun möchtest, dann ist das schon ziemlich nah beieinander.

Über Kerstin und Micha

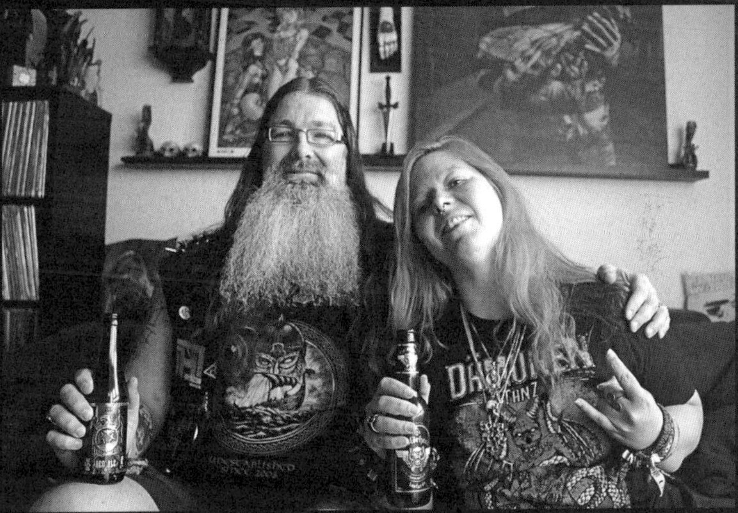

© privat

Kerstin Dämon ist Wirtschaftsjournalistin. Sie arbeitet als Referentin für digitale Kommunikation beim VDV eTicket Service, dem Herausgeber des deutschen Ticketing-Standards im ÖPNV. Zudem engagiert sie sich im Branchennetzwerk »Women in Mobility« und ist Mitgründerin der regionalen Netzwerkniederlassung Rhein-Ruhr. Außerdem schreibt sie über New Work. Kontakt: www.linkedin.com/in/erfolgsdaemon

Michael Bohmann ist gelernter Bankkaufmann und arbeitet als Immobiliengutachter bei der Volksbank Köln Bonn eG. Er engagiert sich nebenbei im Medienproduktionsstudio Cologne Custom Studios. Kontakt: m.bohmann@colognecustomstudios.com

Musik für schwarze Hunde

My demons are a part of who I am
I embrace the dark depths of my mind
That invades my heart
'Cause without darkness who am I?

Amon Amarth, »Into the Dark«

In diesem Kapitel geht es um Depressionen und Ängste, so wie sie auch von Amon Amarth in »Into the Dark« besungen werden. Die Texte von Sänger Johan Hegg behandeln vordergründig Motive aus der Wikingerzeit, haben in aller Regel jedoch einen doppelten Boden.[51] Vermutlich sind Depressionen in der Metalszene besonders verbreitet,[52] so betont es auch der Musikjournalist Till Burgwächter.[53] Wenn man recherchiert, wie viele Metalmusiker an Depressionen leiden, gelitten haben oder sich das Leben nahmen, tut sich ein wahrer Abgrund auf. Ich werde hier keine Liste anlegen, es gibt dazu Beiträge im Netz.[54] Zudem möchte ich betonen, dass ich rein gar nichts von irgendwelchen romantisierenden Beschreibungen halte, im Sinne eines Zusammenhangs von künstlerischer Begabung und psychischen Krankheiten.

Doch Moment bitte! Habe ich nicht einige Seiten zuvor noch ausgeführt, Metaller seien an sich ein recht glückliches Völkchen? Ja, das ist korrekt. Warum das kein Widerspruch sein muss, werde ich auf den folgenden Seiten erläutern. Zuvor allerdings schildere ich eine Episode aus meiner Jugend, insbesondere für jene Leserinnen und Leser, die mit dem Thema Depression bisher nicht näher konfrontiert wurden.[55]

Als ich um meinen vierzehnten Geburtstag herum Metaller wurde, war ich noch ein normal (un)glücklicher Teenager. Ich fühlte mich nicht sonderlich wohl in meinem Körper, hatte ständig Liebeskummer und wusste nichts mit mir anzufangen, was natürlich ums Verrecken keiner wissen sollte. Ergo: Ich hatte eine stinknormale Pubertät. Das sollte sich jedoch im Lauf meiner siebzehnten Sonnenumrundung ändern. Zu Weihnachten 1994 war ich nicht mehr weit weg davon, mich umzubringen.[56]

Tot? Kann auch nicht viel schlimmer sein …

Würde die Höhe des zweiten Stocks ausreichen, damit ich auch wirklich tot wäre nach dem Sprung? Mit welchem Teil meines Körpers müsste ich aufschlagen, damit es funktioniert? Oder wäre ich, mit viel »Pech«, nur schwer verletzt? Diese Fragen habe ich mir mehrfach gestellt, in meiner Hälfte des Zimmers, konkret und sachlich. Nicht wie in einer Horrorvision, eher in Form einer physikalischen Planungsphase. Es ging um Gewissheit.

Vom Sommer 1994 bis 1995 verbrachte ich das elfte Schuljahr in Pennsylvania. Aus Gründen, die zu komplex sind, um sie im Detail zu schildern, gelang es mir nicht, Vertrauen zu meiner Gastfamilie aufzubauen. Nur so viel:

Ich hatte kein eigenes Zimmer und somit keinen Rückzugsort. Stattdessen teilte ich mir einen Raum mit einem jüngeren Gastbruder, der es überhaupt nicht witzig fand, sein kleines Zimmer nun auch noch mit einer fremden Person teilen zu müssen. Mit der Zeit begann er, meine wenigen Habseligkeiten zu beschädigen, später traktierte er mich bisweilen mit einer BB Gun, einem leichten Luftgewehr, das Stahlkügelchen verschießt. Am Körper produzieren die nur blaue Flecken, im Gesicht möchte man die Biester trotzdem nicht abbekommen. Wenn ich nicht zur Verfügung stand, schoss er auf meine Sachen. Ich habe immer noch Bücher aus der Zeit im Keller, mit Einschusslöchern. Im Rückblick, als Psychologe und Vater zweier Kinder, beurteile ich seine Taten milder, aber naturgemäß war ich damals kaum dazu in der Lage.

An meiner Highschool, einer kleinen, elitären Schule für höhere Söhne und Töchter, blieb ich ein Outsider, oder besser: am unteren Ende der Hackordnung angesiedelt, die an amerikanischen Schulen stärker ausgeprägt ist als in Deutschland.[57] Im Grunde erbte man den Status der jeweiligen Gastfamilie. Kam man bei einer (einfluss)reichen Familie unter, war man cool, ansonsten nicht. Meine alleinerziehende Gastmutter war eine Aushilfslehrerin an der betreffenden Schule. Und so wurde ich oft behandelt, als wäre ich irgendetwas zwischen Dienstbote und Aussätziger. Das muss man mit sechzehn erst mal verdauen: Eben noch bist du eigentlich ganz okay, gut in der Schule und im Sport, und ein paar Wochen später blicken dich viele Menschen an, als wärst du eine Küchenschabe.

Im Endeffekt verbrachte ich fast das gesamte Jahr immer unter Leuten, aber ohne jede enge Bindung. Ich befand mich konstant in einer Umgebung ohne Resonanz, in einer stummen Welt, wie es der Soziologe Hartmut Rosa ausdrücken würde.[58] Mit meinen Eltern telefonierte ich wie vorher vereinbart nur jeden zweiten Sonntag, um das Heimweh nicht zu vergrößern. Handys und Internet waren noch keine Massenware, man schrieb Briefe. Die waren zwar tröstlich, aber in der akuten Notlage doch ein wenig lange unterwegs. Die Geschichte kurz zusammengefasst: Ich flog im Sommer 1994 als gesunder und halbwegs fröhlicher Junge in die Fremde. Bis zum Herbst 1994 hatte ich Asthma entwickelt. Wenig später kamen ausgewachsene Panikattacken hinzu, vor allem in großen, offenen Räumen wie Shoppingmalls. Zur Halbzeit nach Weihnachten hatte ich, so ich das in der Rückschau diagnostizieren kann, eine akute Depression, inklusive der beschriebenen Selbstmordgedanken. Und ich litt unter Depersonalisation, schaute meinem Körper von hinten zu, während er über die Schulkorridore schlich.[59]

Die gute Nachricht: Ich bin noch hier und kann dir davon erzählen. Gerettet haben mich, davon bin ich fest überzeugt, die Liebe zur Musik – und der Sport. An den meisten Tagen ging ich nach der Schule ins lokale Community Center, trainierte im zugehörigen Fitnessstudio wie ein Berserker oder spielte Pick-up-Basketball bis zur absoluten Erschöpfung. Nach der Rückkehr fragte mich der eine oder andere deutsche Schulkamerad, ob ich Dopingmittel genommen hätte, weil ich im Vergleich zur Zeit des Aufbruchs ungleich muskulöser heimkehrte.

Meine Lebenszufriedenheit fand ich recht bald nach der Heimkehr wieder, das Asthma verschwand weitgehend mit Anfang zwanzig. Die Panikattacken begleiteten mich, wenn auch seltener auftretend, bis etwa zum dreißigsten Lebensjahr. Erst später erfuhr ich, dass ich in dieser Hinsicht familiär vorbelastet bin.[60] Es kann jeden von uns erwischen, doch einige Menschen tragen aufgrund ihrer Gene und/oder frühkindlicher Erfahrungen ein höheres Risiko.[61]

Euphorie und Dysphorie

Nachdem ich meine persönliche Geschichte zum Besten gegeben habe, hier zunächst ein wichtiger Hinweis, damit schlichtere Gemüter mich nicht falsch verstehen und/oder zitieren können: Ich möchte mit keiner Zeile andeuten, dass die Beschäftigung mit Metal Depressionen befördert, es also eine Art von kausaler Beziehung gäbe.[62] Es gibt jedoch mit hoher Wahrscheinlichkeit geteilte Grundlagen für beide Phänomene. Zum einen ist zu vermuten – so legt es auch meine Studie nahe –, dass Menschen mit einer bestimmten Persönlichkeitskonstitution sich zum Metal hingezogen fühlen, einer Konstellation, die auch eine erhöhte Wahrscheinlichkeit birgt, im Lauf des Lebens psychisch zu erkranken.[63] Zum anderen können wir davon ausgehen, dass bestimmte frühe Erfahrungen, vor allem solche des Ausgestoßenseins, die Hinwendung zu Gegenkulturen und harter Musik fördern können, gleichzeitig aber auch Depressionen und weiteren Störungen Vorschub leisten.[64]

Wie kann ich also behaupten, dass Metalheads im Mittel ein vergleichsweise glückliches Leben führen und gleichzeitig darauf hinweisen, dass Depressionen in der Szene ein großes Thema sind? Der Schlüssel: Es ist nur bedingt hilfreich, sich psychische Krankheit und psychische Gesundheit als eindimensionales Kontinuum vorzustellen. Stattdessen ist es nützlich – und aus meiner Sicht auch lebensnäher – beide Kräfte als mehr oder weniger unabhängig zu verstehen. Diese Idee hat vor zwanzig Jahren

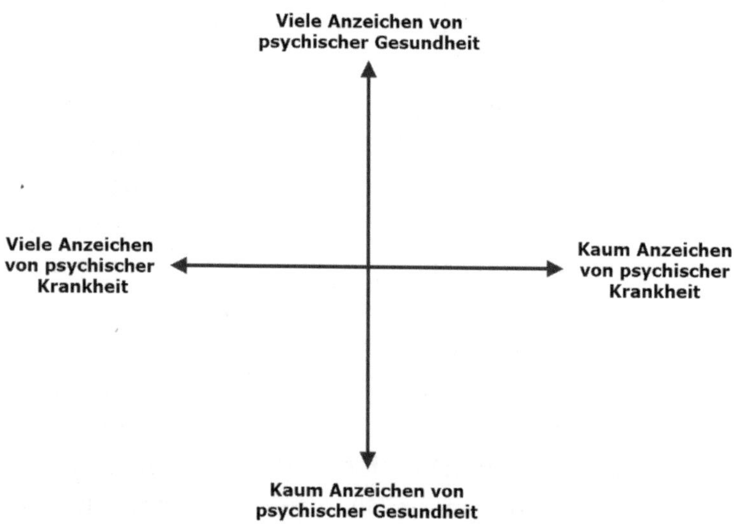

Psychisches Wohlbefinden ist nicht allein die Abwesenheit von Krankheit.

der Psychologen Corey Keyes auf der Basis von Untersuchungen mit vielen Tausend Menschen beschrieben. In der vorigen Abbildung ist sie vereinfacht dargestellt.[65]

Die Kernidee ist, dass psychische Gesundheit nicht einfach als Abwesenheit von psychischer Krankheit definiert werden sollte. Stattdessen besagt dieses Framework, dass es erhellender ist, die Anzeichen von psychischer Krankheit und Gesundheit als getrennt voneinander zu begreifen. Wie man die Anhaltspunkte für psychisches Wohlbefinden erfassen kann (neben positiven Gefühlen z. B. das Erleben von Sinn und In-Beziehung-Sein), wird in den Auszügen aus der Metalstudie erläutert.

Folgt man dieser Idee, ergeben sich verschiedene Konstellationen, die man grob auf den vier Quadranten der obigen Abbildung verorten kann. So findet man unten rechts eine Lage, in der ein Mensch zwar weitgehend frei von Symptomen psychischer Krankheit ist, aber gleichzeitig auch wenig positive Anzeichen von psychischer Gesundheit aufweist. Dieser Zustand wird auf Englisch unter dem schwierig zu übertragenden Wort »Languishing« gehandelt. Am ehesten ist vielleicht der Begriff »Dahindümpeln« angemessen, eine Befindlichkeit ohne viel Leid, aber auch weitgehend ohne Freude und tieferen Sinn.[66] Andererseits kann sich auch eine Konstellation ergeben, in der ein Mensch trotz eines erhöhten Levels an Krankheitssymptomen viele Merkmale eines guten Lebens aufweist.

Ich halte dieses Konzept, wie bereits erwähnt, für wesentlich lebensnäher als die Einordnung von Gesundheit und Krankheit auf einem einfachen Kontinuum. Wie ich aus eigener Erfahrung weiß, kann man selbst inmitten einer ausgewachsenen Depression episodisch Freude,

Liebe und Dankbarkeit empfinden. Man kann gute Noten schreiben, im Sport erfolgreich sein, Kunst erschaffen und dabei – besonders tricky – für Außenstehende recht glücklich wirken. Auf der anderen Seite, und das werden alle Leserinnen und Leser nachvollziehen können, sind auch Phasen des Glücks selten vollkommen ungetrübt. Zum Erwachsenwerden gehört die Akzeptanz, dass es so etwas wie dauerhaftes Glück nicht gibt. Andererseits lehrte mich mein Dasein bisher, dass auch das Unglück nicht ewig währt. Das Leben ist Wandel, das Leben ist bittersüß, das Leben ist wie ein Fluss – das haben schon 1975 die Scorpions mit Uli Jon Roth gewusst. Im medizinischen Fachmagazin *The Lancet* schreibt ein Redakteur:[67]

> In seiner besten Form wirft Metal einen unerschrockenen Blick auf die harschen Realitäten des Lebens und bietet eine komplexe emotionale Antwort an. Das ist nicht nur relevant für Individuen mit einer formalen Diagnose psychischer Krankheit, sondern für jeden, der damit kämpft, den Härten dieses Lebens zu begegnen.

Kein Licht ohne Schatten

Es klingt ein wenig nach Kalenderspruch, doch man kann nicht abstreiten, dass Licht und Schatten sich gegenseitig bedingen, ebenso das Harte und das Weiche, das Gute und das Böse. Mir ist klar, dass die folgende Information mich in den Augen einiger Metalfans diskreditieren wird, aber neben *Californication* mit David Duchovny[68] steht die Anwaltsserie *Ally McBeal* auf der Liste meiner Lieblinge ganz weit oben. Zur Ehrenrettung darf ich sagen, dass diese für jeden Psychologen ein gefundenes Fressen ist. In der Folge 1x12 erzählt der neurotische Partner der Kanzlei, um die sich die Serie dreht, der jungen Anwältin Ally, dass er jahrelang unter Halluzinationen gelitten habe, in denen seine tote Tante Tee mit ihm trinken wollte. Auf Allys Frage, wie er sich davon befreien konnte, entgegnet er, dass er irgendwann eben einen Tee mit ihr getrunken habe.

Diese Episode unterstreicht, was auch Johan Hegg von Amon Amarth in den Lyrics von »Into the Dark« ausdrückt: Viele Menschen versuchen zunächst, ihren inneren Dämonen davonzulaufen oder diese zu verbannen. Gegen Ende des Songs erkennt das lyrische Ich des Songs, der Gott Loki, dass es langfristig heilsamer ist, die Dunkelheit zu umarmen.[69] In einem weiten Sinne spiegelt sich darin ein Gedanke, den der Schweizer Carl Gustav Jung, eine frühe Lichtgestalt der Psychologie, formuliert hat. Er glaubte, dass das Wesen des Menschen aus mehreren Ebenen besteht, so auch aus dem persönlichen Schatten. Etwas verkürzt gesagt: In diesen Schatten verbannen wir jene Aspekte, die wir an uns selbst ablehnen. Im Rahmen der sogenannten Schattenarbeit ist es das Ziel, mehr Bewusstheit über jene dunkle Sphäre zu erlangen, Dinge ans Licht zu holen, ihnen einen angemessenen Raum in der eigenen Existenz zu geben.[70] Ich vermute stark, dass Metal mit seinem unerschrockenen Wesen ein hilfreiches Werkzeug für diese Form der Entwicklung darstellen kann.

Auch Hartes und Weiches können sich gegenseitig bedingen. Interessanterweise sind zwei grundlegende

Ereignisse der Metalgeschichte mit diesem Paradox verbunden. Nicht wenige Experten, so auch Ian Christe, sehen die heruntergestimmten Gitarren auf dem Debut von Black Sabbath als Weggabelung, an der sich Metal endgültig von bereits bestehenden Genres wie dem Hardrock löste.[71] Tony Iommi verlor zuvor bei einem Arbeitsunfall zwei Fingerkuppen an seiner Greifhand. Als Ersatz bastelte er sich selbst mit Leder beklebte Plastikprothesen. Um damit schmerzfrei(er) spielen zu können, lockerte er die Stimmung der Saiten, was entscheidend zum düsteren Sound von Black Sabbath beitrug. Ich finde es bezeichnend, dass die Geschichte des Metal mit einer so schmerzhaften Verlusterfahrung beginnen sollte.

Bisweilen wird auch »You Really Got Me« von den Kinks (1964) als Initialzündung für den Metal angesehen, aufgrund des rauen Gitarrensounds und der intensiven Nutzung von Powerchords. Der besondere Gitarrenklang ist letztlich auch auf Weichheit und Zerstörung zurückzuführen. Dave Davies, der Gitarrist, schlitzte damals in einem Wutanfall die Membran seines Gitarrenverstärkers auf. In der Folge entstand der knarzige Sound, der so viele spätere Bands beeinflussen sollte.[72] Vermutlich hat jedoch niemand die Vortrefflichkeit des Unvollkommenen, des Beschädigten, eindringlicher beschrieben als die Singer-Songwriter-Legende Leonard Cohen in seinem Lied »Anthem« von 1992:

> Forget your perfect offering
> There is a crack, a crack in everything
> That's how the light gets in

Das gilt selbstverständlich auch für den Menschen.

»Ich hatte immer schon extrem viel Energie«

Interview mit Sabina Classen

Abschließen möchte ich den Abschnitt über Emotion mit einem weiteren Interview. Bruce Dickinson ist bekanntlich ein echter Tausendsassa. Die meisten Menschen kennen ihn als Sänger von Iron Maiden, aber er ist auch Berufspilot, Unternehmer, Autor diverser Romane und exzellenter Fechter, um nur einige Dinge zu nennen. Nun haben Iron Maiden sicherlich zwei, drei Platten mehr verkauft als die deutsche Thrash-Legende Holy Moses; aber trotzdem hat sich mir nach dem Gespräch mit Sängerin Sabina Classen ein gewisser Vergleich aufgedrängt.

Auch in Sabina schlummert unendlich viel Talent, gespeist aus kaum versiegender Energie. Wie wird man zur Begründerin eines Gesangsstils? Wo liegen die Parallelen zwischen Konzerten und schamanischen Riten? Und kann Metal dabei helfen, Menschen in der Therapie zu mehr Lebensglück zu verhelfen?[73]

Sabina, du warst Anfang der Achtziger eine der ersten Frontfrauen im Metalzirkus und vermutlich die Erste, die nicht *clean* sang. Wie kam es dazu?

Sabina Classen: Es gab Mitte der Achtziger eine Gruppe namens Détente, und deren Sängerin Dawn Crosby hatte auch eine sehr krasse Stimme. Aber dieses extreme Growling: Da war ich meines Wissens weltweit die Erste. Im Grunde war das aber ein Unfall. Auf meinem Gymnasium, ich war fünfzehn Jahre alt, da gab es eine Schülerband, die damals ihren Gitarristen und den Sänger aus der Gruppe schmissen. Mein damaliger Freund und späterer Ehemann Andy Classen hat dann bei denen vorgespielt und wurde Gitarrist, zusätzlich kam ein neuer Sänger. Ich saß zunächst einfach regelmäßig im Proberaum im Keller der Schule mit dabei.

Am 17. Dezember 1981 ist der neue Sänger dann auf weißen Clogs zur Probe gekommen. Das war für Ramon, den Gründer der Band, die damals schon Holy Moses hieß, ein absolutes No-Go. Folglich hat er den hochkant rausgeschmissen. Also, ob es da vorher schon Stress gab, das weiß ich heute nicht mehr. Aber vordergründig lag es am Schuhwerk. (lacht)

Das deutet auf eine gewisse Ernsthaftigkeit hin …

S. C.: Stimmt wohl, es gab da sicherlich schon eine recht klare Vision. Auf jeden Fall stürmt also der alte Sänger aus dem Raum. Und Ramon sagt: »Sabina, du sitzt hier immer rum. *Du* singst jetzt!« Und ich dachte: »Oh Gott! Ich kann das nicht und ich will das nicht.« Ich hatte einmal für den Schulchor vorgesungen, mit sehr bescheidenem Erfolg. Also bin ich zum Mikro gegangen und habe einfach losgebrüllt. Ich wollte zeigen, dass ich es *nicht* kann. Doch Ramon wurde ganz bleich und rief: »Das *ist* es!« Ich dachte, der verarscht mich, aber er wollte, dass ich weitermache. Dann gab er mir einen Text, das war »Queen of Siam«, so hieß einige Jahre später auch das erste Album. Ich wusste im Grunde nicht, was ich da tat, aber in dem Moment wurde ich die Sängerin von Holy Moses.

Ihr gehört zu den Pionieren des Thrash Metal, das ist aggressive Musik. Trotzdem zeigen Studien, dass diese Klangsphären Metalfans tendenziell beruhigen, anstatt sie weiter aufzupeitschen. Wie erklärst du dir das?

S. C.: Ich habe mir über die Jahre viele Gedanken dazu gemacht, auch durch meine therapeutische Arbeit. Das Ganze hat auf jeden Fall etwas sehr Animalisches. Ich beschäftige mich viel mit schamanischer Arbeit, interessiere mich für indigene Kulturen, habe aber auch eine Ausbildung als Hypnosetherapeutin. Von daher bin ich davon überzeugt, dass Rhythmik eine entscheidende Rolle spielt. Denk an schamanisches Trommeln, da geht es darum, über Tanz und schneller werdende Bewegung in eine Art Trance zu gelangen. Oder denk an das holotrope Atmen, wo man über bewusst veränderte Atmung einen alternativen Bewusstseinszustand erreichen kann.[74] Mit solchen Geschichten vergleiche ich das Erleben eines Metalkonzerts.

Da sind die stampfenden Rhythmen, du springst, schreist, schwitzt. Die Musik gibt dir einen besonderen Kick, der dich auf eine andere Ebene bringt.[75] Auf diese Phase folgt irgendwann eine weitere: die Beruhigung. Ich stelle mir vor, dass da zunächst ganz viel - sagen wir - unvorteilhafte Energie hochkommt. Die gibst du während des Tanzens und Springens in die Erde ab. Danach ist Platz für etwas anderes, dann kommt die Ruhe.

Wann hast du begonnen, auch therapeutisch zu arbeiten?

S. C.: Ich habe mich früh im Leben dafür interessiert. Schon als Teenager bin ich mit autogenem Training in Berührung gekommen.[76] Die Professorin Waltraut Kruse, eine der Pionierinnen dieser Technik in Deutschland, die hat mich damals fasziniert. Mein Vater war Jugend-Fußballtrainer, da war ich oft mit dabei. Und dann habe ich gemerkt, dass die Kids ständig ihre Elfmeter versemmelt haben, weil sie so nervös waren. Ich habe dann versucht, ihnen mit autogenem Training zu helfen. Es wurde auch tatsächlich spürbar besser, was meinen Vater natürlich begeistert hat. Aber im Grunde hat mich diese Waltraut Kruse einfach fasziniert, vor allem in ihrer Art, mit Kindern umzugehen. Damals habe ich schon gespürt, dass ich auch etwas in dieser Richtung machen wollte.

Später habe ich das auch für meine Arbeit als Sängerin genutzt. Auf Tour hat man viel Zeit zum Lesen, da bin ich zur progressiven Muskelentspannung gekommen,[77] etwas später habe ich mich für Hypnose und weitere Therapieverfahren interessiert. So bin ich dazu gekommen, andere Musiker zu coachen. Die haben gesehen, dass ich mich anders auf Auftritte vorbereite. Also nicht dieses typische Warmsingen, ich habe mich beispielsweise durch bestimmte Mantras in Stimmung gebracht, einen Zustand der Konzentration erzeugt. Es ging darum, auf der Bühne voll da zu sein, das restliche Leben und unvorteilhafte Energien fernzuhalten. Das ging damals so weit, dass mich beispielsweise Plattenfirmen beauftragt haben, Streit in anderen Bands zu schlichten, die Musiker zu coachen. Neben weiteren Ausbildungen habe ich dann 2008 offiziell die Prüfung zur Heilpraktikerin für Psychotherapie absolviert und damals auch die Praxis eröffnet.

Sind viele deiner Klienten Metalheads?

S. C.: Das spielt keine besondere Rolle, zumindest heute nicht mehr. Manchmal kommt natürlich jemand, der ein Slayer-Shirt anhat, aber früher war das noch deutlich präsenter. Vielleicht hat in den Anfangstagen der eine oder andere Fan gedacht: »Hey, ich gehe jetzt offiziell zur Sabina von Holy Moses.« Aber das ist ja nicht der Sinn der Sache. Mittlerweile ist das einfach eine ganz normale Praxis für Psychotherapie.

Ich habe das mit der Musik aber nie versteckt, ganz im Gegenteil. Es ist ja alles auf den Websites nachzulesen. Letztlich macht das vielleicht auch mein Gesamtpaket aus. Diese Power, diese Energie, die man auf der Bühne wahrnimmt, die bringe ich auch ins Coaching und in die Therapie mit ein. Ich bin geduldig, mag aber auch Klarheit und Ernsthaftigkeit, ich möchte die Dinge auf den Punkt bringen. Das ist gut für die innere Ordnung.

Du bietest auch Schreitherapie an. Wie läuft das ab?

S. C.: Da gibt es Parallelen zur Arbeit auf der Bühne. Ich beginne oft mit der Atmung und auch mit Trommeln. Letztlich geht es aber vor allem darum, dass die Menschen sich einfach mal trauen, richtig zu brüllen. Dafür gibt es hier in der Praxis sogar ein Mikro und einen Verstärker. Die Menschen sind heute darauf trainiert, anderen möglichst zu gefallen, Ärger eher runterzuschlucken. Dann rastet man irgendwann aus, aber zu völlig unpassenden Gelegenheiten oder bei den falschen Personen. Je nachdem, wie es zu Hause aussah, haben viele Personen auch verinnerlicht, dass sie immer versöhnlich wirken sollten, lieb und ruhig als Ausgleich zum Beispiel, wenn sich die Eltern ständig gestritten haben.

An dem Punkt spielt das Körperliche natürlich eine besondere Rolle, ich sehe da viele Menschen mit Migräne, Rückenschmerzen, Magen-Darm-Geschichten und so weiter. Und dann stellt sich einfach die Frage: Was ist da eigentlich drin in dir? Ich helfe den Personen, versuche zu vermitteln, dass das nicht drinbleiben muss, dass das rausdarf. Zu Beginn sind die Leute in aller Regel leise und schüchtern. Dann leite ich sie an, mache verschiedene Übungen, helfe den Personen, die Energie zu verstärken und nach außen zu bringen. Letztlich geht es darum, den Menschen in seine Kraft zu bringen und auch das Gefühl zu entwickeln, dass es einfach gut und richtig ist, dass man *da* ist.

Beeinflusst die Arbeit als Therapeutin auch deine Musik?

S. C.: Auf jeden Fall. Und mit den Jahren ist das eher mehr geworden. Nimm einen Titel wie »Borderland« vom 2012er Album: Man kann zwar ein Stück weit nachempfinden, was in einem Menschen mit Borderlinesyndrom vorgeht, aber wirklich wissen wirst du das als Außenstehender nie. Die Beschreibungen von einigen meiner Klienten haben mir an diesem Punkt geholfen, die Lyrics *wirklich* auf den Punkt zu bringen. Es melden sich übrigens auch immer wieder Fans, die mir schreiben, dass ein Text etwas mit ihnen gemacht hat, dass er ihnen auf die eine oder andere Art weitergeholfen hat.

Ein Schwerpunkt deiner therapeutischen Tätigkeit ist die Arbeit mit Messies, darüber hast du auch ein Buch geschrieben. Gibt es hier eine Verbindung zum Metal?

S. C.: Ich bin damit früh in Berührung gekommen, ohne schon zu wissen, was das überhaupt ist, durch meinen ersten Manager …

Das ist aber nicht so prickelnd bei dieser Rolle …

S. C.: Tja. Der Mann war Journalist, hat Schallplatten gesammelt, wusste auch immer, wo alles liegt. Aber wenn du eine Hülle genommen hast, war irgendwie nie die richtige Platte drin. Dazu kamen unendlich viele Zeitschriften, das hatte schon erste Anzeichen von Verwahrlosung. Bei den meisten Metallern habe ich allerdings einen ganz anderen Eindruck. Da gibt es bei vielen, vor allem den älteren Fans, diese große Sammelleidenschaft und auch Ordnungsliebe. Das muss komplett sein. Die CDs stehen sehr ordentlich im Regal, daneben das Vinyl, dann noch die DVDs. Für mich als Musikerin ist das natürlich super; das ist ja alles Umsatz. (lacht)

Andererseits kann nach vierzig Jahren Sammeln auch die eine oder andere Wohnung zusammenbrechen. Da gibt es oft große Hemmungen, sich von etwas zu trennen, weil das immer auch gelebtes Leben ist. Im Übrigen ist mir Folgendes aufgefallen: Die ausgeprägten Sammler sind oft Menschen, die irgendwann früher sehr alleine waren. Über die Musik sind sie möglicherweise wieder in eine soziale Struktur gekommen, wenn auch nur auf Konzerten und Festivals. Da wird dann auch mit großer Leidenschaft Expertise aufgebaut, darüber kommt man in den Austausch.

Das Vervollständigen, die Ganzheit, das erscheint wichtig.

S. C.: Definitiv. Es gibt diesen Typus Fan, der wusste immer schon viel besser, welcher Song von uns auf welchem Album ist. Mir selbst ist das gar nicht so wichtig. Die kommen nach dem Konzert und erklären mir, dass ich da in einer Anmoderation was Falsches gesagt habe. Die wissen auch, welches Shirt Tom Angelripper von Sodom bei welcher Fotosession für welches Album anhatte. Wie schon gesagt, das gibt Struktur, kann aber sicherlich auch extreme Formen annehmen.

Du bist Ende fünfzig, machst seit über vierzig Jahren Musik. Bist du heute glücklicher als zur Anfangszeit? Oder weniger glücklich? Anders glücklich?

S. C.: Ich bin über die Jahre viel selbstbewusster geworden, das hat das Leben so mit sich gebracht, aber sicherlich auch die Beschäftigung mit der Therapie. Ich weiß heute viel besser, was ich will und was ich brauche. Aber im Grunde war ich schon als Kind glücklich. Ich bin durchaus streng erzogen worden, hatte aber immer auch viele Freiheiten.

Mit vierzehn habe ich schon die ersten Radiosendungen moderiert. Mit knapp fünfzehn war ich das erste Mal in New York, habe über die Fußballschule von Pelé und Franz Beckenbauer berichtet. Ich hatte immer schon extrem viel Energie, habe Dinge anpacken wollen. Diese Kombination aus vielen solchen Erlebnissen, aus der Musik und auch aus der Psychotherapie – das hat mich stark gemacht. Ich konnte, oder besser *durfte* ein großes Selbstbewusstsein entwickeln. Das ist ein Geschenk.

Über Sabina Classen

Mit ihrer Band Holy Moses gehört Sabina Classen seit über vierzig Jahren zur Speerspitze des Thrash Metal. In ihrer Karriere hat sie zudem regelmäßig für verschiedene Medien als Moderatorin gearbeitet. Zudem bietet sie in ihrer Praxis in der Nähe von Hamburg Coaching und Psychotherapie an. 2016 veröffentlichte sie das Buch *Der Messie in uns*. Kontakt: www.sabina-classen.de

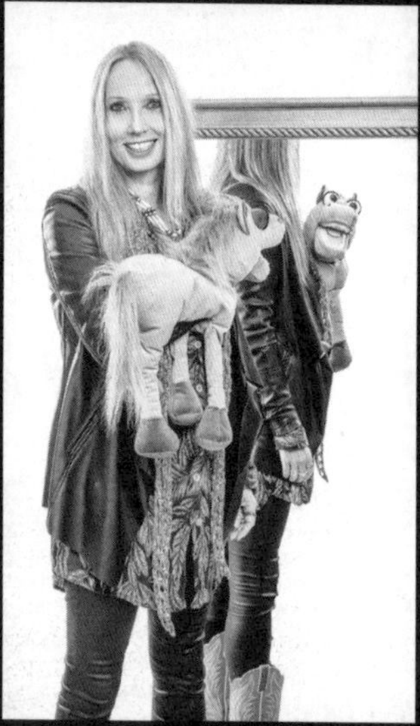

© Sabina Classen

RELATION

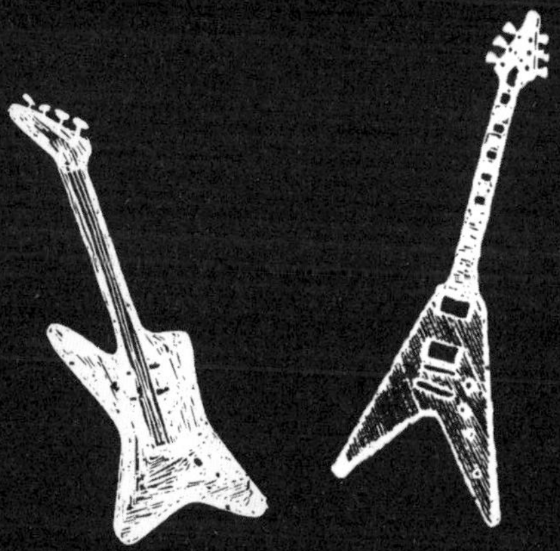

Brothers everywhere

We are as one
We are all the same
Fighting for one cause
Leather and metal are our uniforms
Metallica, »Metal Militia«

Metal ist groß, Metal ist ewig, Metal ist vor allem: international.[78] Oder vermutlich besser glokal, wie es heute oft heißt, denn die schwermetallischen Landschaften können sich von Land zu Land schon stark unterscheiden. Die gesamte Szene wird im Grunde seit Mitte der Achtzigerjahre alle paar Jahre für tot erklärt, aber Zombies sind bekanntlich schwer en vogue, also passt das.[79] In den Neunzigern sah es kurzzeitig etwas trostlos aus angesichts der weinerlichen Tristesse des Grunge,[80] aber viele alte Götter wie Metallica, Iron Maiden und Megadeth sitzen auch dreißig Jahre später noch auf dem Thron. Neue Helden wie Slipknot, Five Finger Death Punch und Nightwish haben sich den Weg auf den Olymp gebahnt. Die nächste Generation ist unterwegs.

Die Metalszene ist lebendiger denn je, dank des Internets und der schier unzähligen Fanzines, YouTube-Kanäle und Meme-Seiten auf Instagram. Doch schon viel früher hat sich ein weltumspannendes Netzwerk etabliert: Tape-

Trading, also das Kopieren und postalische Versenden (bzw. Tauschen auf Events) von Musik auf Kassetten[81] hat seit den frühen Achtzigern dafür gesorgt, dass Metal kein lokales Phänomen blieb, sondern fast den ganzen Planeten erobern konnte.[82]

Und so kommen Headbanger, auch psychologisch, in den Genuss, sich als Teil einer weltweiten Familie begreifen zu dürfen. Wie es Claudia Witte, Vorstand von Metality e.V., im Interview ausdrückt: »Du hast überall auf der Welt Freunde, die du nur noch nicht kennst.« Dieses Gefühl des Zusammenhalts geht im Übrigen über das gemeinsame Konzerterlebnis weit hinaus. Es verbindet auch fremde Personen im Alltag.

Im echten Leben erkennt man sich gegenseitig an Insignien wie den Bandshirts, der Mähne, den Tattoos – oder an der bei jeder passenden und unpassenden Gelegenheit zum Besten gegebenen Pommesgabel.[83] Wenn ein Fan den anderen im Alltag als Metalhead erkennt, so ist man ihm freundlich gesinnt, neugierig, es wird ein gewisser Vertrauensvorschuss gewährt. Diesen Aspekt habe ich vor allem in meiner Zeit als Manager sehr geschätzt. Natürlich sieht man in Büros selten Kutten und Bandshirts,[84] aber das geübte Auge erkennt mitunter die unauffälligen Merkmale: den Totenkopf an der Manschette, das Festivalbändchen darunter oder das Konzertticket an der Pinnwand hinterm Schreibtisch. Natürlich gibt's auch Arschlöcher und Vollidioten in der Metalszene,[85] doch wenn jemand ein Maiden-Shirt trägt, gilt erst mal die Coolness-Vermutung.

Dies ist letztlich eine Konsequenz des Andersseins, vor allem eines *gemeinsamen Andersseins*.[86] Wie ich im Kapitel »Gegen Kultur« noch eingehender erläutern werde, erleben viele Metaller - obwohl im Grunde eine bürgerliche Existenz lebend - regelmäßig Episoden des Nichtdazugehörens, mitunter wird dieses Empfinden auch bewusst kultiviert. Metal mag heute in gewisser Hinsicht Mainstream sein, der Metaller in seiner Wesenheit ist es jedoch nicht. Die »Wir gegen den Rest der Welt«-Attitüde ist unter Mittelstandsbäuchen, Ordnern mit Altersvorsorgeunterlagen und Reihenhausvorgärten möglicherweise etwas schwerer wahrzunehmen, doch sie vergeht niemals so ganz.

Der friedlichste Ort der Welt

In besonderer Weise wird dieser Zusammenhalt naturgemäß auf Konzerten und Festivals zelebriert, wie ich es bereits im Intro des Buches angerissen habe. Als ich die über sechstausend Fans für meine Studie fragte, welche Aspekte am Dasein als Metalhead ihnen besonders wichtig seien, landete eine Dimension klar auf Platz eins: die Atmosphäre auf den Konzerten. Nun fand die Datenerhebung zu einer Zeit statt, als coronabedingt solche Zusammenkünfte nicht stattfinden konnten, die Sehnsucht mag hier ein wenig verstärkend gewirkt haben. Trotzdem darf man die Topplatzierung meines Erachtens für bare Münze nehmen.

Wenn man mit Metallern ins Gespräch kommt und sich über Konzerte und Festivals austauscht, taucht neben Musik und Bier recht verlässlich ein Begriff auf, der Outsider etwas stutzig zurücklassen mag: »Frieden« bzw. das Adjektiv »friedlich«. Echte Fans erleben diese animalische Melange aus Krach, Schweiß und Gerstensaft als beruhigend und ausgleichend.[87] Sabina Classen hat im Interview bereits einen »energetischen« Erklärungsansatz für dieses Phänomen geliefert, im Kapitel »Fit wie ein Headbanger« gehe ich noch ausführlicher auf die körperliche Wirkung der Mucke ein.

Neben der körperlichen Perspektive spielt meines Erachtens auch die psychische Ebene eine besondere Rolle für die friedliche Stimmung auf Metalkonzerten und -festivals. Für den Fan sind sie Orte von hoher psychologischer Sicherheit.[88] Dort kannst du sein, wer oder was du bist, oder noch besser: wer oder was du sein *möchtest*. Das gilt insbesondere für familiär geprägte Festivals wie das W:O:A. Kein Mensch wird schief angeguckt, und von der Seite angemacht wird man höchstens, wenn man allein und ohne Getränk rumläuft. Als eher introvertierter Mensch ist es bisweilen kaum auszuhalten: Du streifst gedankenverloren übers Gelände, willst einfach in dieser besonderen Stimmung baden – keine dreißig Sekunden später hakt sich ein fremder Mensch unter und zieht dich ein paar Meter weiter, während dir irgendeine Grinsebacke einen Becher in die Hand drückt. Widerstand (fast) zwecklos.

Das W:O:A ist ein Ort, der *awesome* ist, gemäß der Definition des Philosophen Nick Riggle. Laut seiner Theorie sind Menschen und Orte awesome, wenn sie, in seinen Worten, ein »social opening« kreieren. Dieses entsteht, wenn Menschen auf eine kreative Weise ihre eingeübten Alltagsskripte verlassen und sich wechselseitig ermutigen, ihrer ureigenen Persönlichkeit Raum zu geben, sodass vorübergehend eine Gemeinschaft von Menschen entsteht, die sich gegenseitig in ihrer Individualität würdigen und bestärken.[89]

Vor einiger Zeit musste ich beim Joggen innehalten, weil mir die Tränen kamen. Die Zufallswiedergabe meiner Playlist hatte das Lied »Heimat« der Folk-Metal-Formation Equilibrium ausgesucht. Das war die erste Band, die ich bei der jüngsten Ausgabe des W:O:A im Jahr 2019 gesehen hatte. Der Song kann als Liebeserklärung an eine geografische Region gedeutet werden. Noch mehr geht es aber wohl darum, bei sich selbst anzukommen, nach langer Suche eine Heimat an und in sich selbst zu finden.[90]

> Auf einmal wird mir deutlich
> Welch großer Schatz hier ruht
> Ich hatte ihn dort einst begraben
> Zum Tragen fehlte mir der Mut

Das klingt ein wenig nach Erbauungskalender oder der Quintessenz aus *Der Alchimist* von Paulo Coelho, doch der Brasilianer hat nicht umsonst mehr Bücher verkauft als

Metallica Tonträger. Wer sich noch nie in dieser Welt verloren gewähnt hat, der werfe das erste versteinerte Herz.

Harter Gleichmacher

Noch ein letzter Gedanke zur Brüder- und Schwesterlichkeit im Metal: In Metallicas Frühwerk »Metal Militia« singt James Hetfield davon, dass alle Headbanger gleich sind. Diese Wesensgleichheit wird dort einerseits auf die schwermetallische Kluft bezogen, hat aber andererseits einen tieferen Hintergrund. Florian Döring von Metality e.V. (siehe das nächste Interview) ist im richtigen Leben Anwalt im Investmentsektor. Als wir nach dem Gespräch noch ein wenig plauderten, bemerkte er etwas, das ich auch aus meiner Managementkarriere bestätigen kann: »Auf einem Konzert fragt dich niemand, was du beruflich machst. Interessiert einfach keinen.«

Für Menschen, die es gewohnt sind, darüber definiert zu werden, was sie leisten oder was auf ihrem Türschild steht, mag das eine große Entlastung sein. Ich erinnere mich noch gut an dieses Spiel: Sobald du im Geschäftskontext eine neue Person triffst, werden die Visitenkarten gezückt oder der LinkedIn-Kontakt ausgetauscht. Wohlgemerkt hat das auch Vorteile, es erzeugt eine gewisse Ordnung. Allerdings schafft es auch unmittelbar eine Rangordnung. Es geht dabei niemals ausschließlich um Namen, sondern auch um Titel und ihre relative Wichtigkeit. Anders gesagt: Man klärt auf eine sozialverträgliche Weise, wer den Längeren hat. Nun will ich gar nicht erst behaupten, dass es diese Form des Wettpissens im Metal nicht gäbe, denn das wäre gelogen. Aber die Kriterien sind grundlegend andere. Statt Geld und Macht sind im Metal Leidenschaft, Werkkenntnis und gelebtes Leben relevant. Wer hat die vollste Kutte? Wer hat Iron Maiden am häufigsten live gesehen? Wer kann das Solo von »Tornado of Souls« (Megadeth) besonders kunstvoll auf der Luftgitarre nachspielen?

Du kannst Vorstandsvorsitzender, Verteidigungsminister oder von mir aus der Heilige Vater höchstpersönlich sein – auf einem Konzert bringt dich das nicht weiter. Der schwermetallische Karriereweg steht allen Menschen offen, die School of Rock ist 24/7 geöffnet und (nahezu) kostenfrei. Am Ende geht es um die Leidenschaft. It's a long way to the top – if you wanna rock 'n' roll.[91]

»Wer im Moshpit des Lebens hinfällt, dem helfen wir wieder auf«

Interview mit Claudia Witte und Florian Döring

Das familiäre Element aus dem vorigen Abschnitt wird auch eine wichtige Rolle im folgenden Interview spielen. In meinem Zweig der Psychologie, der Positiven Psychologie, gibt es ein Motto. Es lautet: Other people matter. Geprägt wurde es vom 2012 verstorbenen Christopher Peterson, Professor an der University of Michigan. Er wollte damit kurz und bündig Folgendes ausdrücken: Legt man die vielen Tausend Studien, die in den letzten Jahrzehnten zum Thema des menschlichen Wohlbefindens veröffentlicht wurden, vergleichend nebeneinander, dann taucht ein Faktor so sicher auf wie das »Heil Satan« in einer schwarzen Messe: gelingende Beziehungen.[92] Das Wissen darum, Freunde zu haben, im besten Fall auch eine intakte Familie, das Gefühl des Eingebunden- und Aufgehobenseins ist der Zufriedenheitsmotor Nummer eins. Im Leben an sich, aber auch in puncto Zufriedenheit mit der Arbeit und vergleichbaren Aspekten des Lebens.

Aus diesem Grund wollte ich unbedingt ein Interview mit dem Vorstand von Metality e.V. führen. Metalheads aller Länder, vereinigt euch! So lautet der Schlachtruf des Vereins *nicht* - aber ein wenig schwingt die Haltung schon mit, wenn man Claudia Witte und Florian Döring zuhört. Was ist Metalität? Wie lebt man diese im Alltag? Und warum braucht es dafür einen Verein?

Claudia, Florian, wie erklärt ihr Metality in dreißig Sekunden?

Florian Döring: Metality ist ein gemeinnütziger Verein und steht inhaltlich auf zwei Säulen. Zum einen sind wir eine Community für Metalheads, die sich in lokalen Chaptern organisieren. Mittlerweile gibt es diese in fünfzehn deutschen Regionen, und Mitglieder haben wir in zehn Ländern auf vier Kontinenten. Es geht um Vernetzung: Die Mitglieder treffen sich regelmäßig und gehen, sofern möglich, auf Konzerte, haben eine gute Zeit zusammen. Und es geht auch darum, sich gegenseitig zu unterstützen. Die zweite Säule, das sind unsere sozialen Projekte, für die auch die Mitgliedsbeiträge verwendet werden. Wir möchten den Spirit des Metal, die Metalität, in die Gesellschaft tragen, wollen anderen Menschen helfen, wollen gute Dinge tun.

Claudia Witte: Ich denke, diesen Zusammenhalt, dieses familiäre Element unter den Metalheads - das gibt es in anderen Genres nicht in *der* Form. Genau das möchten wir verstärken und noch mehr in die Welt bringen.

Laut eurer Homepage möchtet ihr die Werte des Heavy Metal in die Gesellschaft tragen. Was sind diese Werte aus eurer Sicht?

F. D.: Gemeinschaftsgefühl, Toleranz, Hilfsbereitschaft …

C. W.: … Authentizität, Solidarität.

F. D.: Das ist eine Sache, die Leuten außerhalb der Szene schnell auffällt, wenn sie zum Beispiel nach Wacken geworfen werden. Ich erinnere mich an eine Runde von Geschäftspartnern, die vor einigen Jahren einmal dorthin eingeladen wurden. Da sind sie dann über das Infield gelaufen und haben etwas desorientiert in der Gegend herumgeschaut. Dann haben sie sich gewundert, dass sie *sofort* jemand angesprochen hat, um zu helfen. Diese Hilfsbereitschaft, das Aufeinander-Aufpassen, das ist sehr typisch für Metalheads. Zudem gibt es ein hohes Maß an Toleranz und Zusammenhalt. Es ist im Prinzip egal, wer du bist, wo du herkommst, wie du aussiehst.

C. W.: Daher auch der Satz auf unserer Homepage: »Wer im Moshpit des Lebens hinfällt, dem helfen wir wieder auf.« Auf einem Metalkonzert ist das genauso: Wenn du dich im Moshpit langmachst, hören alle auf, und es wird dir wieder hochgeholfen. Das ist etwas, was einem anderswo eher selten begegnet. Für diesen Spirit wollen wir eine Brücke in den Alltag hinein bauen.

Ihr habt in der kurzen Zeit eures Bestehens schon einige Aktionen initiiert. Was sind eure Leuchtturm-Projekte?

F. D.: Das ist sicherlich unsere Schlafsack-Aktion. Auf Festivals werden oft die zurückgelassenen Schlafsäcke etc. eingesammelt und an Obdachlose gespendet. Das fiel zuletzt mangels Festivals weg. Wir wollten im Winter 2020 daher Geld für 666 Schlafsäcke für Obdachlose in Hamburg sammeln; am Ende sind es sogar über siebenhundert geworden. 2021 haben wir das wiederholen können.[93]

C. W.: Ein anderes Projekt, das uns sehr am Herzen liegt, ist das Homeschooling. Es geht darum, Jugendlichen, die sonst nicht die Möglichkeit dazu haben, eine Gitarre, ein Schlagzeug oder einen Bass zu stellen, und dazu den passenden Onlineunterricht. Die Idee ist natürlich in der Coronazeit entstanden. Ein Ziel ist es, Kids in dieser herausfordernden Zeit vom Fernseher oder Computer wegzulocken. Aber es geht natürlich auch um die metallische Nachwuchsförderung. (lacht)

Wie haltet ihr in Zeiten von Kontaktbeschränkungen die Community in Gang?

F. D.: Hier spielen unser Online-Beertastings eine große Rolle. Die Idee entstand ursprünglich im Frankfurter Chapter. Eines der Mitglieder ist gut bekannt mit der Band Tankard, deswegen haben sie den Auftakt gemacht. Ich habe dann eine Brauerei gefunden, die auch noch eine Pommesgabel im Logo trägt, das passte super. Ursprünglich war das als einmalige Aktion geplant, aber das Ganze hat so gut eingeschlagen, dass nun nach einem guten Jahr schon die zehnte Ausgabe ansteht. Immer mit kleinen Craft-Beer-Brauereien sowie wechselnden Künstlern. Der Brauer sollte natürlich Metalhead sein.

Mit rund tausendfünfhundert Brauereien und zehn Prozent Metalheads in der Bevölkerung gibt's da noch eine Menge Potenzial.

F. D.: Auf jeden Fall. Das Ganze wird auf Facebook und auf Twitch gestreamt. Viele Leute schreiben uns, dass diese Abende mit allem Drum und Dran in der Pandemie das *eine* sind, was dem Gefühl einer Party am nächsten kommt. Zwei Euro pro verkauftem Bierpaket gehen an den Verein und kommen unseren Zwecken zugute. Auch hier sieht man, dass sich Spaß und Hilfsbereitschaft wunderbar miteinander verbinden lassen.

C. W.: Über das Beertasting sind mittlerweile auch einige Musiker Mitglied des Vereins geworden. Gerre von Tankard ist an Bord, ebenso Sabina Classen von Holy Moses, Peavy Wagner von Rage, Micha von In Extremo, zudem zwei Mitglieder von Letzte Instanz. Die Liste wächst kontinuierlich.

Ihr habt aber auch schon Events für eine breitere Öffentlichkeit veranstaltet, richtig?

C. W.: Ja, recht früh während der Pandemie wurde ein virtuelles Konzert mit der Band Hämatom zugunsten von Metality veranstaltet. Dadurch sind über zehntausend Euro zusammengekommen. Diese wurden unter anderem an verschiedene Veranstaltungstechniker gespendet, die es in dieser Zeit besonders hart getroffen hatte.

F. D.: Im Januar 2021 gab es, ebenfalls virtuell, den ersten »Metal Summit«. Das war eine hochkarätige Gesprächsrunde unter der Leitfrage »Wie viel muss dem Staat Kultur wert sein?«. Teilgenommen haben unter anderem die Bestsellerautorin Nina George, Carsten Brosda, Kultursenator in Hamburg, und Hans-Jürgen Papier, früherer Präsident des Bundesverfassungsgerichtes. Moderiert wurde das Ganze von Reinhold Beckmann.

Was treibt euch sonst noch um?

F. D.: Ein Thema, das Corona leider abgewürgt hat, aber in Zukunft wichtiger werden wird, ist Inklusion. Wir wollen Menschen unterstützen, die es einfach ein wenig schwerer haben, Live-Veranstaltungen zu besuchen. Denk an den Rollifahrer, der vielleicht nur ein begrenztes Budget an Sozialfahrten hat – dem können wir das Rollitaxi bezahlen. Wir haben hier Betroffene im engeren Kreis des Vereins.

C. W.: Oder denk an eine blinde Person, die vielleicht einfach eine Hand braucht, um gut durch das Konzert zu kommen. Das kann bis zum Metalfan gehen, der Angst vor größeren Menschenmengen hat und hier einfach ein wenig Unterstützung benötigt.

F. D.: An diesem Punkt kommt uns die Chapter-Struktur entgegen. Man kann sich über die Homepage zentral an uns wenden, und wir vermitteln nach Möglichkeit Kontakte vor Ort. Da sagt dann jemand, der Hilfe benötigt: »Ich möchte zu Machine Head in München« – und wir können vor Ort die Kollegen aktivieren. Da sieht man, wie unsere beiden Säulen ineinandergreifen: das Netzwerk und die sozialen Projekte.

In meiner Studie habe ich gesehen, dass Depressionen unter Metalheads wahrscheinlich eine größere Rolle spielen als in der Allgemeinbevölkerung. Ich habe gehört, dass ihr hier auch etwas in der Pipeline habt.

C. W.: Das ist richtig. Auch wir kennen betroffene Personen. Daher möchten wir in Zukunft verstärkt auf dieses Thema aufmerksam machen. Dazu launchen wir ein Projekt namens »Black Dog«, angelehnt an eine englische Bezeichnung für diese Krankheit. Der schwarze Hund steht für die Depression. Die Idee ist, dass du den Hund nicht einfach wegschicken kannst. Aber du kannst lernen, ihn an die Leine zu nehmen, mit ihm zu leben. Und dass er auf dich hört und nicht andersrum. Es wird dafür unter anderem Festivalbändchen geben, um auf das Thema aufmerksam zu machen. Wir sind natürlich keine Psychologen …

Also, ich schon.

C. W.: Stimmt. Aber es geht nicht unbedingt darum, professionelle Hilfe zu leisten, das können wir gar nicht. Die Idee ist vor allem, Offenheit zu signalisieren und sich zu zeigen. Betroffene Personen wissen dann, dass man hier zunächst einmal aufgefangen wird. Es geht vor allem darum, das Thema noch mehr aus der Tabuzone zu holen. Diese Botschaft wollen wir auf die Konzerte und Festivals tragen.

F. D.: Wir denken auch darüber nach, noch eine etwas schickere Version des Armbands zu kreieren, die jeder im Alltag tragen kann, von mir aus auch als Anwalt unter dem Anzug. Das wäre dann ein Zeichen für andere: »Diesen Menschen kann ich auf das Thema ansprechen.« Es geht darum, einen sicheren Raum für solche Gespräche zu schaffen. Das ist mir wirklich wichtig.

Neben dem Verein ist auch die Gründung einer Stiftung vorgesehen. Was habt ihr diesbezüglich vor?

F. D.: Das mit der Stiftung stellt sich derzeit als schwierig dar. Die Grundidee ist bekanntlich, dass eine Stiftung sich finanziell durch das Stiftungskapital selbst tragen kann. Und das ist im Zeitalter von absoluten Niedrigzinsen gar nicht so einfach. Wir suchen da weiter nach Lösungen.

An sich ist der Plan, dass die Idee von Metality sich perpetuiert. Bei einer Stiftung kann man den Zweck nicht mehr ändern, wenn er einmal gegeben ist. Metality ist aktuell ein Verein, da kann die Satzung theoretisch einmal im Jahr geändert werden. Wenn sich da eine Mehrheit findet, die auf einmal sagt: »Unsere primäre Aufgabe ist die Förderung des Hip-Hop«, dann wäre das im Verein auf jeden Fall möglich. Die Stiftung hingegen muss auf Ewigkeit den Willen der Stifter ausführen. Bei uns heißt das: Wir möchten auf Ewigkeit dem Metal dienen.

Denken wir ein paar Jahre weiter. Wo steht ihr mit Metality?

F. D.: Wir arbeiten daran, noch mehr Selbstorganisation in unsere Communitys zu bringen. Gegenwärtig wird noch recht viel vom harten Kern des Vereins gesteuert. Es wäre schön, wenn noch mehr Chapter dazukämen und die bestehenden weiterwachsen würden - und dann auch komplett eigenverantwortlich Aktionen planen und durchführen.

C. W.: Und wir möchten auf jeden Fall auch international weiterwachsen. Wir sind, wie bereits angedeutet, in ein paar Ländern vertreten, aber die Zahl der Menschen ist natürlich noch ausbaufähig. Also, das wäre schon mein Traum, dass wir auf den beiden Säulen, beim Spaßhaben, aber eben auch bei der konkreten Unterstützung von Menschen irgendwann ein großes internationales Netz gespannt haben. Getreu unserem Motto »Du hast überall auf der Welt Freunde, die du nur noch nicht kennst«.

Über Claudia Witte und Florian Döring

Claudia ist Vorstandsmitglied bei Metality e.V. Tagsüber arbeitet sie als Assistenz der Geschäftsführung bei der ICS Festival Service GmbH. Kontakt: claudia.witte@metality.org

Florian ist Vorstandsmitglied bei Metality e.V. Tagsüber ist er Anwalt bei einem Finanzinvestor und auf Unternehmenstransaktionen spezialisiert. Kontakt: florian.doering@metality.org

METALITY

Alles geregelt

Heavy Metal is the law
That keeps us all united free
Helloween, »Heavy Metal (Is the Law)«

Wenn man das schwermetallische Universum durch die Augen des Outsiders betrachtet, kann es sicherlich etwas Wildes, Beängstigendes, Zügelloses haben. Es mag wie eine Sphäre ohne Regeln wirken, wobei Helloween sicherlich vehement widersprechen würden. In einem Song von ihrem Debütalbum wird der Metal selbst zum Gesetz erkoren. Jedenfalls läuft im Metal das eine oder andere nicht nach den Bräuchen der sogenannten bürgerlichen Gesellschaft ab. Das gilt für die Protagonisten und ihr Verhalten wie auch – je extremer der Stil, desto deutlicher – für die Musik selbst. Sanfte Gemüter könnten zur Ansicht gelangen, dass das alles eine chaotische und potenziell lebensgefährliche Geschichte sei, das Gegenteil einer gesetzmäßigen Ordnung. Am deutlichsten wird das auf Metalkonzerten und -festivals.

Nicht genug, dass sich da bisweilen viele Tausend Menschen auf engstem Raum zusammenpferchen lassen, um sich gegenseitig anzubrüllen und vollzuschwitzen (das gibt's auch im *Musikantenstadl*), einige dieser Berserker starten auch noch:

- Moshpits (das klassische Rumgeschubse vor der Bühne),[94]
- Circlepits (ein großflächiger Ringelpiez auf Speed, mit und ohne Anfassen) oder
- eine Wall of Death.

Diese Wand des Todes ist für Außenstehende vermutlich das verstörendste Ritual. Es kommt vor allem im Rahmen von Outdoor-Festivals vor, da es ausreichend Platz benötigt. Kurz zusammengefasst: Meist durch die Band dirigiert, teilt sich die willige Fraktion des Publikums in zwei Hälften und bildet eine Art Frontlinie mit einigen Metern Abstand zwischen den Parteien. Auf ein Signal stürmen alle los und somit ineinander, bis man irgendwie durch den Mob auf die gegenüberliegende Seite gelangt ist.

Wenn du *Der Herr der Ringe* gesehen hast, weißt du, was Phase ist. Eine Wall of Death sieht ein wenig so aus wie der Auftakt der finalen Schlacht am Schwarzen Tor von Mordor (»Für Frodo!«), nur mit weniger Anlauf, ohne Schwerter und auch mit deutlich weniger Toten. Ich möchte gar nicht verhehlen, dass der eine oder andere Protagonist ein paar blaue Flecken durch diese spezielle Turnübung davonträgt, aber ernsthafte Verletzungen sind eine ausgemachte Seltenheit. In dreißig Jahren und einer deutlich dreistelligen Anzahl von Konzerten habe ich mir nur ein einziges Mal mehr zugezogen als den obligatorischen Muskelkater im Nacken. Und das wiederum ist nur passiert, weil jemand die Regeln *nicht* befolgt hat. Dazu gleich mehr.

Denn es gibt sie natürlich: Metalregeln. So wie selbst fiesester Grindcore eine rhythmische und (a)tonale Struktur aufweist, gibt es auch in der Metalszene wichtige Verhaltensregeln. Es gibt beispielsweise Vorgaben, wie man sich in einem Moshpit zu verhalten hat. Die wichtigste Leitlinie: »Hör sofort auf mit dem, was du tust, wenn jemand zu Boden gegangen ist. Dann hilf dieser Person auf.« Oft wird eine Kontrollfunktion von jenen Fans übernommen, die als Grenze zwischen Moshpit und dem restlichen Publikum fungieren. Meist sind das kräftige Männer und Frauen, die dafür sorgen, dass die Pseudorauferei ein lokal begrenztes Phänomen bleibt. Wer sich als Teilnehmer zu expansiv geriert, wird mit Nachdruck wieder in Richtung des Zentrums befördert. Derart sorgt die Gemeinschaft dafür, dass niemand Teil des Spektakels wird, der nicht wirklich mitmachen möchte.

Kontrolliertes Chaos

Auf Metalkonzerten und -festivals gibt es, in der Sprache der Sozialpsychologie, *lokale Normen*. Dabei handelt es sich um (meist) ungeschriebene Regeln für bestimmte Kontexte und Anlässe, deren Kenntnis innerhalb einer Gruppe durch Nachahmung oder Unterweisung von Regelkundigen vermittelt wird. Die Anthropologin Lindsay Bishop hat im Lauf eines mehrjährigen Forschungsprojekts herausgearbeitet, dass es innerhalb der Metalszene typische Sozialisierungsprozesse gibt, die sich nicht nur auf die Musik selbst beziehen, sondern auch auf den Handlungsrahmen rund um ihre Rezeption.[95] Wer mitspielen möchte, muss sich zuerst einer Art Metalknigge beugen. Ältere bzw. erfahrenere Fans dienen dabei als Vorbild und Lehrmeister für die Novizen. Sie bringen ihnen die wichtigsten Regeln bei und greifen bisweilen auch bei Fehlverhalten ein. In dieser Hinsicht gleicht die Szene einer Stammeskultur, in der die Jünglinge ebenfalls durch etablierte Mitglieder in die Riten und Gebräuche eingeführt werden.[96]

Gefühlsverstärker auf Elf

Ich denke, die Musik und das Konzerterlebnis bieten auch Strukturen für das Ausagieren innerer Turbulenzen. Man kann sich in einem sicheren Rahmen dem eigenen Gefühlschaos und den gedanklichen Knoten widmen – auf Umwegen über den Körper, so klingt es an vielen Stellen in den Interviews in diesem Buch an. Der Metalhead als solcher hat einen recht unruhigen Geist, zumindest relativ zum Normalbürger, so lassen sich die Daten meiner Studie deuten. Es braucht folglich unruhige Musik, hohe Energie und Körperlichkeit, um an diesem Punkt eine adäquate Verbindung herzustellen.

Diese Wucht könnte auch in Gewalt und echtes Chaos ausarten.[97] Das Minimum an Regeln in der Metalkultur (es sind tatsächlich nicht viele) transformiert dieses rohe Potenzial stattdessen in einen zeitlich begrenzten Schutzraum. In dieser Glocke aus Schall und Rauch ist auch Platz für eine Dynamik, die der Soziologe Émile Durkheim etwas sperrig kollektive Efferveszenz getauft hat: das ozeanische Aufgehen in und Verschmelzen mit der Masse.[98]

Gerade so, wie die Band ihre klanglichen Schwingungen durch Marshall-Türme verstärken lässt, so dient die körperliche Masse der Fans als Gefühlsverstärker für das Individuum. Derart intensiviert, sind die Emotionen groß und weit genug, um auch den größten inneren Knoten zu lösen. Zumindest für ein paar Stunden oder Tage.

Für diese Dynamik braucht es aber nicht zwingend die heftigsten unter den musikalischen Ergüssen. Die eine oder zwei Balladen im Repertoire vieler Metalbands liefern mit schöner Regelmäßigkeit die erinnerungsintensivsten Gänsehäute. Dann weicht die (fast) ungezügelte Aggression vorübergehend einer einträchtigen Schwermut. Man liegt sich in den Armen, Feuerzeuge werden gezückt, mancher Lederhüne vergießt ein paar warme, lange unterdrückte Tränen.

So war es mir vergönnt, an einer der denkwürdigsten Viertelstunden der Metalgeschichte teilzuhaben: dem »längsten ›Bard's Song‹ aller Zeiten« vom 30. April 2002 in der Düsseldorfer Philipshalle. Diese Ballade ist von jeher einer der Höhepunkte der Shows von Blind Guardian, doch an jenem Abend lag etwas Besonderes in der Luft. Nachdem einige Tausend Gäste - wie immer - den Song fast im Alleingang gesungen hatten, was Sänger Hansi Kürsch eine angemessene Verschnaufpause bescherte, brach das Publikum in frenetischen Jubel aus: ein Beifallssturm, der trotz der Beschwichtigung des Frontmanns immer wieder aufbrandete, sodass dieser erst nach zehn bis zwölf Minuten langsam abebbte. Rund vier Minuten des Jubels hat die Band auf dem zugehörigen Livealbum von 2003 verewigt, doch es handelt sich um eine gekürzte Version.

Ich glaube, damals hat das Publikum nicht nur die Band und ihre Darbietung gefeiert, sondern auch sich selbst. Und auch: das Leben an sich in seiner ganzen tragischen Schönheit. Es gibt im Strudel des Alltags nur wenige Momente, in denen wir spüren, dass wir voll und ganz am Leben sind. Metal aber erschafft diese Erfahrung immer wieder. Man ist außer sich und doch ganz bei sich, Teil des Ganzen und doch völlig präsent als Wesenheit.

Die menschliche Turnmatte

Zurück zu den Metalregeln. Die einzige Gelegenheit, zu der ich bei einem Konzert ordentlich was abbekam, erklärt sich wie oben angedeutet durch einen Regelverstoß. Eine weitere wichtige Sitte lautet nämlich: Stagediven bitte nur, wenn der Laden wirklich, wirklich voll ist. Sprich: Sei dir sicher, dass die Masse dich trägt, schon aus Rücksicht auf die eigene Gesundheit. Wer macht schon gerne einen Bauchklatscher auf den nackten Asphalt?

Im Spätsommer 1996 war ich in der altehrwürdigen Bochumer Zeche, um mir Stratovarius zu geben. Die grundsympathischen Finnen waren zu der Zeit in Deutschland noch recht unbekannt. Vor der Bühne hatten sich die Fans in einer übersichtlichen Anzahl an Reihen formiert, die meisten starrten gebannt auf die Fingerakrobatik des Gitarristen Timo Tolkki. Weil ich an dem Abend keine Lust auf Gruppenkuscheln verspürte, positionierte ich mich einen Meter hinter der letzten Reihe und genoss die Musik. Die nun folgende Sequenz hat im richtigen Leben nur wenige Sekunden gedauert, würde als Teil eines Hollywood-Blockbusters jedoch durch Zeitlupeneffekte auf etwa eine Minute ausgedehnt. So hat es sich auch in mein Gedächtnis eingebrannt, dazu »Chariots of Fire« von Vangelis als Hintergrundmusik.

Ein ziemlich großer Typ (und das sage ich bei 1,90 Meter und hundert Kilo) kletterte wieselflink seitlich auf die Bühne, nahm im Bogen Anlauf und schmiss sich dann mittig, Superman-Style in die Menge. Leider geschah das vollständig abseits meiner Aufmerksamkeit, denn die war auf Flitzefinger Tolkki gerichtet. Die paar Männekes vor mir verspürten natürlich keine Lust, sich mit der Wucht dieses humanoiden Geschosses auseinanderzusetzen. Ein Teil der Leute duckte sich, die anderen drehten sich elegant aus der Hüfte nach links oder rechts weg.

Den Bruchteil einer Sekunde später hatte der Hüne mich unter seinem massigen Körper begraben. Ich war das einzige weiche Material, das den Herrn vor einer exorbitanten Rechnung beim Kieferorthopäden bewahrte. Äußerst unsanft schlug ich erst mit der Schulter, dann mit dem Hinterkopf auf. Ich glaube, das war der letzte Moment in meinem Leben, in dem ich jemandem wirklich ungeniert die Fresse polieren wollte. Doch dazu kam es nicht.

So flink, wie der Kerl sich auf die Bühne geschlichen hatte, so behände rollte er sich von mir herunter und entschwand wortlos in den Schutz der Dunkelheit. Bevor ich überhaupt begriff, was Sache war, halfen mir ein paar fremde Hände auf die Füße. Ich verfolgte das restliche Konzert etwas benommen, doch außer einer Beule und selbst für einen geübten Headbanger ungewöhnlich starken Nackenschmerzen blieb der Vorfall ohne Folgen.

Also, lieber Stratovarius-Stagediver von 1996, falls du das hier liest: Wenn jemand auf dem Boden liegt, dann hilf ihm hoch. Wenn du der Grund dafür bist, dass dieser Jemand auf dem Boden gelegen hat, dann kauf ihm verflucht noch mal ein Bier. Oder zwei. Ist nicht so schwer. Melde dich, denn du schuldest mir einen verdammten Kasten Pils, Inflation und Zinsen mit eingerechnet.

Lieb streiten unter Brüdern (und Schwestern)

Heavy metal or no metal at all
Wimps and posers, leave the hall

Manowar, »Metal Warriors«

Hast du schon einmal Pure Depressive Black Funeral Doom Metal gehört? Oder Brutal Hyper Speed Death Metal? Wenn nicht: Gräme dich nicht. Ich wahrscheinlich auch nicht. Auf jeden Fall wüsste ich es nicht, selbst wenn ich bereits in den Genuss gekommen wäre. Für Outsider mag fast jede schwermetallische Musik wie Krach anmuten, doch aus der Binnenperspektive ergibt sich ein schier unendliches Kaleidoskop der Klänge. Besonders für jene Fans, die es gerne gaaaaanz genau nehmen. Ein Beitrag auf YouTube listet locker-flockig mehr als vierhundert Subgenres auf. Oder besser: Sub-Sub-Subgenres.[99] Am Ende des Tages kann man fairerweise gut mit einem knappen Dutzend Labels gut auskommen. Alle weiteren Unterscheidungen sind in der Regel marginal und für den nicht-analen Charakter auch nur schwer nachzuvollziehen (siehe auch das folgende Interview mit Alexander Prinz). Für die Wagner-Jünger von Manowar reicht hingegen auch ein Label vollkommen aus. Freilich würden nicht wenige Menschen in der Metalszene zu Protokoll geben, dass die Mannen um Joey DeMaio selbst die größten Poser unter dem Himmel seien,[100] aber das ist eine andere Geschichte.

Viele Spielarten des Metal ergeben sich nicht aus der Tatsache, dass die Musik wirklich anders klingt, sondern weil bei recht ähnlicher Geräuschkulisse unterschiedliche Motive in den Texten bedient werden. Das, was gemeinhin als Viking Metal bezeichnet wird, ist z. B. stilistisch betrachtet fast immer melodischer Death Metal, nur dass eben durchgehend die Welt der Wikinger begrowlt wird. Andere potenzielle Unterscheidungen entspringen geringen Abweichungen beim Tempo der Songs - oder der Frage, wie weit heruntergestimmt die Gitarren sind.

Diese eigentlich marginalen Unterschiede führen dazu, dass sich Metalfans untereinander gerne piesacken. Da kann es durchaus hoch hergehen (siehe auch das Interview mit Jörg Scheller). Dabei geht es nicht ausschließlich um Genregrenzen. Brennend heiß diskutierte Themen sind die Qualität der Alben populärer Bands (»Alles was Slayer nach '86 gemacht haben, ist absolut unhörbar …«) oder die relative Qualität von Musikern:

»Dio ist der beste Metalsänger aller Zeiten!«

»Nein, Bruce Dickinson!«

»Nein, Rob Halford!«

»Nein, Louis de Funès!«

»Nein!«

»Doch!«

»Oh!«

Harte Burschen und weiche Eier

Besonders bemerkenswert erscheint mir als Psycho-Onkel aber tatsächlich der nie enden wollende Qualitätswettstreit zwischen verschiedenen Genres. Das Ganze gestaltet sich ein wenig wie die belastete Beziehung der Volksfront von Judäa mit der Judäischen Volksfront in Monty Pythons *Das Leben des Brian*: Eigentlich sollte man gemeinsam die römischen Besatzer verkloppen, aber untereinander beharkt es sich doch noch ein wenig leidenschaftlicher. Im Kern geht es fast immer darum, dass die Fans eines Subgenres einer anderen Subgruppe ihrer Musik vorwerfen, (zu) weich zu sein. Mit meinem Faible für melodischen Power Metal à la Gamma Ray und Co. bin ich aus Sicht eines waschechten Grindcorefans jedenfalls nicht viel mehr als ein labbriges Stück Brot.[101]

Dieser starke Wunsch nach Abgrenzung innerhalb der Metalszene lässt sich durch das erklären, was in der Sozialpsychologie als Theorie der optimalen Distinktheit bekannt ist.[102] Menschen haben einerseits den Wunsch nach Zugehörigkeit zu bestimmten Menschen und Gruppen, andererseits nach Abgrenzung von anderen Gruppen wie auch nach Eigenständigkeit.[103] Es zeigt sich nun, dass wir in wiederkehrenden sozialen Situationen versuchen, über die Zeit eine für uns optimale Konstellation von Abgrenzung und Eingebundensein zu finden. Das läuft in etwa so:

- Man wird zunächst Metaller, um sich mit Gleichgesinnten (In-Group) gegen »den Mainstream« und gegen »den Kommerz« (Out-Group) abzugrenzen.
- Wenn die In-Group gefühlt vom Mainstream gekapert wird (für viele Metaller der ersten Stunde geschehen

durch das schwarze Album von Metallica), schlägt das Pendel zu deutlich in Richtung Zugehörigkeit aus.

- Folglich schafft man neuerliche Distanz und Abgrenzung, indem man Teilen der bisherigen In-Group vorwirft, nicht mehr hart genug zu sein - und erzeugt somit eine neue Out-Group innerhalb der bisherigen In-Group.
- Da der tatsächliche Unterschied zwischen den neuen Subgruppen allerdings viel geringer ausfällt als das ursprüngliche Delta zum Mainstream, muss dieses kommunikativ besonders drastisch herausgestellt werden (»Die ersten Alben von Arch Enemy waren krass gut, aber jetzt machen sie nur noch Kommerzkacke …«).

Gott sei Dank gibt es am Ende des Tages Integrationsfiguren, auf die sich wirklich alle einigen können. Spätestens, wenn Motörhead, Dio oder Black Sabbath aus dem Lautsprecher wummern, haben sich alle wieder arg lieb.

Trauer um die Jugend

Ich habe in den letzten Jahren im *Ministerium für Schwermetall* viele Diskussionen nach oben geschilderter Art verfolgen können. Persönlich finde ich, ein jeder soll - wie es so schön heißt - nach seiner Fasson glücklich werden, das gilt auch für das musikalische Glück. Trotzdem fasziniert mich die metallische Streitlust immer wieder. Ich kann das mangels Exposition und Daten nicht objektiv nachvollziehen, aber ich vermute stark, dass dieses Verhalten in der

Metalszene deutlich ausgeprägter ist als anderswo. Jedenfalls fahre ich viel mit Bus und Bahn. Mir ist dort noch nie ein Dialog der folgenden Art zu Ohren gekommen: »Gell, Ursula, das neue Album vom Stefan Mross - das kannste aber so was von in die Tonne kloppen!« - »Da sachste wat, Heinz ...«

An verschiedenen Stellen im Buch spreche ich davon, dass Metal für viele Fans einen wichtigen Teil ihrer eigenen Identität ausmacht. Es ist ein Unterschied, ob jemand von sich selbst »Ich mag Jazz« oder »Ich *bin* Metaller« sagt. Die besondere Rolle für das Selbstkonzept der Metaller mag auch ein Stück weit erklären, warum Fans untereinander bisweilen so giftig diskutieren. Wenn ein anderer Mensch etwas disst, was mir persönlich am Arsch vorbeigeht, wird meine Reaktion, wenn überhaupt, milde ausfallen. Wenn ich jedoch von einer Kritik im Kern getroffen werde, schlägt's auch mal 13.[104]

Abseits dieser Beobachtung hege ich noch eine andere Vermutung. Sie ist ein wenig schmerzlich, zumal ich langsam, aber sicher auf die Fünfzig zugehe, gehört aber zum Leben dazu: Ich sehe nur ganz selten, dass »das Neue« gegen »das Alte« verteidigt wird. Geh mal in ein Onlineforum für Metalfans und behaupte steif und fest, dass Metallica ihre beste Musik *nach* den Achtzigern gemacht hätten. Ich persönlich würde mich lieber auf einen Marktplatz in Teheran stellen und dem Fürsten der Finsternis ein Liedchen trällern, das wäre weitaus weniger gesundheitsschädlich.

Wenn ich in solchen Diskussionen den Satz »Früher war XYZ besser!« vernehme, dann höre ich bisweilen sehr laut das Folgende heraus: »Früher fand ich *mich* besser (cooler, attraktiver, …)!« Energie und Unbeschwertheit der Jugend nehmen irgendwann unweigerlich ab. Been there, done that. Man kann nur einmal zum ersten Mal vom Metal ergriffen werden.

»Du wirst als Fan gestaltender Teil der Szene«

Interview mit Alexander Prinz

Die Streitlust im Metal bietet eine hervorragende Überleitung zum nächsten Interview. Als ich während der Schreibphase dieses Buches im *Ministerium für Schwermetall* ankündigte, Alexander Prinz (aka Der dunkle Parabelritter) interviewen zu wollen, kommentierte jemand quasi in der gleichen Sekunde, dass er das Buch dann auf keinen Fall kaufen würde. Ein Blick auf die Seite des Users ließ die Frage in mir aufsteigen, ob dieser Mensch überhaupt jemals Bücher liest, aber das steht auf einem anderen Blatt.

Das Ganze ist jedoch ein wunderbares Beispiel für die Wirkung des Menschen Alexander Prinz, oder besser: seiner Onlinepersona. Alexander fasziniert mit seinen Videos über Metal und gesellschaftlich-politische Themen Millionen von Menschen, aber er polarisiert und provoziert auch. Oder anders ausgedrückt: Nicht wenige Menschen fühlen sich von ihm provoziert. Ein Blick auf die Rezensionen seines Buches *Du kannst sie nicht alle töten* (2021) spricht da Bände. Ich habe ihn hingegen im richtigen Leben als äußert intelligenten und reflektierten jungen Mann kennengelernt, der mit großer Leidenschaft und im wahrsten Sinn unermüdlich seiner kreativen Arbeit nachgeht. Schon als ich damit anfing, über Interviews nachzudenken, war mir klar: Ich will den dunklen Parabelritter an Bord haben!

Alex, wenn ich die Zahlen richtig deute, bist du der wichtigste Metal-Influencer im deutschen Sprachraum. Korrekt?

Alexander Prinz: Ich denke, das darf man schon so sagen, wenn man sich beispielsweise die YouTube-Zahlen anschaut. Fairerweise: In Deutschland gab es und gibt es auch nicht so viele davon, das ist eher ein englisches bzw. amerikanisches Phänomen. Aber ich habe schon 2012 mit den Videos angefangen und mich dann sicherlich auch gut positioniert.

Du hast eine Marktlücke erkannt?

A. P.: Nein, ich bin da eher so reingestolpert. Ich meine: Wie läuft so etwas? Man nimmt eine Kamera mit dorthin, wo man sowieso hingeht, und man zeigt das später Leuten, die man sowieso kennt. Bei mir waren das eben alles Metalheads.

Auf dem Rockharz Festival 2012 habe ich dann einen YouTuber kennengelernt, dessen Lieblingsband auch Blind Guardian war. Wir standen zusammen in der ersten Reihe, haben zusammen gesungen, hinterher noch Met getrunken und so weiter. Diese Erfahrung hat mich inspiriert, meinen eigenen YouTube-Kanal zu starten. 2013 habe ich auf dem gleichen Festival schon kleine Visitenkarten verteilt mit einem Link zu meinen Videos. Ich habe im Nachgang einen Festivalbericht gemacht, so ging es dann richtig los. Dann sind die Zahlen zuerst langsam, später schneller und stetig gewachsen. Da sind über die Jahre rund achthundert Videos zum Metal zusammengekommen.

Du hast auf kleinerer Flamme etwas mit Metallica gemeinsam: sehr viele Fans, aber auch treue Hater. Wie gehst du damit um?

A. P.: Das Phänomen ist der Metalszene immanent – sobald etwas oder jemand erfolgreich wird, entwickelt sich auch eine ziemlich krasse, ablehnende Seite. Da wird dann schnell der »Kommerz«, die »Mainstreamigkeit« verteufelt. Einen richtigen Ruck habe ich bei hunderttausend Abonnenten bemerkt …

Der Parabelritter ist jetzt Kommerzkacke?

A. P.: Ach, das hat schon bei zwanzigtausend Leuten angefangen. Aber um die Hunderttausend wurde es noch mal anders. Ich denke, das hat viel mit Identifikation zu tun, mit der Zugehörigkeit zu einer, nennen wir es, randständigen Gruppierung der Gesellschaft. Wenn jemand nun vermeintlich in die Mitte rückt, ein größeres Publikum bekommt, dann wird auch die Ablehnung stärker. Das kann man bei Bands beobachten, auch bei Festivals, das ist Teil der Identität vieler Metalheads. Der Grund, so vermute ich, liegt darin, dass man sich ja bewusst ein Stück weit aus der

Gesellschaft herausgenommen hat. Und dann merkt man quasi, dass die Gesellschaft hinterherkommt. Das erzeugt eine Art Pushback.

Und irgendwann bist du bei Avantgarde Black Metal für Linkshänder mit Laktoseintoleranz?

A. P.: Ja, ich habe dieses Bedürfnis auch immer gespürt, habe früher Kassetten von sibirischen Ein-Mann-Black-Metal-Projekten gesammelt. (lacht) Man darf aber auch sagen: Es geht um Exzellenz, in Bezug auf das Fan-Dasein und das Expertentum.

Nervt es dich, wenn du persönlich angefeindet wirst?

A. P.: Also, wenn mich etwas nervt, dann ist es diese bestimmte Form von Hate, die nicht auf Fakten basiert. Es mag ja gute Gründe geben, mich und das, was ich tue, scheiße zu finden. Meine Beobachtung ist allerdings, dass da auch viel Neid im Spiel ist, und diesen Aspekt finde ich so lazy. Es gibt dann doch nur sehr wenige Menschen, die bereit sind, die ganze Arbeit auf sich zu nehmen, die ich leiste. Ich bin mit den Videos nicht erfolgreich geworden, weil ich irgendwas besser kann, sondern weil ich stur und strebsam war. Ich habe das einfach hart durchgezogen. Das ist der Hauptgrund, warum ich heute stehe, wo ich stehe.

Mich hat es dann manchmal geärgert, wenn Menschen nicht verstehen wollen, dass das alles herzlich wenig mit Glück und stattdessen viel mit Leistung zu tun hat. Auf der anderen Seite ist es jedoch auch eine schöne Wertschätzung: Du kannst mich haten, aber dafür wohne ich quasi mietfrei in deinem Kopf.

Das ist ein schönes Bild.

A. P.: Das stammt, glaube ich, von einem Rapper, Kontra K.

Rap ist im letzten Jahrzehnt explodiert in Deutschland. In meiner Jugend gab's nur die Fanta 4 und das Rödelheim Hartreim Projekt als Gegenpart.

A. P.: Ich glaube, das ist einer der Gründe, warum ich mich für Metal entschieden habe. Diese frühe Form des deutschen Hip-Hop, das war mir zu chillig. Wenn ich überhaupt Rap höre, dann muss es was Hartes sein. Musik muss *überhaupt* hart sein. 2019 bin ich ein wenig in die Technoszene rein, in Leipzig gibt es zum Beispiel viel in Richtung Psytrance, das ist eine sehr schnelle und im Grundsatz harte Musik, die packt mich auch.

Spannend. Es gibt offenbar einen Typ Mensch, der dieses Hochenergetische in der Musik sucht und braucht. Es ist fast egal, um welchen Stil es im Konkreten geht. Ich höre auch oft klassische Musik, aber eben das, was scheppert.

A. P.: Das geht mir auch so.

Da fällt mir Gustav Holst ein, *Die Planeten*. Und dann ist man schnell wieder bei Black Sabbath.[105]

A. P.: Ganz ehrlich: Solche Menschen, wie wir es sind, die gab es ja schon im 18. und 19. Jahrhundert, vermutlich schon immer. Die haben sich auch ausgedrückt und ihre Kunst geschaffen. Und dann hörst du etwas, meinetwegen Rimski-Korsakow, und denkst dir: »Das hätte auch ein geiles Epic-Metal-Album werden können.«

Du bist noch keine dreißig, hast dich schon als YouTuber etabliert, ein Festival, ein Onlinemagazin und ein Klamottenlabel aufgebaut, zudem einen Bestseller geschrieben. Was ist dein Antrieb? Oder bist du ein Getriebener?

A. P.: Das ist eine gute Frage. Ich erinnere mich an einen längeren Tagebucheintrag, einen Gedankenstrom: dass da ganz viel kreative Energie ist, und ich wusste gar nicht, wohin damit. Ich habe schon mit zwölf Jahren einen Fantasyroman geschrieben, sechshundert Seiten, handschriftlich. Da war immer schon dieser Drang, etwas zu produzieren, etwas fertigzubringen, aber ich wusste nie, was genau das sein könnte. Ich bin handwerklich nicht so begabt, konnte auch kein Instrument gut spielen. Das einzige Werkzeug, dass ich habe, ist das Wort.

Dann kam YouTube und wurde für mich zu einem Vehikel, um diesen Produktionswillen zu kanalisieren.

Und natürlich kam damit auch Anerkennung, auch eine Art der Wirkmacht und natürlich neue Möglichkeiten. Du machst eine Dokumentation über ein Festival, bekommst natürlich die entsprechenden Zugänge und schließlich Kontakt zu Menschen, die du ja selbst feierst. Du wirst als Fan gestaltender Teil der Szene.

Für ein Video hast du einmal über vierhundert Metalsubgenres identifiziert. Mal ehrlich: Wäre jemand wirklich fähig, all diese Unterschiede herauszuhören?

A. P.: An vielen Stellen geht es gar nicht so um musikalische Differenzen. Stattdessen spielt sich eine Menge auf der lyrischen Ebene ab. Da bist du wieder an dem Punkt der Abgrenzung – und der Identifikation durch Abgrenzung. Möglicherweise ist das auch ein Verkaufsargument für einige Bands. Da spielt dann jemand Post-Grunge Epic Viking Metal … Also, ich spinne hier jetzt was zusammen. Und am Ende des Tages ist das eben symphonischer Death Metal mit Wikingertexten.

Im Grunde gibt es einige Grundpfeiler. Sagen wir: Death Metal. Das splittet sich auf in verschiedene Varianten, zum Beispiel Melodic Death und Technical Death. Spätestens ab der dritten Ebene wird's dann schon Rosinenpickerei. Aber für den geneigten Kenner ist das möglicherweise wichtig. Dann wird der Technical Death Metal meinetwegen zum Neo-Classical Tech Death, weil in den Gitarrensoli Harmonien aus der Barockmusik verarbeitet werden. Prinzipiell kann man sich da reinsteigern und das vielleicht auch raushören. Ob das wirklich sein muss, steht auf einem anderen Blatt. Aber wie schon angemerkt: Es geht auch um Exzellenz. Man möchte das können und vielleicht auch ein wenig schlauer sein als andere.

Du hast schon früher nicht nur über Musik gesprochen. In der letzten Zeit hast du allerdings schwerpunktmäßig Videos gemacht, die sich mit Politik und gesellschaftlichen Themen auseinandersetzen. Was war deine Motivation? Und welche Reaktionen hast du geerntet?

A. P.: Wie du schon sagst, auch früher ging es bei mir durchaus um gesellschaftliche Aspekte. Aber das haben manche Menschen aufgrund der Dichte an Metalthemen vermutlich nicht wahrgenommen. Jetzt ist es aber auch so, dass die Szene ja seit vielen Monaten brachliegt, ohne die Konzerte und Festivals, das hat mich natürlich frustriert. Und dann bin ich ganz natürlich auf die Suche nach anderen Themen gegangen. Ich mache zum Beispiel eine Videoreihe mit dem Titel »Ich hasse …«, und dann habe ich dazu ein Video über K-Pop gemacht.[106] Na, und irgendwie habe ich mir gedacht: »Nee Alex, du machst das jetzt mal anders … Du analysierst K-Pop jetzt mal auf einer kulturwissenschaftlichen Ebene.« Was ist das genau? Wo kommt das her? Warum funktioniert das? Was sind die Mechanismen dahinter?

In der Folge bin ich gewissermaßen immer tiefer in diesen Strudel reingeraten. Im Grunde ist die K-Pop-Industrie das Gegenteil von unserem gefühlten Metalzirkus. Letztlich ist daraus eine ganz andere Form von Video entstanden und hat auch ganz andere Zuschauer angesprochen. Mir hat das außerdem Spaß gemacht, dieses tiefe Recherchieren. Und so habe ich weitergemacht, einfach weil ich auch selbst so viel dabei lernen konnte.

Und dann hat es sich verselbstständigt?

A. P.: Ja, das nächste Video handelte von TikTok und der Mutterfirma, glaube ich. Dann kam die Vormundschaft von Britney Spears, da bin ich richtig tief reingefallen, das ist ja eine wahnsinnige True-Crime-Story. Letztlich hat mich dieser videografische Stil einfach gefangen. Dann weiß ich noch, dass ich mich irgendwann wahnsinnig über Armin Laschet aufgeregt hatte, und habe darüber ein Video gemacht. Zwischendurch war ich ein paar Tage weg, weil ich die Onlineedition des Wacken Festivals mit moderiert habe. Als ich wieder nach Hause kam, sah ich erst, dass das so richtig abgegangen ist.

Schließlich kam die Einsicht: »Prima, wenn die Leute *das* sehen wollen, dann ist das auch eine Befreiung.« Im Grunde wollte ich früher schon in diese Richtung, habe mich aber nicht so richtig getraut. Auch weil ich das Gefühl hatte, dass die Follower nicht mitgehen. Man ist da ein wenig wenige Sklave der eigenen Zwänge.

Wie bei einer Band, die ihren Stil ändern möchte?

A. P.: So ähnlich, ja. Ich glaube, die Bundestagswahl hat mir einen zufälligen Ausbruchsmoment beschert – also einen Ausbruch aus den manchmal doch recht engen Grenzen der Metalszene. Letztlich hat die Reichweite im Übrigen gar nicht darunter gelitten, eher im Gegenteil. Auch die Kommentare sind im Mittel noch positiver geworden. Offensichtlich schauen sich die meisten Menschen, die vorher den Metalcontent angeschaut haben, auch die politischen und gesellschaftlich relevanten Videos an. Dafür bin ich sehr dankbar, und es macht mich auch glücklich.

Was du tust, wirkt von außen durchdacht und strukturiert. Machst du so Dreijahrespläne für das, was du erreichen möchtest?

A. P.: Ich habe früher Pläne geschrieben und mir viel Mühe gegeben, die Entwicklung des Kanals zu analysieren. Warum bekommt das eine viel Reichweite, das andere nicht so sehr? Da habe ich echt viel Zeit drauf verschwendet, und heute kann ich sagen: Es hat absolut nichts gebracht. (schmunzelt) Wenn ich mir viele Gedanken gemacht habe, ist es nicht geflogen. Wenn ich mir wenige bis keine Gedanken gemacht habe, irgendwie schon.

Ich habe dein Buch *Du kannst sie nicht alle töten* gelesen. Du hast es damit auf Platz zwei der *Spiegel*-Bestsellerliste geschafft. Das Buch hat, auch

wenn der Stil recht flapsig ist, viele Ebenen. Was bist du dort? Satiriker? Choleriker? Professioneller Misanthrop? Oder doch Selbsthilfeguru?

A. P.: Tja, in der ersten Woche haben nur hundertfünfzig Verkäufe gefehlt, dann wäre das sogar die Nummer eins geworden. Aber um auf die Frage zu antworten: Das Uneindeutige, das ist ja das Mysterium an dem Buch. Du hast da diese Mischung von Gonzo-Journalismus, Satire, Essay – whatever. Im Grunde habe ich das einfach geschrieben, wie ich es wollte.

Ich war schon immer ein Freund von Poetry-Slams, aber es hat mich nie wirklich dorthin gezogen. Am Ende des Tages bin ich kein Bühnenmensch. Ich komme ehrlich gesagt auch nicht so gut damit klar, dass ich ständig erkannt werde. Seit den Politikvideos ist das der Fall. Deswegen gehe ich nur noch selten aus dem Haus. (lacht) Trotzdem soll das nicht das letzte Buch gewesen sein.

Zum Schluss etwas Nutzwertiges. Viele junge Menschen träumen heutzutage von einem Leben als Influencer. Was können die von dir lernen?

A. P.: Das mag jetzt ein bisschen desillusionierend klingen – ich glaube nicht, dass man jetzt noch damit anfangen sollte. Aber gut, es gibt vermutlich drei Möglichkeiten. Entweder man hat wirklich krass etwas zu sagen und die unbedingte Bereitschaft, über mehrere Jahre *alles* zu geben, ohne dadurch etwas zurückzubekommen. Da geht's im Grunde um Selbstausbeutung bis zu dem Punkt, wo man - vielleicht - Glück hat. Oder man hat die richtigen Kontakte, aber das ist bei den allerwenigsten Menschen der Fall. Oder aber man erwischt den richtigen Zeitpunkt auf einer neuen Plattform. Anders geht es meines Erachtens nicht. Am besten ist es natürlich, wenn alle Faktoren zusammenkommen.

Es gilt wie so oft: »First come, first served«. Ich denke, ich hatte einfach das Glück, dass ich mit YouTube früh dabei war. Wenn ich mich nicht mit Metal, sondern mit irgendwelchen Mainstreamthemen beschäftigt hätte, wäre es vielleicht noch deutlich größer geworden. Aber ich bin glücklich mit dem, was ich erreicht habe.

Über Alexander Prinz

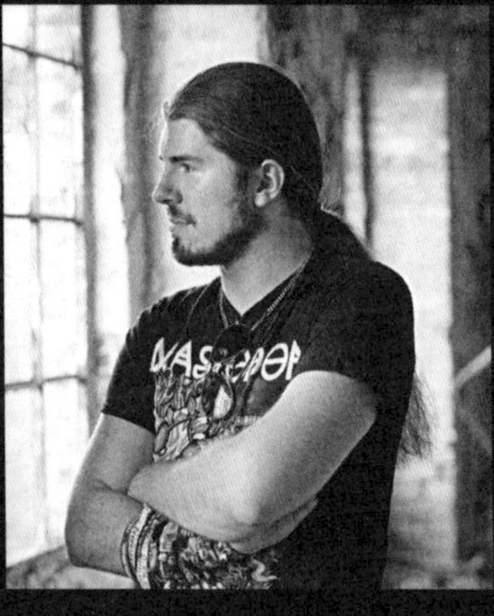

© Jörn Rohrberg (GutesEnde.de)

Alexander ist YouTuber, Autor und Moderator. Er ist Gründer des Textil-Labels Von Tiling, des www.silence-magazin.de sowie eines eigenen Festivals namens Sternenklang. Die Abrufe auf seinem YouTube-Kanal liegen Anfang 2022 bei über 60 Millionen. Zudem stand er 2021 mit seinem Buch auf der *Spiegel*-Bestsellerliste. Kontakt: www.alexanderprinz.de

Jung bleiben, um gut alt zu werden

Rock me while I'm alive
Rock till death
Doro, »Rock Till Death«

Im Jahr 2018 machte eine Geschichte die große Runde: Zwei rüstig-rockende Rentner waren aus ihrem norddeutschen Altersheim ausgebüxt, um mit jugendlichem Elan viele Kilometer zu Fuß zum Festivalgelände des gerade stattfindenden W:O:A zu pilgern. Mit dieser tollkühnen Tat avancierten die Herren für einige Wochen zu Helden der weltweiten Headbanger-Community, nationale und internationale Medien berichteten darüber.[107] Die Episode wurde zigtausendfach in den sozialen Medien geteilt. Damals fiel mir auf, dass viele Menschen das Ganze auf Facebook kommentierten, indem sie eine andere Person markierten und etwas in der folgenden Art dazu schrieben: »Schau mal, das sind wir beide in fünfzig Jahren …«

Wie es auch im Interview mit Rainer Sontheimer anklingt: Metal ist kein Pop-Phänomen. Man wächst als Fan nicht einfach aus der Musik heraus, wenn man ein bestimmtes Alter überschritten hat. Wer einmal Headbanger geworden ist, der bleibt es oft für immer. Begünstigt wird dies durch den Umstand, dass sich auch die Bands selbst bis in alle Ewigkeit treu bleiben können, wenn sie denn wollen. Vielleicht sitzt beim einen oder anderen Protagonisten die Spandex-Hose nicht mehr so knackig wie in den Achtzigern, aber das tut der musikalischen Freude an sich keinen Abbruch. Ein Rob Halford rotiert jenseits der Siebzig möglicherweise nicht mehr ganz so agil über die Bühne, aber darüber sehen die meisten Fans gnädig hinweg. Während viele Popkünstler spätestens mit Mitte vierzig nicht mehr so recht zur eigenen Musik passen wollen und darum mehr oder weniger aus der Öffentlichkeit verschwinden, stehen Metalmusiker in aller Regel auf der Bühne, bis Gevatter Tod den Schlussakkord geigt. Die Idee vom »Metal bis zum Tod« spiegelt sich nicht nur in den Lyrics des Songs »Rock Till Death« von Doro, sie ist vielmehr ein Gemeinplatz der Szene, ziert T-Shirts, Plattencover und sogar den Namen eines Labels. Manche Lieblinge, zum Beispiel Ronnie James Dio, treten dieser Tage sogar noch *nach ihrem Tod* live und in Farbe auf – und das hat nichts mit Parapsychologie zu tun, sondern mit moderner Technik.[108]

Vor dem Hintergrund dieser Langfristperspektive kann Metal gewissermaßen geduldiger sein als andere Musikrichtungen. Er hat mehr Zeit, um sich in Herz und Seele der Fans einzunisten, zu einem Teil ihrer selbst zu werden. Nun will ich gar nicht in Abrede stellen, dass es da draußen treue Seelen gibt, die ihr Dasein mit Haut und Haaren dem Jazz oder der Klassik verschrieben haben, vielleicht sogar dem Schlager. Ich stelle allerdings die kühne Behauptung auf, dass die Intensität, mit welcher der gemeine Metalhead seine Musik verehrt, die Leidenschaft der meisten Fans anderer Spielarten deutlich übersteigt. Zumindest sind mir keine Menschen bekannt, die sich den punkigen Schädel von Wolfgang Amadeus Mozart auf den Oberschenkel tätowieren ließen. Im Metal kommt so was mit hübscher Regelmäßigkeit vor, zum Beispiel in Form des Logos von Slayer oder des Charakterkopfes von Lemmy. Ich kann allerdings nicht sagen, wie repräsentativ meine Perspektive ist. Vielleicht bewege ich mich dafür einfach in den falschen Kreisen.

Da Metal keine Altersgrenzen kennt, weder nach oben noch nach unten, finden sich auf Festivals wie dem W:O:A mit hübscher Regelmäßigkeit drei Generationen einträchtig nebeneinander - oder auf den Schultern der anderen, bei den Kleinsten noch mit einem fetten Gehörschutz. »Metal Son of a Metal Dad« liest man dann auf dem Shirt der Jünglinge, in Anlehnung an den Albumtitel *Seventh Son of a Seventh Son* von Iron Maiden. Als bekennender Metaldad bist du stolz und glücklich, wenn der Nachwuchs musikalisch gut geraten ist (also harte Gitarren liebt), wie es auch der Musikjournalist Frank Schäfer beschreibt.[109] Als mein Sohnemann sieben Jahre alt war, habe ich ihm das jüngste Studioalbum von Metallica vorgespielt. Beim Intro von »Hardwired« kam ein Grinsen über sein Gesicht, und der Kopf fing zustimmend an zu nicken. Metalvaterherz, was begehrst du mehr?

Freilich werde ich ihm, ebenso wie seiner jüngeren Schwester, immer wieder mal Metal um die Ohren blasen. Und insgeheim träume ich natürlich davon, den Großen vielleicht in fünf Jahren zum ersten Mal mit nach Wacken nehmen zu können – wenn er denn möchte. Denn selbstverständlich sollen meine Kids sich frei entfalten, auch musikalisch. Ob sie später auf K-Pop, Gangsta Rap oder Zwölftonmusik stehen, ist mir am Ende des Tages völlig schnuppe. Ich hoffe nur inständig, dass irgendeine Form von Musik ihr Leben einmal so sehr bereichert wie der Metal das meine.

INTERLUDIUM

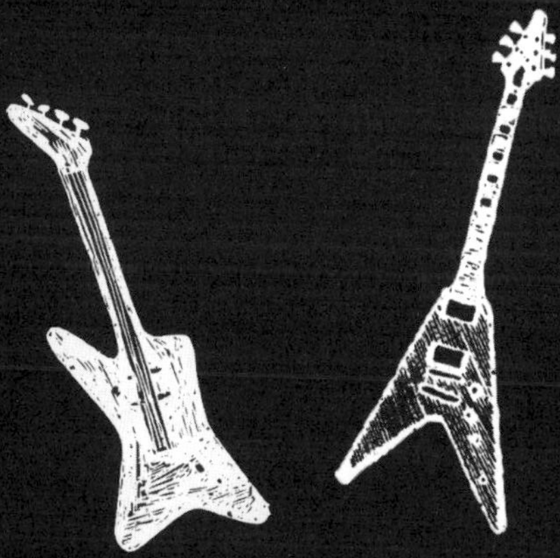

Fit wie ein Headbanger

Keep the pace, hold the race
The mind is getting clearer
Iron Maiden, »The Loneliness of the Long Distance Runner«

Die meisten Sachbücher werden heutzutage vor allem nach ihrem Nutzwert beurteilt. Da ich nicht sicher bin, ob bis hierhin etwas Nützliches zu finden war, folgt nun ein Exkurs zu einem Thema, das mir, nicht so sehr wie Metal, aber doch zeit meines Lebens am Herzen gelegen hat. Ich spreche von Sport und Fitness. Stellen wir also die Frage: Ist Metal gut für die Gesundheit? Weil dies ein deutsches Buch ist, starten wir pflichtgemäß mit einem Warnhinweis.

Heavy Metal kann Ihre Gesundheit gefährden

Zu Risiken und Nebenwirkungen fragen Sie … na ja … am besten mich. Denn ich bin mir nicht sicher, ob dein Arzt oder Apotheker an diesem Punkt auskunftsfähig wäre. Also mal Tacheles: Dass man sich in einem ausgewachsenen Moshpit hier und dort ein paar Kratzer oder eine Beule holen kann – geschenkt. Das sind ja eher Trophäen.

Etwas ernsthafter werden unter Medizinern das Thema Headbanging und seine Nebenwirkungen begutachtet. Es gibt vereinzelte Berichte, wonach Fans (mit Zeitverzug) schwere Verletzungen des Skelettapparats bis hin zu Hirnblutungen nach zu heftigem Schütteln der Matte davongetragen haben sollen.[110] Zum einen steht hier allerdings die Frage der Kausalität im Raum. Zum anderen stelle ich mir als jemand, der in vielen Statistikvorlesungen körperlich anwesend war, die Frage, ob solche Phänomene nach einem amtlichen Festivalsommer nicht viel häufiger auftreten müssten, wenn das Ganze wirklich so dermaßen gefährlich wäre.[111] Aber gut! Pflichtbewusst gebe ich hier die Empfehlung aus einem nicht ganz ernst gemeinten Fachartikel im renommierten *British Medical Journal* wieder:[112]

> Um das Risiko von Kopf- und Halsverletzungen zu minimieren, sollten Headbanger den Radius ihrer Kopf- und Halsbewegungen verringern, zu Liedern mit langsamerem Tempo headbangen, indem sie Heavy Metal gegen AOR-Rock austauschen, nur auf jedem zweiten Beat bangen – oder eine Schutzausrüstung nutzen.

Wohl bekomm's! Zudem gehören Probleme mit dem Gehör, allen voran Tinnitus, natürlich zu jenen Themen, die man durchaus ernst nehmen darf.[113] Aber mal ehrlich, wer sich heute noch ohne Hörschutz vor einen voll aufgedrehten Marshall-Turm stellt, hat eh nicht alle Latten am Zaun. In diesem Sinne, Haken dran.

Schließlich sei noch das Folgende angemerkt: Eine britische Biologin konnte in einer Untersuchung feststellen, dass die Bakterienkonzentration auf *Festivalbändchen* bis zu 20-mal über dem Wert von normaler Kleidung liegen kann.[114] Daraus ergibt sich eine wichtige Empfehlung: Bitte nicht dran lecken, vor allem, wenn es nicht deine eigenen sind!

Metal ist gut fürs Herz

Legen wir den Fokus nun stattdessen auf die gesundheitlichen Vorteile des Schwermetalls. Die Zwischenüberschrift ist durchaus nicht metaphorisch gemeint. Es gibt heutzutage nichts, was nicht auch wissenschaftlich untersucht würde. Und so hat eine Studie zutage gefördert, dass (semiprofessionelle) Metaldrummer regelmäßig auf einen Puls von hundertdreißig bis hundertsechzig Schlägen pro Minute kommen. Das geht allemal als Fitnesstraining durch.[115] Nun ist es durchaus etwas umständlich, extra mit dem Drumming zu beginnen, wenn man sich vom liebevoll gezüchteten Winterspeck befreien will. Geht das nicht auch ohne sauteures Equipment (und Krieg mit den Nachbarn)?

Verzaget nicht, es gibt eine Lösung! Ich habe im Netz gelesen, dass man durchschnittlich hundertfünfzig Kalorien pro Stunde verbrennt, wenn man einfach mit dem Kopf vor die Wand haut, aber ich möchte nicht so genau wissen, wie und von wem das getestet wurde.[116] Zudem liegt der Kalorienverbrauch nicht wesentlich über dem Grundumsatz eines Erwachsenen.

Doch wie sieht es mit metallisch inspiriertem Headbanging aus? Am 3. September 2021 habe ich ein Konzert von Blind Guardian in Krefeld besucht, ihr zweites nach der coronabedingten Auszeit. Praktischerweise hatte ich mir einige Wochen zuvor einen Fitnesstracker zugelegt. Und siehe da, obwohl ich als Metaljungsenior nur hinten gestanden und die Rübe geschwungen habe, schaut das Ergebnis nach einer ausgewachsenen Kardio-Einheit aus – passend zu Iron Maidens eingangs erwähntem Langstreckenläufer:

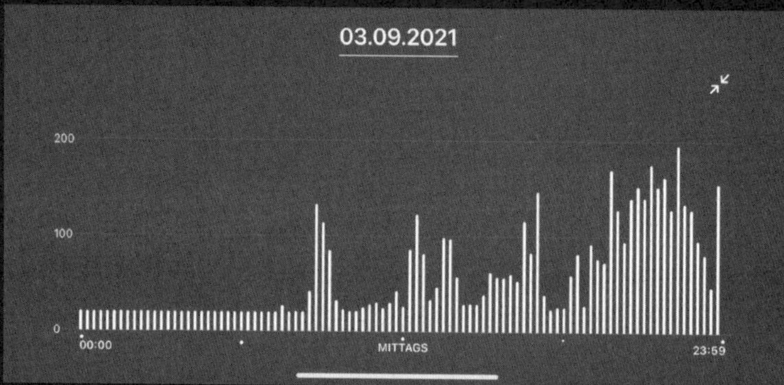

Kalorienverbrauch durch Headbangen während eines Konzerts von Blind Guardian

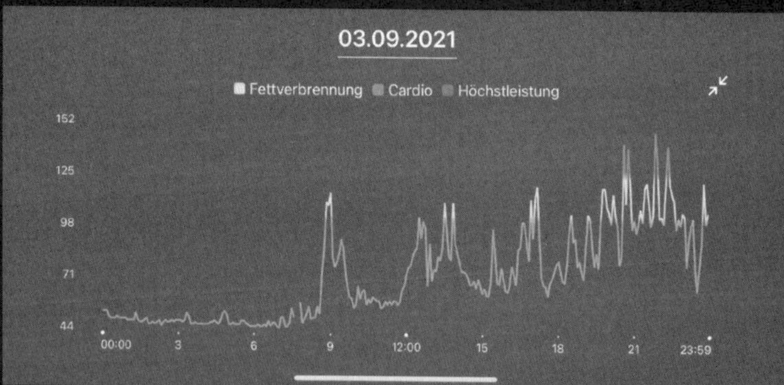

Pulsfrequenz während eines Konzerts von Blind Guardian

Der Puls bewegte sich (mit Ausnahmen bei den Balladen »Lord of the Rings« und »The Bard's Song«) regelmäßig zwischen hundertdreißig und hundertfünfundfünfzig, mit Höchstwerten bei »Lost in the Twilight Hall«, wenn ich Setlist und Uhrzeit richtig deute. In der absoluten Spitze wurden rund zweihundert Kalorien verbrannt: in fünfzehn Minuten wohlgemerkt, nicht in sechzig.

Dazu noch eine absolut ernst gemeinte Anmerkung. Man muss es nicht gleich so heftig betreiben wie die Wettkampfsportler in dem Iron-Maiden-Song, der auf einer Kurzgeschichte von 1958 beruht. Tatsächlich ist regelmäßiger Ausdauersport eine der gesündesten Freizeitaktivitäten überhaupt. Und zwar *für die Psyche*! Wenn man den Effekt von regelmäßigem Joggen bei mittlerem Tempo in eine Pille packen könnte, wäre das ein ziemlich potentes Antidepressivum.[117]

Beim gleichen Konzert wurde ich übrigens wieder einmal Zeuge der Fürsorge unter Metalheads. Der gute Mann, der zu Beginn noch vor mir stand, war nämlich stattliche 2,08 Meter groß, ich habe ihn später gefragt. Selbst bei meiner Länge konnte ich ihm gerade so über die verflucht breiten Schultern schauen. Nachdem die Freundin des Herrn bemerkte, wie arg ich meinen Nacken strecken musste, um Hansi Kürsch zu sehen, sagte sie zu ihm: »Nun lass doch mal den Jungen nach vorne!« Er leistete Folge. Manchmal kann es so einfach sein.

Stress lass nach

Wenn dir diese anekdotische Evidenz nicht ausreicht, dann kann ich noch ergänzen, dass eine Studie an der Universität Bochum vor einigen Jahren gezeigt hat, dass der Genuss von Metal bei vielen Menschen zu einer Senkung des Blutdrucks führt.[118] Das deckt sich recht gut mit den Erkenntnissen aus dem Abschnitt »Emotion«. Wenn das immer noch nicht ausreicht, hilft vielleicht eine gepflegte Runde Metalyoga? Das Phänomen hat mittlerweile auch außerhalb der Szene eine gewisse Berühmtheit erlangt.[119] Wem Yoga zu walla-walla ist, der mag vielleicht mit einer Runde Metalstricken glücklicher werden? 2019 wurde die erste Weltmeisterschaft in dieser Sportart (?!) in Finnland ausgetragen.[120] Abrunden ließe sich das Programm mit einem Drei-Gänge-Menü des Vegan Black Metal Chef, eines US-amerikanischen Musikers, der im Black-Metal-typischen Corpsepaint frei von tierischen Produkten hergestelltes Essen unter die hungrige Meute bringt.[121] Da kommt kein schniekes Wellness-Resort mit.

EXPRESSION

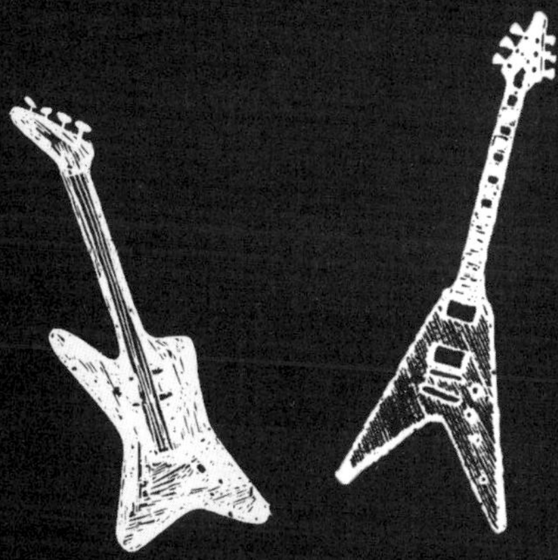

Gegen Kultur

You don't know what it's like
Breaking the law, breaking the law

Judas Priest, »Breaking the Law«

Obwohl Metal als Musik spätestens mit dem schwarzen Album von Metallica im Mainstream angekommen ist, besitzt er auch heute noch eine gewisse gesellschaftliche Sprengkraft. Es sind viele Jahrzehnte vergangen, seit Alice Cooper sich zum ersten Mal auf der Bühne guillotinieren ließ oder Ozzy Osbourne einer Fledermaus den Kopf abbiss.[122] Der Geist vom Metal als jugendgefährdender Musik weht jedoch weiter durch die Welt, wenn auch mit etwas weniger Geheul als in den Siebzigern und Achtzigern. Die automatischen Ergänzungen zur folgenden Google-Anfrage, die ich Anfang 2022 gestellt habe, mögen das illustrieren:

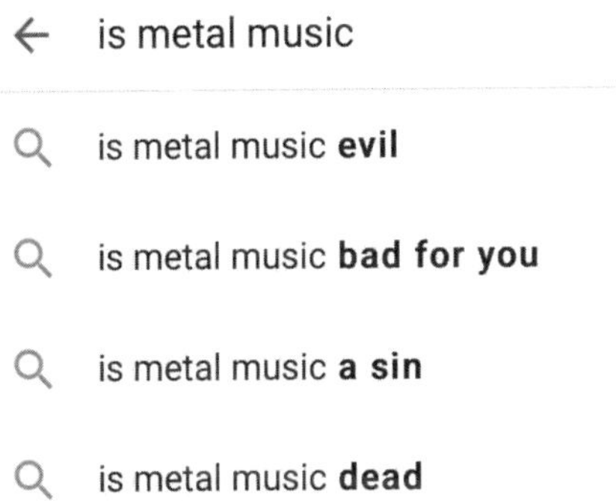

Wer einmal wirklich Spaß haben möchte, der lese bitte das Büchlein *Wir wollen nur deine Seele*, im Original von 1984. In dem Werk bemüht der Autor sich mit geradezu übermenschlicher Kraft, Metal als Musik des Leibhaftigen zu brandmarken – und zwar nicht im übertragenen Sinn. Das Ganze wirkt aus heutiger Sicht unfreiwillig komisch, aber ich kann erahnen, wie viele fromme Christenmenschen damals vor Angst ein paar Rosenkränze gebetet haben müssen. Ein Auszug:[123]

> Ich behaupte nicht, daß ein »Head-Banger« bewußt böse Geister ruft, sondern ich will aufzeigen, daß er die Bedingungen für dämonische Besessenheit erfüllt.

Ja, scheiß die Wand an. Wie singen Kreator feierlich: »Satan is real!« Und hier haben wir den Beweis. Nun wurde Rockmusik von bestimmten Kreisen schon immer verteufelt, der Metal durch das bewusste Spiel mit dem Okkulten bot und bietet umso mehr Angriffsfläche. Allerdings sollte man dann auch einräumen, dass manche Gemüter möglicherweise etwas zu zart besaitet sind. So hat sich 2001 ein CSU-Politiker dafür ausgesprochen, die *Harry Potter*-Filme in Deutschland so lange zurückzuhalten, bis man anhand von Daten anderer Länder sehen könne, ob die Jugend durch das Treiben von Lord Voldemort einen Schaden davontragen könne.[124]

Wer ein Gefühl dafür bekommen möchte, mit wie viel Energie und Inbrunst manche Personen und Institutionen der Rock- und Metalmusik den Garaus machen wollen, der stürze sich auf das über siebenhundert Seiten zählende und in verflucht kleiner Schrift gehaltene Mammutwerk *Verteufelter Heavy Metal* des Schweizers Reto Wehrli. Eine Tour de Force durch die Welt der Zensur in der Kunst, zuvorderst der Gitarrenmusik. Unter den rund dreihundert Abbildungen finden sich auch Bilder von Peter Steeles beachtlichem Prengel, die bei mir beachtliche Minderwertigkeitskomplexe wachrufen. Was für ein großer Künstler!

Der Sänger von Type O Negative hatte sich Mitte der Neunziger für das Magazin *Playgirl* ausgezogen und dabei nichts, aber auch wirklich gar nichts, zurückgehalten. Ein gefundenes Fressen für die Sittenwächter. Manche Teufel haben nur ein Horn.[125]

Dass die Kritiker des Schwermetalls im Übrigen nicht immer besonders subtil vorgehen, bezeugt Bettina Roccors Aufarbeitung *Heavy Metal: Die Bands. Die Fans. Die Gegner.* von 1998.[126] Dort schreibt sie über die …

> […] vielen gnadenlosen Verrisse durch Musikkritiker, die von Metal überhaupt keine Ahnung haben und auch überhaupt nicht daran denken, ihre vorgefaßte Meinung zu überprüfen. So werden Konzerte aufgrund der mangelnden Gewöhnung an härtere Sounds als »Krachorgien«, »akustische Zumutungen« oder »unerträglicher Lärm« bezeichnet.

Wie so häufig zeigt sich, dass das, was die Gegner kritisieren, aus Sicht der Fans im Grunde das beste Kaufargument ist. Welcher waschechte Metaller freut sich nicht über eine amtliche Krachorgie? Und so ein »Parental Advisory«-Aufkleber auf dem Plattencover war doch früher eigentlich immer ein Gütesiegel.

Outlaw

Nun ist die Kritik am Metal und an der Szene als solcher im neuen Jahrtausend merklich leiser, und wenn, dann sachlicher geworden. Die verrohten Jugendlichen von früher sind heute in aller Regel brave Familienmütter und -väter oder schon Omas und Opas. Der Nimbus des Bösen ist allerdings nie ganz verschwunden – und wird es vermutlich auch nie ganz tun. Möglicherweise wäre das sogar ein Sargnagel für die Szene. Metaller bewegen sich auch dieser Tage gerne (symbolisch) auf der Straße des Outsiders.

Dem Metal haftet immer noch der Ruf einer Subkultur an, mit der Betonung auf der Vorsilbe »sub«. Er gilt in bestimmten Kreisen nach wie vor als primitiv, als Krach, als Unterschichtenmusik. Obgleich die Anhängerschaft sich heutzutage quer durch alle Bevölkerungsschichten zieht, ist die Gründerzeit des Metal eng mit der Arbeiterschicht verknüpft. Seine Keimzellen liegen in Industriestädten wie Birmingham oder Detroit, in Deutschland beispielsweise in Essen (Kreator) und Solingen (Accept). Noch heute zeugen metalaffine Veranstaltungsorte von diesem Erbe; sie heißen hier in meiner Ecke Deutschlands Zeche oder Turbinenhalle, anderswo gerne Rockfabrik.

Nun ist der durchschnittliche Metalhead im Jahr 2022 weder Prolet(arier) noch Revoluzzer, das wird an vielen Stellen in diesem Buch deutlich, und so sieht es auch der Musikjournalist Frank Schäfer.[127] Doch auf der symbolischen Ebene kämpft ein Teil des gemeinen Metallers fortwährend gegen das Establishment. »Ich gehe meinen eigenen Weg, schwimme gegen den Strom, werde für alle Zeiten die herrschenden Mächte bekämpfen«, singen Arch Enemy im Song »The Eagle Flies Alone«. Es mag metaphorisch bleiben, doch als Metalhead wandelt man auf dem Pfad des Outlaws, und das fühlt sich grandios an, auf eine kindlich-verschmitzte Weise. »Wer nicht in die Welt passt, der ist immer nahe daran, sich selber zu finden«, soll Hermann Hesse dereinst gesagt haben.

Bürohengst und Metal God

Die Wahrnehmung der Andersartigkeit des Metal - um nicht zu sagen: Minderwertigkeit - gilt umso mehr, wenn man sich in bestimmten Kreisen bewegt, beispielsweise im höheren Management von Konzernen. Wer es dorthin schaffen (und dort bleiben) möchte, braucht nach gängigem Verständnis den richtigen Habitus, in der Sprache der Soziologie.[128] Dort wird zumindest implizit erwartet, dass man beispielsweise den richtigen (also prestigeträchtigen) Hobbys nachgeht.

Vor meiner Anstellung als Hochschullehrer war ich rund fünfzehn Jahre in der Wirtschaft unterwegs, die letzten Jahre als höhere Führungskraft. Noch nicht ganz oben, aber immerhin so weit, dass ich inklusive Langfristbonus eine Viertelmillion im Jahr verdient habe. Das sind nun Kreise, in denen es zum guten Ton gehört, dass man geschäftig an seinem Golf-Handicap arbeitet, sich als Fan der schönen Künste ausweist und im Urlaub in Tirol von Edelhütte zu Edelhütte pilgert. Wenn man in solchen Sphären beiläufig zu Protokoll gibt, dass man sich im Sommer lieber in Wacken im Schlamm suhlt, erntet man mitunter den einen oder anderen - nur unzureichend unterdrückten - ungläubigen Blick.

An diesem Punkt ist es erfahrungsgemäß wahnsinnig befriedigend, wenn du irgendwo in deinem Laden heimliche Alliierte an deiner Seite weißt. Anlässlich meines vierzigsten Geburtstags hatte meine damalige Abteilung auf Initiative einer ebenfalls metalaffinen Kollegin mein Büro amtlich verwüstet: Ballons, Luftschlangen, Glitter auf der Tastatur, das volle Programm. Zudem ließen sie vom Facility Manager[129] mein Türschild austauschen. Statt »Vice President Employer Branding & Talent Acquisition« stand dort auf einmal schlicht und ergreifend »The God of Metal«. Vermutlich war geplant, dass das nach ein paar Tagen wieder ausgetauscht wird, aber wie das so ist in großen Organisationen: Wenn sich keiner kümmert, gilt die Macht des Faktischen. Bis zu meinem Ausscheiden neun Monate später blieb das Schild folglich in der Form erhalten. Und so freute ich mich jeden Tag wie Bolle, dass ich an diesem - durchaus noch etwas konservativen Ort - nicht nur Nico, der Vice President, sondern auch ein Metal God sein durfte.

Im Exil

Das Schild war nur ein kleines Detail, doch es hat an jedem Tag im Büro mein Herz erfreut und die Arbeit mit Sinn aufgeladen, weil ein wichtiger Teil meiner Persönlichkeit Bestätigung erfuhr. Dass diese Validierung meiner persönlichen Befindlichkeit allerdings ein sehr geringes Problem ist, wird deutlich, wenn man einen Blick auf andere Regionen der Welt wirft. Leider gibt es auch im Jahr 2022 Länder, in denen Menschen Metal als Kunstform im Geheimen ausüben müssen, weil ihnen sonst Folter und lange Gefängnisstrafen drohen. Eine dieser Regionen ist der Iran. Das dortige Regime verfolgt Musiker, deren Werk als ketzerisch betrachtet wird, mit unvorstellbarer Härte. Die Mitglieder der Metalbands Confess und Arsames mussten in den letzten Jahren aus ihrer Heimat fliehen, weil ihnen dort Gefängnis und Folter drohten.[130] Die konservative Schiene des Islam versteht an diesem Punkt leider überhaupt keinen Spaß.[131]

Allerdings sollten wir uns nicht auf ein allzu hohes Ross setzen, denn auch in der sogenannten aufgeklärten Welt, in Nordamerika und Europa, drohen Headbangern nachweislich Repressalien. So ist Nergal, Sänger und kreativer Kopf der Black-Metal-Band Behemoth, kürzlich in Polen wegen Blasphemie verurteilt worden. Er hatte in einem via Social Media geteilten Foto auf ein Bild der Jungfrau Maria getreten.[132] Nun ist das einerseits nicht die feine englische Art. Andererseits steht diese Handlung in keinerlei Verhältnis zu dem, was Vertreter der katholischen Kirche über Jahrzehnte – ungesühnt – Unmengen von Kindern angetan haben. Da hätte man besser die Kirche im Dorf gelassen.

In Kanada, dem Traumland vieler Auswanderer, hätte kürzlich eine Lehrerin um ein Haar ihren Job verloren. Dafür musste sie nicht einmal die Jungfrau Maria besudeln. Es reichte, dass sie sich in den sozialen Medien als Fan von Iron Maiden geoutet hatte. Eine Reihe besorgter Eltern forderte daraufhin in einer Petition ihre Absetzung.[133] Das Ansinnen scheiterte letztendlich, mag aber erneut verdeutlichen, dass das Leben als Metalhead bisweilen mit reichlich Unverständnis seitens des Establishments einhergeht.

Jemand, der die nachteiligen Konsequenzen des Daseins als Metalhead mitten in Deutschland unmittelbar erfahren musste, ist Thomas Gurrath, Chef der Death-'n'-Roll-Kapelle Debauchery und weiterer musikalischer Projekte. 2010 wurde er – sagen wir es deutlich: mit juristisch fragwürdigen Mitteln – dazu gedrängt, sein Lehramtsreferendariat in Stuttgart aufzugeben, nachdem die Schulleitung und übergeordnete Instanzen auf sein musikalisches Treiben aufmerksam wurden. Man stellte Thomas vor die Wahl, entweder seinen Nachnamen zu ändern (damit Schüler und Eltern seine Musik nicht im Internet finden konnten) und seiner künstlerischen Tätigkeit abzuschwören, oder die Aussicht auf den angestrebten Beruf als Lehrer zu begraben. Er entschied sich für die Musik und gegen den komfortablen Beamtenjob.[134] Ich sage: Respekt! Dagegen war mein Türschild nun wirklich Babykacke.

»Jede Currywurst beinhaltet mehr Gewalt als alle meine Songs zusammen«

Interview mit Thomas Gurrath

Ich habe mit Thomas über seine Bewertung besagter Episode gesprochen. Und darüber, ob er glücklich mit seiner Entscheidung geworden ist. Außerdem geht es um die Frage der künstlerischen Inspiration sowie der Gewalt in Texten und im richtigen Leben.

Thomas, deine jüngste Scheibe trägt den Titel *Monster Metal*. Der Name ist Programm. Zudem bist du bekannt für blutgetränkte Bühnenauftritte. Ich beginne mit einer Allerweltsfrage: Woher beziehst du deine Inspiration?

Thomas Gurrath: Inspiration kommt eigentlich von überall. Aus Filmen wie *Alien* oder *Predator*, aus Serien wie *Game of Thrones*, aus Comics wie *Spawn* oder *Crossed* und aus Fantasybüchern. Ich lese viel, meistens Dark Fantasy wie *Warhammer*, oder auch Sachen über Tolkiens Mittelerde, interessiere mich für Artbooks und Hintergrundbücher anderer Künstler wie HR Giger oder Sachen zu Videospielen wie *Doom* oder *Diablo*. Mein Studium der Geschichte hat mir viele Ideen mitgegeben, ich schaue mir aber auch Videospiel-Trailer auf YouTube an. Oder ich sehe Berichte über Krieg und über Tierleid. In meinem Debauchery-Universum, der »World of Blood Gods«, bringe ich alle diese Elemente zusammen und schreibe mit jedem Album weiter an meiner eigenen Geschichte.

Wie beschreibst du dieses Universum für jemanden, der dein Werk nicht kennt?

T. G.: Ich würde das als Kriegsfantasy beschreiben, düster, sehr brutal. Im Mittelpunkt stehen die Blood Gods, biomechanische Vampirdrachen mit dämonischen Fähigkeiten. Die drei mächtigsten unter ihnen sind Dracul Drakorgoth, der Debauchery Blood God, Setekh Drakorgaur, der Rote Drache und Blutgott der Erde, sowie Balgeroth, der Bloodking, Herrscher von Knochenheim. Zusammen bilden sie die Trinity of Blood Gods. Sie kämpfen gegen Elben und Menschen und die Dämonen der Hölle. Ihre größten Widersacher sind Luziferon, die Sieben Hexen und deren Horden aus menschlichen Höllenkriegern, Dämonen, Vampiren und Zombies. Daneben gibt es noch die Elbenreiche auf Eden, die sich gegen die Invasoren aus der Hölle behaupten müssen. Unterstützung bekommen sie von den rechtschaffenen Drachen des Feuerthrons.

Die World of Blood Gods ist inzwischen ziemlich komplex, mit vielen unterschiedlichen Handlungssträngen und Protagonisten. Ich baue sie immer weiter aus, mit Musik, mit Bildern und mit Geschichten.

Ein paar Sachen habe ich veröffentlicht, vieles gibt es nur in Stichworten und Bruchstücken. Musikalisch orientiere ich mich an klassischen Rock- und Metalhelden wie AC/DC, Judas Priest, Motörhead, Iron Maiden, Metallica, Saxon, Accept, W.A.S.P. und anderen. An den coolen Bands eben.

Es gab und gibt immer wieder Leute, die dir Gewaltverherrlichung vorwerfen. Was würdest du denen entgegnen?

T. G.: Meine Geschichten sind brutal, wie fast alle Fantasygeschichten und Märchen. Ich würde es eher als Gewalt-beschreibend bezeichnen.[135] Ich erzähle Geschichten aus der Perspektive verschiedener fantastischer Protagonisten, die im Krieg miteinander stehen. Was sollen Drachen und Dämonen denn sonst machen? Mit Lego spielen oder Sandburgen bauen? Sie führen Krieg gegen Menschen, gegen Elben, untereinander, belagern Städte und Festungen, brennen Dörfer nieder. Ich bewerte die Taten der einzelnen Wesen selten und muss je nach Song auch gegensätzliche Positionen einnehmen. Es geht um den Kampf zwischen Gut und Böse und um all die Graustufen, die dazwischenliegen. Ich wage zu behaupten, dass diese Kritiker keinen Bezug zu den Texten und den Kreaturen haben. Letztendlich schreibe ich Texte, male Bilder und spiele Gitarre, das tut keinem weh. Jede Currywurst beinhaltet mehr reale Gewalt als alle meine Songs zusammen.

In einem früheren Interview sagtest du, deine Musik diene auch dazu, Aggressionen abzubauen. Das kann man auf die Musiker selbst münzen, aber ebenso auf die Hörer. Gehst du davon aus, dass Musik einen kathartischen Effekt hat?

T. G.: Ja, das kann durchaus sein. Ich habe viele verschiedene Songs gemacht. Einige sind voller hasserfüllter und bösartiger Monster, andere wiederum sind eigentlich Gute-Laune-Rock und haben satirische Texte. Ich ordne die Songs dann meinen Bandkreaturen zu: Blood God bekommt die Rocksongs, Balgeroth die düsteren Songs, das passt auch gut mit den deutschen Texten zusammen, Debauchery liegt irgendwo dazwischen.

Ich selbst mag in erster Linie AC/DC. Immer wenn ich AC/DC höre, bin ich gut drauf. Zwei Chords, und es hebt sofort die Stimmung. Das wollte ich mit meiner Musik auch immer machen. Meine Musik soll die Leute in eine andere Welt entführen und ihnen eine gute Zeit bringen, es ist letztlich Entertainment. Mit Blood God mache ich ziemlich genau das, einfach Rock 'n' Roll. Bei Balgeroth überwiegen wohl die gewalttätigen Geschichten, und die Texte haben etwas mehr Tiefgang. Aber unabhängig von der jeweiligen Bandkreatur soll meine Musik immer Energie spenden, um mit der Realität besser klarzukommen.

In einem anderen Interview sagst du, deine Lieder hätten keine Aussage. Ist das immer noch der

Fall? Ich frage, weil du Vegetarier und Tierschutz-Befürworter bist.

T. G.: Eigentlich ja. Ich habe keine politische Botschaft und bin kein Aktivist. Ich bin ein Rockmusiker mit Fantasytexten. Für den Hörer soll es Entertainment sein. Ich singe meist über die Monster meiner World of Blood Gods. Es ist ein vielschichtiges Universum mit vielen spannenden Geschichten, aber jemand, der dazu keinen Bezug hat, soll trotzdem Spaß an der Musik haben können. Die Metalmusik selbst lebt für mich von der Grundstimmung und den Riffs.

Mich selbst treibt allerdings der Massenmord an den Tieren ziemlich um, deshalb sind einige der Blood Gods aus meinem Debauchery-Universum die Schutzpatrone der Tiere. Etwa die Hälfte meiner Texte handelt von der Rache der Tiere an den Menschen. Deshalb sind sie auch so brutal. Es geht um Vergeltung.

Wir schreddern Küken, vergewaltigen Kühe, um ihnen danach die Kinder wegzunehmen und diese bestialisch zu töten, wir haben Industrieanlagen, in denen Tiere an Ketten aufgehängt werden, um in einer Mordmaschinerie zerhackt zu werden. Es ist an Abartigkeit nicht zu überbieten. Ich drehe das einfach um: Die Tiergötter machen genau das mit den Menschen, was wir mit den Tieren machen. Würden die Menschen die Tiere nicht wie Dreck behandeln, hätte ich wohl auch nicht so brutale Texte. Die Fleischproduktion ist pure Gewaltverherrlichung.

In jüngster Zeit ist der Begriff »Cancel Culture« populär geworden. Mit Blick auf dein Leben kann man sagen, dass du Opfer dieser Praktik geworden bist. Man hat dich 2010 aus dem Referendariat gedrängt. Einmal stumpf gefragt: War das eigentlich gut für deinen Bekanntheitsgrad?

T. G.: Also, für den Bekanntheitsgrad meiner Musik hatte es wenig Auswirkung. Das ist eben an einem Tag eine Schlagzeile und am nächsten Tag vergessen. Aber ich mag die Opferrolle eh nicht. Natürlich war es uncool, den Beruf, für den man studiert hat, nicht ausüben zu dürfen, aber es war auch kein Weltuntergang. Ich habe das Beste daraus gemacht.

Was macht für dich die Sprengkraft des Metal aus? Eine Lehrerin in Kanada hätte wegen ihrer Liebe zu Iron Maiden gerade fast den Job verloren.[136] **Mit Blick auf deine Geschichte scheint es in Deutschland aber auch nicht weit her zu sein mit der Toleranz.**

T. G.: Der Toleranzbegriff wird in der öffentlichen Diskussion meines Erachtens sowieso völlig inflationär verwendet. »Tolerare« bedeutet »erdulden«, »ertragen«. Das heißt im Umkehrschluss, dass man nur das tolerieren kann, was man eigentlich verachtet. Ungeachtet dessen würde ich meinen Fall jetzt nicht mit den Opfern des Islams in Ländern wie dem Iran vergleichen. Das ist schon ein anderes Ding, ob man lebenslang in den Knast kommt oder umsonst studiert hat.

Ich kann natürlich nicht sagen, was manche Leute an Metalmusik oder coolen Artworks stört. Manchmal wurde mir gesagt, ich würde mit meinen Bildern oder Texten provozieren. Das ist natürlich Blödsinn. Ich mache mir doch nicht die ganze Mühe, um jemanden zu provozieren. Das würde doch viel einfacher gehen.

Fragst du dich bisweilen, wie es gewesen wäre, wenn du dich gegen die Musik entschieden hättest? Ich stelle mir oft die Frage, ob mancher Musiker angesichts von Tourstress und Co. manchmal nicht heimlich davon träumt, ein geregeltes Leben zu führen.

T. G.: Ich wollte einen festen Job, weil ich mir nie vorstellen konnte, von meiner Musik leben zu können. Glücklicherweise habe ich die besten Fans der Welt, und es funktioniert doch. Ich habe mir auch meinen Spaß an der Sache und meine Kreativität nicht nehmen lassen. Im Gegenteil, hätte ich einen festen Job nebenher, könnte ich vieles gar nicht so machen. Ich arbeite sieben Tage die Woche an meiner World of Blood Gods.

Als ich Referendar war, wollte ich mit meiner damaligen Rockband Big Ball als Opener für Saxon mit auf Tour gehen – ein Metal-Teenager-Traum. Dann haben mich Menschen im Umfeld der Schule gegoogelt und sich über Debauchery aufgeregt. Aber ich habe mir das nicht nehmen lassen und es bis heute keinen Tag bereut. Hätte ich mich gegen die Musik entschieden, hätte ich meine Frau nicht kennengelernt, wir würden heute nicht in unserem Haus leben und ich hätte nie die Möglichkeit gehabt, mir so viele Dinge zu erarbeiten und zu erleben. Ich hätte niemals so viel Musik schreiben und Monster malen können, nicht so viel Gitarre spielen können und … und … und. Es ist gut, so wie es ist.

Über Thomas Gurrath

Thomas ist seit fast zwanzig Jahren Gitarrist, Sänger und kreativer Kopf hinter der Trinity of Blood Gods, bestehend aus: Debauchery, Blood God und Balgeroth. Rund um die Fantasytexte dieser Bands kreiert er ein stetig wachsendes, textliches und grafisches Universum. Kontakt: www.debauchery.de

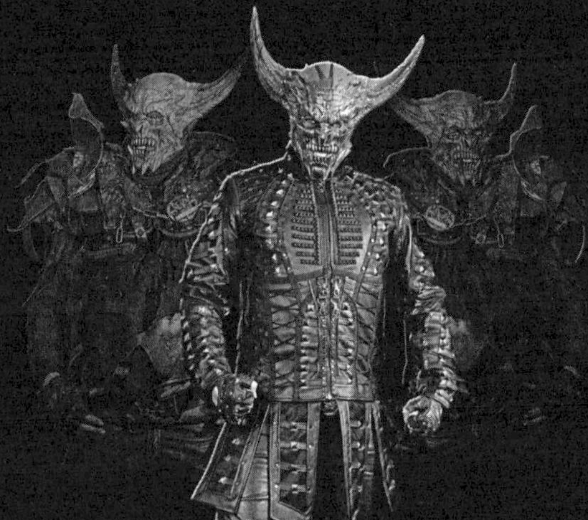

© Dupasquier/Gurrath

Es kommt (nicht) auf Äußerlichkeiten an

Denim and leather brought us all together

Saxon, »Denim and Leather«

Im Roman *Das Bildnis des Dorian Gray* von Oscar Wilde gibt es folgenden Ausspruch: »Nur oberflächliche Menschen urteilen nicht nach Äußerlichkeiten. Das wahre Geheimnis der Welt liegt im Sichtbaren, nicht im Unsichtbaren.«[137] Mal unter uns Pastorentöchtern: Der gemeine Metalhead würde vermutlich gerne aussehen wie Chris Hemsworth in seiner Paraderolle als Donnergott Thor, doch auch in der Genlotterie gibt es kaum Hauptgewinne. Das Gros der Protagonisten auf den Metalbühnen dieser Welt könnte nicht zwingend eine Karriere als Unterhosenmodel starten, wenn es mit der Mucke mal nicht mehr so gut läuft. Ausnahmen wie der junge David Lee Roth bestätigen die Regel.

Böse Zungen werden vielleicht sogar behaupten, dass viele Musiker sich zu Beginn ihrer Karriere vor allem deswegen eine Stromgitarre[138] gekrallt haben, weil »in einer Band sein« irgendwie den Sexappeal erhöht.[139] Lemmy hat laut eigenen Aussagen Sex mit über tausend Frauen gehabt – und der war auch nicht gerade eine Naturschönheit.[140] Die gute Nachricht: In der Metalcommunity ist das körperliche Erscheinungsbild im Grunde schnurz. Eindruck schindet man nicht mit einem Waschbrettbauch oder einer Gesichtsform nach dem Goldenen Schnitt, sondern mit der selbstbenähten Kutte, die von Jahrzehnten an Konzerten zeugt und somit Credibility verleiht.[141] Natürlich gibt es Dresscodes, man denke nur an das aufwendige Make-up der Black-Metal- und Gothicszene. Doch abseits der schwarzen Gemeinde (und nach dem Ableben des Glam Metal der Achtziger) ist es tendenziell ein wenig verpönt, sich *zu* viele Gedanken über die Optik zu machen.[142]

Grundsätzlich ist der Metaller auch bei diesem Thema recht tolerant. Solange das Gegenüber korrekte Mucke hört, ist der Rest tendenziell wumpe. In meinem ersten Job nach der Uni habe ich knapp zwei Jahre lang für einen schnieken Kosmetikkonzern in Düsseldorf gearbeitet – weil ich es mir wert war. Einmal bin ich notgedrungen, weil nach der Arbeit keine Zeit blieb, im Nadelstreifenanzug zum Hammerfall-Konzert nach Oberhausen gepilgert. Ich meine mich erinnern zu können, dass der eine oder andere Lederhüne kurz komisch geguckt hat ob meines feinen Zwirns. Aber wenn du die Texte mitgröhlen kannst, wird dir trotzdem zugeprostet. Werkkenntnis schlägt Klamotte.

Überhaupt ist in puncto Dresscodes in den letzten fünfundzwanzig Jahren vieles lockerer geworden, nicht nur bei der Volksbank. Als James Hetfield von Metallica und Bruce Dickinson von Iron Maiden sich Mitte der Neunziger ihrer Matten entledigten, war das Geschrei in der Szene zunächst groß. Aber dieser Einschnitt hat sicherlich vielen Kurzhaar-Metallern etwas mehr Zugehörigkeitsgefühl vermittelt. Ich jedenfalls hatte, obwohl mit Leib und Seele Metalhead, nie eine amtliche Mähne, weil ich nicht bereit war, mich eine gefühlte Ewigkeit durch diese unsägliche Prinz-Eisenherz-Phase zu schleppen. Irgendwann habe ich für mich beschlossen, dass man auch ohne Matte ein ordentliches Metalmannsbild sein kann.

Mit dem Siegeszug von Nu Metal gegen Ende der Neunziger und - etwas später - der wachsenden Popularität von Metalcore und Co. hat sich die Bandbreite der Looks in der übergreifenden Metalfamilie noch mal vergrößert. Denim und Leder haben uns zusammengebracht, wie Saxon singen. Denim und Leder werden uns auch in der Zukunft zusammenbringen. Aber wenn du stattdessen in der Jogginghose oder im Tweed-Jackett abgehen willst: Tu dir bitte keinen Zwang an …

Waidmanns Heil

I'm hunting high and low
Sometimes I may win, sometimes I'll lose
It's just a game that I play
Stratovarius, »Hunting High and Low«

Der Mensch ist ein Jäger und Sammler, das zeigt sich auch und gerade in der Metalszene. Wie es bereits Sabina Classen im Interview angemerkt hat: Der Wunsch nach Struktur und Vollständigkeit scheint vielen schwermetallischen Protagonisten alles andere als fremd zu sein. Das Chaotische in der Musik, in den Texten und in der Welt als solcher wird durch die penible Ordnung des heimischen CD-Regals gezähmt. Da mag verstärkend hinzukommen, dass ein Dasein als Metalhead von einer Form des Bemühens geprägt ist. Metal einfach nur hören, das macht einen letztlich nicht vollständig zugehörig. Man muss sich diese Zugehörigkeit erarbeiten, wie es auch im nächsten Interview mit Jörg Scheller deutlich wird.

Diese grundsätzliche Tendenz zur Sammlung wird noch verstärkt durch einen gewissen Hang zur quasireligiösen Heldenverehrung. Nicht umsonst gibt es den Archetyp des Gitarrengotts. Dieser scheint, je nach Auslegung, eine geheime Verbindung zur himmlischen, meist aber doch eher zur teuflischen Sphäre zu haben. Auf jeden Fall ist die

Virtuosität nicht vollständig von dieser Welt (siehe auch das Kapitel »Alles awesome«).

- Schon Paganini wurde als Teufelsgeiger bezeichnet.[143]
- Dem Bluesgitarristen Robert Johnson sagte man nach, er habe seine Seele an den Teufel verkauft. Ein Motiv, das der Film *Crossroads – Pakt mit dem Teufel* von 1986 (mit »Karate Kid« Ralph Macchio) aufgreift.[144]
- Um ihren Durchbruch als Künstler zu befördern, geht das Duo Tenacious D (mit Jack Black) 2006 in *Kings of Rock* auf die Suche nach dem Plektrum des Schicksals, das angeblich aus einem Eckzahn des Teufels gefertigt wurde.

Die Performance auf der Bühne muss authentisch sein, es darf ums Verrecken nichts vom Band kommen. Gleichzeitig wird die Kunst in ihrer Bedeutung überhöht.[145] Der Gitarrengott ist, zumindest in der ersten Reihe, zum Greifen nah, bleibt aber trotzdem ein Stück weit entrückt, der Security sei Dank. Doch so, wie es sich auch für die Götter- und Heiligenverehrung abseits der Musik gehört, möchte man ihnen näherkommen, bestenfalls ein Stück von ihnen in Besitz nehmen und es sich einverleiben. In der katholischen Kirche geschieht das durch den Verzehr der Hostie, die letztlich den Leib Christi symbolisiert.

Göttliche Funken

Was nun die Metalgottheiten betrifft: Der geneigte Fan macht sich während des Konzerts und vor allem danach auf die Jagd nach Reliquien in Form von Gitarrenplektren oder Drumsticks, die von den Künstlern ins Publikum gefeuert werden. Zur Not tut es auch eine Setlist oder die vom Künstler nur halb geleerte Bierflasche. Man strebt danach, einen Teil der Göttlichkeit mit nach Hause zu nehmen, in den schnöden Alltag, vielleicht sogar in den Übungsraum. Nach der letzten Zugabe geben manche Künstler besonders geduldigen Fans ein Plektrum direkt in die Hand, anstatt es während der Show in die Menge zu flitschen. Der Gitarrist, von der himmlischen Sphäre der Bühne die Hand ausstreckend, der Fan, der sie vom Boden aus mit seiner Hand berührt: Da ist man ikonografisch nicht weit weg von Michelangelos *Die Erschaffung Adams* in der Sixtinischen Kapelle.

In meiner Jugend, als ich selbst noch fleißig eine Stromklampfe malträtierte, habe ich irgendwann grundsätzlich nicht mehr mit gekauften Plektren geübt, sondern mit erbeuteten Exemplaren meiner Helden. Einige der kleinen Teilchen sind heute furchtbar abgegriffen, sodass kaum noch erkennbar ist, dass sie ursprünglich von Kai Hansen oder Timo Tolkki genutzt wurden. So wie das Berühren einer religiösen Reliquie Erleuchtung oder Heilung verspricht, so leuchtet hier die Hoffnung helle, dass der virtuose Funke durch das vom Künstler gesalbte Artefakt auf einen selbst überspringen möge. Auf dass man ein bisschen gottgleicher werde, weil das Plektrum, wenn auch nur kurz, von einem Gott benutzt wurde.

Hat damals natürlich nicht geklappt. Es gibt einen Grund, warum ich heute Psychologe und kein Berufsmusiker bin. Einstweilen ist meine Sammelleidenschaft denn auch etwas erkaltet. Das mag am fortgeschrittenen Alter liegen, aber auch an der Tatsache, dass es einem heutzutage meines Erachtens zu leicht gemacht wird. Früher flogen während der ganzen Show vielleicht drei oder vier Plektren ins Zuschauerfeld. Ich möchte nicht wissen, wie viele Züge nach Hause ich verpasst habe, weil ich nach der finalen Zugabe lieber noch akribisch den Boden vor der Bühne abgesucht habe. Mich deucht, dass es mittlerweile bei vielen Konzerten mehr Plektren regnet als Manna in der Wüste. Ich war vor einigen Jahren auf einem Konzert von Yngwie Malmsteen. Der feuert während jedes einzelnen Songs mehr Plektren ins Publikum als der Kölner Karnevalsprinz Kamelle während eines gesamten Umzugs. Aber vielleicht verkläre ich hier auch nur meine Jugend; das Thema hatten wir schon.

Kampf um die Reliquie

Naturgemäß kann der Jagdtrieb auch mit einem durchgehen, dann tut es manchmal weh. »Geadelt ist, wer Schmerzen kennt«, sangen Rammstein recht passend. Ich erinnere mich an ein Konzert von Stratovarius, bei dem ich einen Drumstick des damaligen Schlagzeugers Jörg Michael fing. Manche Drummer werfen am Ende der Show auch ihre Schweißbänder ins Publikum, dafür bin ich aber noch nie gesprungen. Es gibt Grenzen, Freunde. Doch ich schweife schon wieder ab. Jedenfalls war ich nicht der einzige Fan, der die Flugbahn des Geschosses perfekt vorausahnte und somit seine Finger um das heilige Holz legen konnte. Mein linker Nachbar war ebenfalls ein Ausnahmekönner. Folglich entwickelte sich ein kurzes ruckartiges Kräftemessen mit diesem sicherlich äußerst liebenswürdigen Menschen.

Damals ging ich fünfmal pro Woche in die Muckibude und hatte irgendwann einfach den längeren Atem. Mit einem entnervten »Dann nimm ihn halt!« löste mein Kontrahent seine Finger, was dazu führte, dass ich den Drumstick meinem rechten Nachbarn - gemäß den Gesetzen der Physik - mit voller Wucht in die Rippen rammte, worauf dieser erbleichend in sich zusammensank. Alter, wenn du das liest: Es tut mir echt leid! Bitte melde dich, ich schulde dir ein paar Biere. Du kannst von mir aus auch den Drumstick haben. Ich glaube, er liegt bei meinen Eltern im alten Kinderzimmer in einer Kiste.

Wochenend-Wikinger

With my blood brothers at side
All sons of father with one eye
We were all born in the land of the blood on ice

Bathory, »Hammerheart«

Große Schlachten, große Kämpfer: Krieg als Topos spielt eine herausgehobene Rolle im Metal, im Grunde genreübergreifend. Dabei geht es sowohl um reale als auch um fiktive Ereignisse. Ein schnelles Brainstorming fördert bei mir folgende Beispiele zutage (die exemplarisch für Myriaden an Songs stehen):

- Neuzeit: »Primo Victoria« von Sabaton über die Landung in der Normandie 1944
- Altertum: »Alexander the Great« von Iron Maiden über das Leben und die Feldzüge des antiken Königs
- Schlachtengemälde, die von realen Ereignissen inspiriert sind, ohne näher definiert zu werden, wie »No Guts, No Glory« von Bolt Thrower
- In Romanen geschilderte Konflikte, z. B. »Time Stands Still« von Blind Guardian, basierend auf Tolkiens *Silmarillion*
- Blutbäder in von Künstlern selbst kreierten Welten, wie es Thomas Gurrath im Interview erläutert

Noch unter dem Eindruck der Spannungen zwischen NATO und Warschauer Pakt entstanden vor allem in den Siebzigern und im Thrash der Achtziger zahlreiche Antikriegslieder im harten Rock und im Metal, zum Beispiel »War Pigs« von Black Sabbath oder »Fight Fire With Fire« von Metallica. Viele andere Songs sind jedoch eher *Kriegslieder*, oder besser: den Krieg beschreibende Lieder, insbesondere im Power und Pagan Metal. In dieser Hinsicht hat es der Szene keine Epoche der Menschheit so sehr angetan wie das Mittelalter, besonders die Kreuzzüge und auch die rund zweihundertfünfundsiebzig Jahre währende Hochphase der Wikinger und ihre Eroberungszüge. Die Ereignisse dieser Ära, ob historisch verbürgt oder lediglich als Inspiration für erdachte Geschichten dienend, sind Vorlage für unendlich viele Songs und auch Aktivitäten im richtigen Leben wie Mittelaltermärkte und Ritterspiele auf Festivals.

Die Wikinger stehen dabei nicht nur für Ideale wie Männlichkeit und Kampfkraft, sondern bilden durch den Bezug auf die nordische Mythologie auch ein Gegengewicht zur – in der Metalszene nicht überall geschätzten – christlichen Religion und ihrer Rolle in der Weltgeschichte. Im Sinne der Outsider-Zugehörigkeit berufen sich viele Bands auf Tradition und Mythos nordischer Gottheiten, so wie Bathory in ihrem Song »Hammerheart«. Ein wissenschaftlicher Aufsatz über nordische Mythen im Metal bezeichnet die Wikinger dahingehend augenzwinkernd als Antichrist Superstars.[146] Passend dazu singt die deutsche Pagan-Metal-Formation Black Messiah im Song »Der Ring mit dem Kreuz«:

Du kannst mein Leben nehmen im Streit
Kannst mich quälen, dazu bin ich bereit
Du magst mich blenden durch des Feuers Licht
Doch den Ring mit dem Kreuz, den küsse ich nicht!

Beobachter aus verschiedenen wissenschaftlichen Kontexten monieren an diesem Punkt regelmäßig, dass Musiker und Fans es mit Zahlen, Daten und Fakten nicht besonders genau nähmen.[147] Das ist einerseits korrekt, geht als Kritik andererseits aber ein Stück weit an des Pudels Kern vorbei, zumindest nach meinem Dafürhalten.[148]

Kanalisierte Krieger

Metal kann und will sicherlich nicht den Geschichtsunterricht ersetzen, auch wenn viele Songs in dieser Hinsicht keinen schlechten Anfang darstellen, wie ich später noch zeigen werde. Wir dürfen jedoch nicht vergessen, dass es im Schwermetall in erster Linie um die emotionalen Effekte der Musik geht. Die Ton- und Bildwelten dienen dem Beschwören und Ausleben konkreter Gefühlswelten. Der emotionale Impact der Musik wird höher gewichtet als die historische Präzision. In dieser Hinsicht gleicht das musikalische Schlachtenepos seinem cineastischen Counterpart auf der Kinoleinwand. Viele Songs rufen Bilder im Kopf hervor, die einer Sequenz aus *Der Herr der Ringe* entstammen mögen: Krieger in strahlender Rüstung, so weit das Auge reicht, und doch schier hoffnungslos in der Unterzahl. Sie stellen sich dunklen Armeen entgegen, aussichtslos, aber nie ohne Hoffnung. Am Ende, wenn sich nach dem überlangen Gemetzel die ersten Strahlen des Morgenlichts auf das Schlachtfeld legen, sind viele gefallene Heldinnen und Helden zu betrauern. Die Heerscharen des Bösen hätten um ein Haar obsiegt. Doch in allerletzter Sekunde hat das Gute triumphiert.

So primitiv das alles anmuten mag: Wir sollten nicht vergessen, dass alle Erdenbürger, die heute so vor sich hin oxidieren, auf die eine oder andere Art von Menschen abstammen, die sich in Auseinandersetzungen vergangener Äonen als siegreich erwiesen haben. Oder wenigstens nicht darin umgekommen sind.[149] Dass das alles im Original nicht so sexy ausgesehen hat wie auf Netflix, steht außer Frage. Aber diese Kriegerenergie lebt in uns fort, konkret im kollektiven Unbewussten der Menschheit, wenn man Carl Gustav Jung folgen mag.[150] Die Zerstörungskraft, die Wut, das Potenzial für Gewalt und Vernichtung – all das ist im 21. Jahrhundert aus gutem Grund weitestgehend geächtet, bekommt zu Recht immer weniger Raum in der Welt.

Und doch will dieses Potenzial ganz offensichtlich ab und zu erweckt, gespürt und ausgelebt werden, in sublimierter Form. Der eine erfährt sie stellvertretend beim Krieg auf dem Fußballplatz oder im Boxring, ein anderer vor dem Bildschirm mit *World of Warcraft* und Co., ein Dritter im Kinosaal oder vor dem heimischen Fernseher.

Es ist kein Zufall, dass Serien wie *Game of Thrones* so verdammt erfolgreich sind. Metalmenschen erfahren diese Kriegerenergie auch durch die Musik.[151]

Harte Heldenreisen

Es gibt weitere Gründe, warum Kriege und andere Auseinandersetzungen in Metallyrics eine so besondere Rolle spielen. An diesem Punkt muss ich eine kurze Geschichte erzählen. Sie geht ungefähr so:

> Nach dem Ende des Kriegs um Troja wusste Odysseus einmal kurz nicht, wie er nach Hause kommen sollte. Aber dann fiel ein magischer Kompass vom Himmel, der ihn und seine Mannschaft sicher und ohne Mühen nach Ithaka brachte.

Ende der Geschichte. Scheiß Geschichte! Warum? In der ursprünglichen Version von Homer dauert der Krieg um Troja satte zehn Jahre, die Heimreise des Odysseus noch mal zehn weitere, wobei er mit seinen Kameraden viele Gefahren überwinden und Prüfungen bestehen muss. Das ist die Geschichte, die heute noch erzählt und wertgeschätzt wird. Die Odyssee ist der Prototyp der Heldenreise, einer charakteristischen Erzählstruktur, in der …

- sich ein Held zunächst meist widerwillig auf eine lange und gefahrvolle Reise begibt,
- dabei zu Beginn neue Gefährten findet,

- zunehmend schweren Prüfungen ausgesetzt wird (inklusive innerer Prüfungen, einem Test des Charakters),
- um am Ende, häufig nach einer Verwundung, mithilfe von (übernatürlichen) Mentoren und magischen Gegenständen einen Endgegner zu bezwingen und die Welt vor der Vernichtung zu bewahren.

Es gibt unzählige solcher Geschichten in allen Kulturkreisen der Welt. Auch heute noch folgen viele erfolgreiche Bücher und Filme zumindest grob dieser Erzählstruktur. *Der Herr der Ringe*, *Harry Potter* und die ursprüngliche *Star Wars*-Trilogie sind beispielweise reinrassige Heldenreisen, doch selbst *Pretty Woman* oder *Dirty Dancing* entsprechen dem Muster nahezu perfekt. Umfassend beschrieben hat dieses Prinzip zum ersten Mal der amerikanische Literaturprofessor Joseph Campbell in seinem Buch *The Hero with a Thousand Faces* von 1949.[152]

Wichtig für das Verständnis: All diese Geschichten erzählen eigentlich von einer inneren Reise, es geht für den Hauptdarsteller um einen Weg der Reifung. Zwecks Anschaulichkeit werden in Literatur und Film Reiseroute plus Handlung in die externe Welt verlegt, schließlich braucht das (innere) Auge was zum Gucken. Doch es geht nur vordergründig um das Besiegen von Feinden. Die eigentlichen Aufgaben sind das Erwachsenwerden und das Annehmen des Wegs, für den man bestimmt ist.

Dieser Weg der Reifung erfolgt über allerlei Prüfungen. Odysseus muss sich im Lauf seiner Irrfahrt so unter anderem der Verführbarkeit (Sirenengesang) stellen. Frodos Aufgabe ist es, sich der Habgier zu entledigen und gleichermaßen seine wahre Größe zu erkennen. Luke Skywalker wiederum muss lernen, die ihm innewohnenden Anteile (Hochmut, Zorn) seines dunklen Vaters (Darth Vader = Dark Father) zu transformieren. Wie schon früher im Buch erwähnt: Ziel ist die Integration unseres Schattens.[153]

Wenn man nun genauer hinhört, sind nicht wenige Metalsongs, und gerade jene, die sich in beschreibender Weise mit kriegerischen Auseinandersetzungen beschäftigen, eingedampfte Versionen der Heldenreise. Zumindest bilden sie bestimmte Fragmente aus dem übergreifenden Erzählzyklus ab. Ein perfektes Beispiel dafür ist »The Dragon Lies Bleeding« von Hammerfall. In vereinfachter Form läuft die Heldenreise wie folgt: Zu Beginn ist die Welt noch in Ordnung. Dann tritt ein Problem auf (erste Bridge: »I *see* there's a stranger among us«). Die Herausforderung wird angenommen (zweite Bridge: »I *know* who's the stranger among us«), und es kommt zum Kampf. In der Regel siegt der Held, und die Welt ist gerettet (dritte und letzte Bridge: »There *is no* stranger among us«).

Nun möchte ich die manchmal ungelenken Lyrics im Metal weder mit Weltliteratur noch mit unsterblichen Filmkunstwerken vergleichen. Sie zapfen dennoch ein Stück weit die gleiche Energie an, sie bedienen ähnliche psychische Dynamiken in unserem Innersten. Wir alle müssen im Leben ab und zu Drachen töten, in den Abgrund springen oder Dämonen zähmen. In Form einer Aufnahmeprüfung, eines unangenehmen Gesprächs mit einem Vorgesetzten oder Kunden, weil ein geliebter Mensch unser Leben für immer verlassen hat, oder weil sich einfach diese Scheißpanik zurückmeldet. Wie ich aus eigener Erfahrung weiß: An so einem Punkt im Leben ist eine waschechte Schwermetall-Odyssee fürwahr ein stimmiger Soundtrack.

Herz schmerzt

Tomorrow will take us away
Far from home
No one will ever know our names
Blind Guardian, »The Bard's Song (In the Forest)«

Auch der härteste Metalkrieger will ab und zu kuscheln, trotz Nietenarmband oder Corpsepaint. Folglich haben viele Combos spätestens nach ein paar Jahren die eine oder andere Ballade auf der Setlist. In den späten Achtzigern gab Sony Music eine recht erfolgreiche Serie von Kompilationen namens *Metal Ballads* heraus, mit Schmusesongs von Hair-Metal-Heroen wie Skid Row und Quiet Riot, aber auch von klassischen Metalbands wie Helloween oder Accept. Die Cover dieser Scheiben wirkten ausnahmslos so, als hätte sie der gleiche Mensch gemalt, der auch die Zeichnungen für diese Ficki-Ficki-Schnulzenhefte in der Bahnhofsbuchhandlung anfertigt. Am Ende des Tages tat das dem Hörvergnügen allerdings keinen Abbruch.

Ganze Heerscharen von Menschen in meinem Alter haben mutmaßlich zu diesen Songs ihr erstes Mal durchlitten. Das ist auch wahrlich eine hochemotionale und nervenaufreibende Geschichte, vor allem für den von Selbstzweifeln geplagten Jüngling: »Zu groß, zu klein?

Der Schlagbaum sollte oben sein«, bemerken Rammstein treffsicher. Wenn der Schlagbaum damals unten blieb, leisteten die Hardrocker von Bonfire einfühlsame Hilfestellung: »Give it a try for a second time«.

Metalbands schreiben einfach wahnsinnig schöne Balladen. Sie prägen die Momente, in denen die sonst so wahnsinnig präsente Wut und Aggression der Musik einer betörenden Melancholie und Traurigkeit weicht.[154] Andererseits können die Balladen auch feierlich und erhebend daherkommen (»Master of the Wind« bzw. »Heart of Steel« von Manowar mögen Pate für diese beiden Kategorien stehen). Natürlich gibt es auch in der Popmusik erstklassigen Klammerblues. »I Want It That Way« von den Backstreet Boys ist ein veritables Juwel. Ich meine das ernst, steinigt mich ruhig. Aber es ist eine Sache, wenn auf einem Metalalbum die Intensität für fünf Minuten gedrosselt wird, und eine andere, wenn praktisch die ganze Platte dem Schonwaschgang frönt. Zwischen Krach und Raserei kommen die ruhigen Momente einfach besser zur Geltung. Häufig geht es um verflossene Liebe (wie in »Still Loving You« von den Scorpions), aber auch um Träumerei und Weltflucht, wie im Traumstück »The Bard's Song« von Blind Guardian.

Da kann das Herz in der Brust bis zum Bersten schmerzen, auch der Schmalz darf tonnenweise triefen. Ein bisschen Spaß muss sein, ordentlich Pathos hat aber auch noch niemandem geschadet. Und so kommt es, dass viele Menschen, die ansonsten wenig mit Metal am Hut haben, zumindest an einem Tag ihres Lebens die schwarze Scheibe von Metallica auflegen (lassen). »Nothing Else Matters« ist über die Jahrzehnte zu einem beliebten Hochzeitswalzer mutiert. Auch der Autor dieses Machwerks hat im Sommer 2011 der frisch vermählten Gattin im Kurhaus zu Hamm bei diesem Song die lackierten Zehen massakriert.

Überhaupt, meine Herzensdame: Als wir uns 2008 kennenlernten, fuhr sie einen froschgrünen Ford Fiesta. In einem der verstaubten Seitenfächer fand ich damals zu meiner großen Überraschung eine Kassette, die meine Frau um das sechzehnte Lebensjahr herum selbst aufgenommen hatte. Auf der einen Seite Metallica, auf der anderen Manowar. In der Zwischenzeit musste irgendetwas Schreckliches mit ihr passiert sein, denn als wir uns näherkamen, stand sie plötzlich auf Beyoncé und Rihanna. Ich liebe sie trotzdem abgöttisch. Wie heißt es so schön: Nobody's perfect …

»Metal ist wie die Schweiz«

Interview mit Jörg Scheller

Metalballaden gehören zu den Gründen, warum so einige Bands auch außerhalb der Szene eine gewisse Bekanntheit erlangt haben. Diese Annäherung an den Mainstream ist eines von vielen Themen im folgenden Interview. Ich gestehe, dass ich Jörg Scheller zu Dank verpflichtet bin. Er ist für den erfolgreichsten Beitrag im *Ministerium für Schwermetall* verantwortlich: Sein Post wurde über eine Million Mal angesehen und hat mehr als tausend Kommentare ausgelöst. Es handelt sich um ein Share Pic mit einem Zitat aus einem Interview, das der Schweizer Rundfunk 2020 mit Jörg geführt hatte. Darin sagte er über Metalfans:[155]

> Sie sind wirklich an der Musik interessiert, weniger gewaltbereit als Hip-Hopper und im Bierkonsum zumindest geübt.

Wo der Mann recht hat, hat er recht. Wenn er keine pointierten Interviews gibt, schreibt Jörg unter anderem erstklassige Bücher wie *Metalmorphosen*, eine gesellschaftlich-ästhetische Betrachtung der Metalszene von ihren Ursprüngen bis heute. Ich bin dankbar, dass er sich Zeit für dieses Gespräch genommen hat.

Jörg, zu Beginn deines Buchs diagnostizierst du eine gewisse Verweichlichung des Metal. Otto blödelbardet auf Wacken, Slayer gastieren in einer Late-Night-Show, Headbanger treten als freundliche Figuren in Werbespots auf. Ist Metal in der Mitte der Gesellschaft angekommen?

Jörg Scheller: Ich würde nicht Verweichlichung sagen, eher Normalisierung. Die Frage ist aber tricky. Die Kultur des Heavy Metal ist definitiv in der Mitte der Gesellschaft angekommen, sie ist allgegenwärtig. Du kannst zu H&M gehen und ein Metalshirt kaufen, du triffst Metalmusiker in Mainstream-Talkshows an, es gibt die besagten Werbekampagnen – das ist alles da.[156]

Was aber nicht da ist, ist die Musik selbst. Die Kultur hat sich im Grunde von der Musik losgelöst. Metal wird bis heute nicht im Mainstreamradio gespielt, er ist auch kein Teil irgendwelcher kulturpolitischen Bestrebungen. Die öffentliche Hand investiert hier kein Geld so wie in Museen oder Opernhäuser.

Auf einer symbolischen Ebene ist Metal also tatsächlich in der Mitte angekommen, die Musik als solche hingegen nicht. Und das finde ich im Prinzip auch gut. Metal ist eine Musik, die nicht allen gefallen soll, die nicht allen gefallen muss. Im Grunde geht es ja darum, sich in so eine Art Schutzraum zurückziehen zu können, wo der Rest der Gesellschaft gar nicht reinmöchte.

Die Idee von dem Schutzraum ist auch in anderen Interviews angeklungen, in Form der Festivals, in deren Rahmen du sicher und somit kontrolliert ausflippen kannst.

J. S.: Die Beobachtung ist richtig, wobei das früher anders war. Das ist eine allgemeine Entwicklung im Konzertsektor, dass alles wahnsinnig reglementiert und kontrolliert ist. Lemmy hat sich spät in seiner Karriere einmal darüber beklagt, dass er einstweilen immer fünf bunte Bändchen am Arm brauchte, um überhaupt auf die Bühne zu dürfen. Das ist nicht Rock 'n' Roll, da geht's ja eigentlich um Freiheit. Auf der einen Seite ist das natürlich toll. Es kommen weniger Menschen zu Schaden, es gibt weniger Fälle von Tinnitus, weil die Lautstärke brav abgeriegelt ist. Auf der anderen Seite fehlt so ein wenig die Luft zum Atmen, dieses Gefühl der Befreiung stellt sich nicht mehr in der gleichen Art und Weise ein.

Den Tinnitus habe ich mir damals noch abgeholt, auf dem Out of the Dark Festival anno '96 oder '97. Ich glaube, beim Set von My Dying Bride.

J. S.: Die Geige war's. (lacht)[157]

Nee, das Schlagzeug. Die haben die Basstrommel derart getriggert, dass dir jeder Anschlag das Zwerchfell püriert hat. Danach hat es einige Wochen gefiept im Ohr, so richtig weggegangen ist das nie.

J. S.: Das kommt mir bekannt vor. Ich hatte mit 13 Jahren meine erste Band, der Proberaum war recht klein, und ich stand als Sänger neben der Box des Bassisten. Was soll ich sagen … Mein rechtes Ohr, das ist bis heute das schlechtere von beiden.

Das sind diese schönen, nicht sichtbaren Narben, die man mit sich herumträgt.

J. S.: Das ist wohl so. Wir leben in einer Zeit, die sehr auf Sicherheit, auf Schadensfreiheit bedacht ist. Darüber wird mitunter vergessen, dass Menschen auch andere Bedürfnisse haben, etwas Härteres, etwas Gefährlicheres. Wenn du *das* nicht mehr hast - und sei es, dass dein Gehör etwas gefährdet ist -, dann wuchern die Neurosen. Ein endokrinologischer Albtraum, in dem die ganzen Stresshormone, die sich regelmäßig aufstauen, gar nicht mehr verarbeitet werden.

Um noch mal auf die Eingangsfrage zurückzukommen: Ist Metal näher an die Mitte der Gesellschaft gerückt, oder die Mitte näher an die Metalszene? Es gibt noch kein »Festival der Thrashmusik« im ÖRR.

J. S.: Eher Ersteres, und zwar auf ganz natürliche, wohl unvermeidliche Weise. Metalheads altern, haben Jobs, Familien, Verantwortung, werden also bürgerlicher. Und geben zugleich ihre musikalischen Vorlieben nicht auf. So kommt es zur Koexistenz von

Metal und Mitte. Die Antwort hängt auch davon ab, welchen Ort und welche Zeit wir betrachten. Der Erfolg von Metallica mit dem schwarzen Album war sicherlich eine Initialzündung, und Drummer Lars Ulrich hatte mit seiner Geschäftstüchtigkeit großen Anteil daran. Der wollte raus aus dem Underground, hatte immer das Ziel, Metallica richtig groß zu machen.

Zum Weg in die Mitte gehört aber auch der postmoderne Zeitgeist, der unaufhörlich nach Innovationen sucht. Wenn ein Trend abgefrühstückt ist, muss eben der nächste her. Und da Metal sich relativ früh als große Subkultur etabliert hatte, lag es nah, dass er auch seitens des Business angezapft werden würde. Man könnte sagen: Das war beidseitiges Einvernehmen.

Heute, in der postindustriellen Gesellschaft, passt das auch gut zu diesem *Business Punk*-Groove. Man hat ein Interesse an Phänomenen, die ein wenig abseitig sind, ohne dass es wirklich ideologisch oder gar extremistisch wird. Da passt Metal gut rein: Die Ästhetik ist extrem, bisweilen verstörend, aber mal abgesehen von aktivistischem Black Metal oder Metal-Punk-Hardcore-Mischformen ist Heavy Metal relativ unverfänglich. Man kann Metal gut nutzen, um sich abzugrenzen, ein bisschen Wagemut zu signalisieren, ohne sich in wirklich ideologisch anrüchiges Gebiet zu bewegen. Und die meisten Bands spielen das Spiel eben mit.

Wobei es durchaus Gruppen gibt, die das anders halten, wie ich im Gespräch mit Marcus Bischoff von Heaven Shall Burn erfahren durfte.

J. S.: Ja, das ist mir sehr sympathisch. In meinem eigenen – nennen wir es semi-künstlerischen – Schaffen handhabe ich das ähnlich. Sobald etwas in Richtung Professionalisierung, in Richtung Management ging, war ich raus. Diesem Anarcho-Style fühle ich mich bis heute verbunden. Das sieht man auch daran, was wir mit Malmzeit,[158] unserem »Heavy-Metal-Lieferservice«, machen.

Wir haben da nie jemand gehabt, der uns professionell gemanagt hat. Und trotzdem läuft das auf eine angenehm selbst organisierte, anarchistische Weise seit bald zwanzig Jahren. Wir haben schon auf einer hochrangigen Politikerparty gespielt, auf Geburtstagen völlig Unbekannter, die uns als Überraschung über das Internet gebucht haben, in einem illegalen Klub in Jena, aber auch auf der Biennale in Venedig oder einer Straßenkreuzung in der Republik Moldau. Das reizt mich: Metal in einer gebrochenen Form an Orte zu bringen, an denen er sonst nicht stattfindet.

Du stellst in deinem Buch fest, dass Metal harte Arbeit ist. Da sind die Städte, in denen die Musik entstand. Metal ist auch harte Arbeit für die Künstler: musikalisch anspruchsvoll, perfekte Beherrschung der Instrumente stellt ein hohes Gut

dar. Für den Fan ist er ebenso Arbeit. Ohne Expertise wird man kaum anerkannt. Trifft es das?

J. S.: Metal entstand als Arbeitermusik, und zwar als Punk schon an den Kunstakademien und in den Modeboutiquen angelangt war. Das Gros der Szene ist bis heute geprägt von einem hohen Arbeitsethos, man will stolz sein auf das, was man gemacht hat, konkret: handgemacht. Das erkennt man zum Beispiel daran, dass programmierte Drums in weiten Teilen der Szene nach wie vor verpönt sind. Es gab im 19. Jahrhundert eine »Arts and Crafts«-Bewegung, aber man sieht das auch bei den Anarchisten: Man muss sich selbst mit seiner Arbeit identifizieren können, da soll nichts arbeitsteilig geschehen. Der für die industrielle Gesellschaft typischen Entfremdung von der Arbeit wird entgegengewirkt. Es geht darum, sich an seinem Werk zu erfreuen. Und man erfreut sich auch an der eigenen Schaffenskraft, am eigenen Können.

Punk träumt – ich verallgemeinere das bewusst – im Grunde wie Marx von der Überwindung der Arbeit. Dort gibt es dieses Szenario, dass jeder nur ein wenig arbeitet und sonst halt liest oder angeln geht, einfach tut, was Spaß macht. Das ist eine Idee, die heute unter dem Stichwort »Grundeinkommen« diskutiert wird. Im Metal gibt es das in der Form aber nicht. Es gibt da kein Entspannungsversprechen. Da willst du lernen, dich weiterentwickeln, üben, arbeiten, Energie reingeben. Metal ist letztlich ein Lob der Plackerei. Und auch der Härte, die mit dieser Arbeit einhergeht.

Ich sehe das mit der Arbeit auch in meiner Metalstudie. Dort frage ich nach diversen Facetten des Wohlbefindens. Headbanger sind insgesamt energetisierter und engagierter als Otto Normalverbraucher. Man könnte aber auch sagen: Sie müssen mehr für ihre Zufriedenheit tun.

J. S.: Aus meiner Sicht könnte das mit dem körperlichen Element zu tun haben. Metal hat – gerade, was das Konzerterlebnis betrifft – eine andere körperliche Intensität als beispielsweise Jazz. Ich denke da exemplarisch an »Overkill« von Motörhead. Im Text geht es genau darum, dass die Musik in deine Eingeweide geht, durch die Wirbelsäule wandert. Ich bin da wieder beim endokrinologischen Albtraum, mit dem wir alle leben, weil man heute immer diszipliniert bleiben soll.

Vielleicht bietet Metal die Möglichkeit, all das Aufgestaute körperlich zu verarbeiten, weil diese Musik viszeral funktioniert. Was mich fasziniert: Metal ist einerseits musikalisch total kontrolliert und im Grunde »superkognitiv«, und auf der anderen Seite gibt es die viszerale Ekstase. Vielleicht sind das zwei Pole, die sich wechselseitig verstärken. Und möglicherweise gehen Menschen in die Metalszene, die solche Erfahrungen suchen, weil es im Alltag an Härte und Intensität fehlt.

Du sprichst auch viel über Gegensätze. Das Werk von Metallica beschreibst du als das Extrem für

Nicht-Extremisten. »Wer ein eindrucksvolles Feuerwerk will, muss auch die Nacht wollen«, das ist mir auch in Erinnerung geblieben. Wie wichtig sind solche Gegensätze für den Metal?

J. S.: Diese Gegensätze sind der Grund, warum Metal so lebensnah ist. Es gibt Musikstile, die auf eine einzige Emotion fokussieren. Reggae beispielsweise, da geht's in erster Linie um Entspannung. Im Metal findest du alles, von der gefühlvollen Powerballade bis zum »absoluten Noise« im Grindcore. Du hast das Erhabene und auch das Peinliche und Lächerliche, das zum Metal immer und absolut dazugehört. In dieser Hinsicht geht es um eine Musik, der es gelingt, die ganze Komplexität und Widersprüchlichkeit unserer Existenz ästhetisch aufzugreifen.

Wenn ich mich also durch diesen Metalkosmos bewege, dann erfahre ich alle Facetten des menschlichen Lebens, jegliche Emotion, aber auf einer übersteigerten, intensivierten Stufe. Falls ich nun eher der introvertierte Typ bin, dann finde ich vielleicht das, was komplementär zu mir ist, das Extrovertierte oder Explosive. Und wenn ich Letzteres in mir trage, dann finde ich möglicherweise das Introvertierte.

Ein anderer Begriff, der in mir nachklingt, ist »Outsider-Togetherness«. Wir gegen den Rest der Welt – ein Gefühl, in dem Metal seinen Ursprung gefunden hat. Gleichzeitig streiten sich Headbanger leidenschaftlich untereinander.

J. S.: Der Kern des Metal ist Freiheit. Das klingt vielleicht kitschig oder pathetisch, doch so ist es nicht gemeint. Da ist diese immense Pluralität, die Platz bietet für fast alles: von der konservativen bis zur progressiven Haltung, von eingefleischten Veganern bis zu Leuten, die eher Wurst und Bier glorifizieren. Doch im Gegensatz zu anderen Musikrichtungen wird das im Metal nicht einfach stillschweigend hingenommen, es wird explizit thematisiert und diskutiert. Metal ist eine sehr diskursive Kultur. Es geht darum, in Foren, sozialen Netzwerken und Fanzines den eigenen Standpunkt klarzumachen, sich auch angreifbar zu machen.

Insofern sehe ich in der Kultur des Metal ein liberaldemokratisch-föderales Verständnis. Dahingehend erinnert mich das immer total an die Schweiz. Da ist ein Bund, man gehört zusammen – aber innerhalb dieses Bundes bestehen gewaltige Spannungen. Man stelle sich den Unterschied zwischen dem Wallis und Zürich vor, da liegen Welten dazwischen. Man hat eine gemeinsame Grundlage, eine Art Verfassung, aber innerhalb dieses Rahmens wird leidenschaftlich diskutiert und gestritten. Das gehört für mich essenziell zur Freiheit dazu: das andere zuzulassen, zu diskutieren, auch den harten Schlagabtausch in Kauf zu nehmen. Das ist einer der Gründe, warum ich Metal so deutlich mit Freiheit in Verbindung bringe, auch wenn er vordergründig eskapistisch und unpolitisch daherkommt.

Viele erinnern sich genau an den Moment, an dem sie Metalhead wurden. Oft bleibt das als Erweckungserlebnis in Erinnerung. Im Amerikanischen gibt es den Begriff »awe«: ein spezielles Gefühl als Folge einer extrem positiven Erfahrung, die aber auch angstbesetzt sein kann, weil das bisherige Weltbild nicht mehr trägt. Wie erging es dir damals?

J. S.: Ich kann das absolut unterschreiben. Bis heute ist mein Verhältnis zum Metal von Anziehung und Abstoßung geprägt. Als Jugendlicher in der süddeutschen Provinz war Metal eine verstörende, irritierende Parallelwelt, in die ich abtauchte und in der man nie so ganz sicher sein konnte, was wie gemeint war. Metal ist keine Happy-Go-Lucky-Musik, die dich freundlich winkend zu sich einlädt. Metal errichtet Hürden, die du erst einmal überwinden musst. Und er regt zum Nachdenken an. All die rätselhaften Symbole, die Gewaltdarstellungen – waren das echte Bekenntnisse? War das ein Spiel? Anfänglich wusste ich das nicht, musste also recherchieren. Diese Ambivalenz trug sicherlich zum Mischgefühl bei.

In meinen Arbeiten über Metal vertrete ich zudem die These, dass Metal auf popkulturelle Weise an die Ästhetik des Erhabenen anknüpft, wie sie von den Philosophen Edmund Burke und Immanuel Kant beschrieben worden ist. Das Erhabene ist nicht »schön«, vielmehr verursacht es Schauer. Metal versucht, »larger than life« zu sein, zu überwältigen, zu überfordern, zu verstören. Damit stößt er uns auf unsere Begrenztheit zurück, macht sie erlebbar. Genau das ist der Job des Erhabenen in der Ästhetik. Zwar gewöhnt man sich an das popkulturelle Erhabene mit der Zeit. Doch auch heute spüre ich den Schauer immer mal wieder.

Rainer Sontheimer erläutert im Interview, dass die Metalszene im Kern konservativ sei. Du führst hingegen aus, Metal habe große Schnittmengen mit einer liberalen Weltanschauung. Wer hat nun recht?

J. S.: Das ist sicherlich eine Frage der Definition und hängt auch davon ab, wohin genau man schaut. Wenn man ältere Metalkulturen betrachtet – und dazu zähle ich auch Deutschland –, dann würde ich der Diagnose durchaus zustimmen. Hier findet man vieles, was so ein wenig behäbig und durchaus konservativ ist. Ein Freund von mir sagt immer: »Metal in Deutschland – das ist der konservative Flügel der SPD.« So Leute, die gerne ein Bier trinken, ein stabiles Gehalt haben und auf die Schlechtigkeit der Zeit schimpfen, aber irgendwie geht's halt schon.

Wenn ich jetzt stattdessen nach Taiwan schaue – dort ist Metal progressiv und mit der Unabhängigkeitsbewegung verbunden. Oder Pakistan: Dort ist Metal absoluter Underground, es ist geradezu gefährlich, ihn zu praktizieren. Insofern ist der Kontext entscheidend. Aber es hängt auch davon ab, wie man den

Begriff »konservativ« auslegt. Es gibt diese regressiv-aggressiven Konservativen, es gibt aber auch diese skeptische Form des Konservatismus, die im Kern tolerant ist. Hier sehe ich auch die meisten Metalheads. Nach dem Motto »Lasst uns unsere Ruhe, gebt uns unseren Raum, dafür kommen wir euch auch nicht dumm«. Im Grunde ist das so ein Deal mit der Gesellschaft.

Zum Schluss: Bodybuilding spielt eine gewisse Rolle in der schwermetallischen Optik. Man denke an Manowar-Cover, aber auch an die Menschen auf der Bühne. Der Gitarrist Doyle Wolfgang von Frankenstein[159] sieht mit Ende fünfzig aus wie eine leibhaftige Actionfigur. Du betreibst selbst Bodybuilding und hast Abhandlungen dazu verfasst. Mal abgesehen von den offensichtlichen Parallelen, der Männlichkeit - gibt es eine tiefere Verbindung?

J. S.: Ich habe meine Dissertation über Arnold Schwarzenegger verfasst und war früher auch selbst aktiv. Ich vermisse dieses klösterliche Leben des Bodybuildings. Das ist ein total friedliches Leben: Sechsmal pro Woche ins Gym, damit tust du niemandem weh, oder?

Außer dir selbst, wenn es gut läuft.

J. S.: Richtig. Ich denke, es gibt da strukturelle Ähnlichkeiten zwischen beiden Kulturen. Man findet einerseits strenge Regeln und andererseits das Potenzial für Intensität und Ekstase. Bodybuilding ist sehr ritualisiert, sehr kontrolliert, aber innerhalb dieses Rahmens gibt es Verausgabung und Härte bis hin zur Selbstzerstörung. Genau das Gleiche finden wir im Metal. Es geht um zwei Kulturen, in denen Menschen nach einer Härte und Intensität suchen, die sie in dieser Form im normalen Leben nicht mehr finden.

Übrigens findet auch im Bodybuilding zunehmend diese Ausdifferenzierung statt, die ich oben für den Metal beschrieben habe. Mittlerweile gibt es neben verschiedenen Gewichtsklassen beispielsweise auch »Wheel Chair Bodybuilding« und Wettkämpfe für Menschen mit anderen körperlichen Einschränkungen. Ich gehe auch zu Events, 2019 das letzte Mal in Las Vegas, Mr. Olympia und so weiter. Ich erinnere mich lebhaft, dass da ein kleinwüchsiger Athlet antrat, er war der einzige, quasi seine eigene Klasse. Der posierte dann zu Judas Priests »Firepower«. Das hat mir sehr gut gefallen: eine schöne Form von gelebter, nicht institutionalisierter Diversität.

Über Jörg Scheller

Dr. Jörg Scheller ist Professor für Kunstgeschichte an der Zürcher Hochschule der Künste und ständiger Gastprofessor an der Kunsthochschule Posen, Polen. Er schreibt regelmäßig Beiträge unter anderem für die *Neue Zürcher Zeitung*, *DIE ZEIT*, *frieze magazine*, ist Kolumnist der *Stuttgarter Zeitung* und von *Psy-*

chologie Heute. Bereits als Vierzehnjähriger stand er mit einer Metalband auf der Bühne. Heute betreibt er einen Heavy-Metal-Lieferservice mit dem Metalduo Malmzeit. Nebenbei ist er zertifizierter Fitnesstrainer. Kontakt: www.joergscheller.de

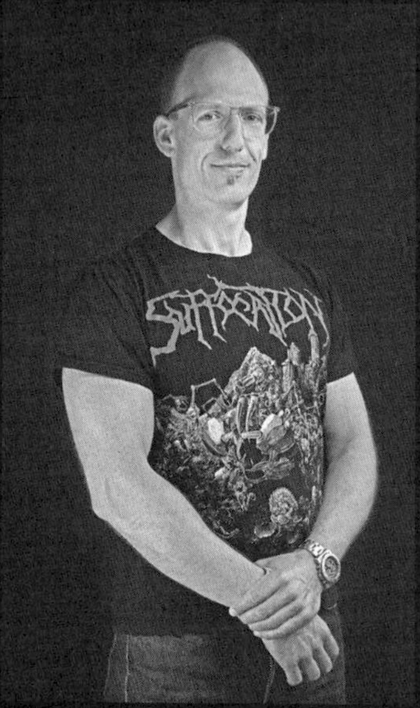

© Julius Hatt

EXPERTISE

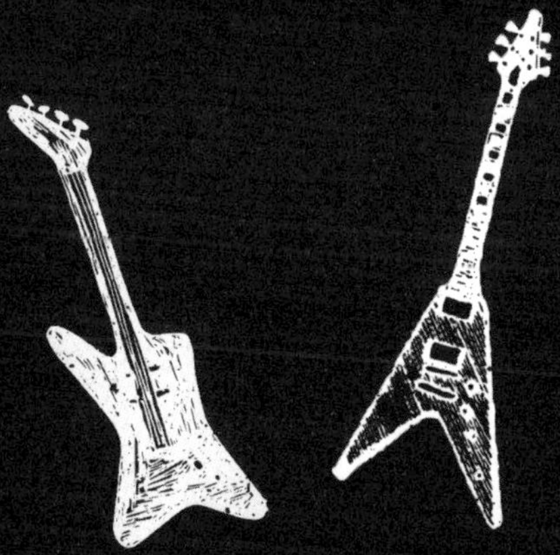

Alles awesome

Bow down to the axeman

Omen, »The Axeman«

Böse Zungen behaupten, AC/DC nähmen seit fast fünfzig Jahren immer wieder das gleiche Lied auf. Ein sturer Midtempo-Viervierteltakt, drei bis fünf Minuten geile Riffs und Licks, dazu ein augenzwinkernder Text über Sex, Drogen und Rock 'n' Roll, fertig ist die Laube. Dass es verdammt schwierig ist, so etwas immer wieder richtig tight hinzubekommen, bleibt den meisten Kritikern natürlich verborgen. Was aber gesagt werden darf: Die Australier erklimmen selten die höchsten Gipfel der Komplexität und Virtuosität. Die Schönheit ihrer Musik liegt in der kompakten Klarheit. Wie ein Monstertruck, der mit Schmackes ein paar Schrottkarren zermalmt.

Nun ist ein bisschen Wasser den Rhein hinuntergeflossen, seit Angus Young und Co. ihre ersten Riffs über den Ozean gerotzt haben. Dort, wo gewollt, gibt es mittlerweile kaum eine Musik, die mit so viel kompositorischer Qualität und technischer Brillanz ans Werk geht wie der Metal. Speziell die Gitarristen und Schlagzeuger gehören oft zu den Ausnahmekönnern an ihren jeweiligen Klangkörpern, aber auch viele Bassisten, Keyboarder und Vokalisten müssen sich hinter ihren Counterparts in Jazz, Klassik und anderen Sparten nicht verstecken. Nicht selten hat man sogar ein Bein in beiden Welten: Beispielsweise geht der Gitarrist der Thrash-Metal-Pioniere Testament, Alex Skolnick, mit dem eigenen Jazztrio auf Tour, wenn die Krawallkunst ruht.[160]

Diese Virtuosen sind der Welt der musikalischen Normalsterblichen ein Stück weit entrückt. Man spricht nicht umsonst von Gitarrengöttern. Manche Künstler bemühen sich stetig, in puncto Schwierigkeit oder auch nur schierer Geschwindigkeit die Grenzen des Möglichen zu verschieben. Wir Normalos verbeugen uns vor der musikalischen Urgewalt der (musikalischen) Streitaxt, wie es Omen 1984 besungen haben.

Die Demonstration technischer Brillanz ist ein essenzielles Merkmal der metallischen Kultur.[161] Ausgedehnte Gitarren- und Drumsoli, mitten im Song oder als Einlage zwischen zwei Liedern, sind Bestandteil vieler Konzerte. Die Beherrschung des Instruments hat dabei auch etwas Kämpferisches an sich. So wie Spitzensportler kontinuierlich daran arbeiten, die Grenzen der Physik und der körperlichen Leistungsfähigkeit auszuloten, so erforschen Metalmusiker den Horizont ihrer verstärkten Instrumente und der eigenen Fingerfertigkeit. In »All Men Play on Ten« singen Manowar:

> Step back and let my fingers fly
> While I'm burning up my gear

Auf der metaphorischen Ebene channelt der Metalmusiker die Kriegerenergie des kollektiven Unbewussten (siehe auch »Wochenend-Wikinger«). Der Drummer behaut die Snare wie der Antreiber auf einer Galeere, der Bass wird geschwungen wie ein Langschwert, die Gitarre ersetzt die oben erwähnte Streitaxt.

Gesprengte Grenzen

Aus der Perspektive des Fans kann die musikalische Kunstfertigkeit, zusätzlich zum reinen Genuss, eine positive Nebenwirkung zeitigen. Mitunter erzeugt sie, in Ermangelung eines besseren deutschen Wortes, Ehrfurcht. Im Englischen gibt es dafür einen Begriff, der weniger altertümlich daherkommt: »awe«, vielen besser bekannt als Teil des Jugendworts »awesome«. Es wird im Sinne einer qualifizierenden Äußerung verwendet: Etwas ist großartig oder spitze. Im psychologischen Fachjargon hat »awe« jedoch eine ganz spezifische Bedeutung. Es bezeichnet das Gefühl, das wir verspüren, wenn wir Zeuge von etwas werden, das so groß(artig) ist, dass es die aktuellen Grenzen unseres Denk- und Erfahrungsrahmens sprengt (was bisweilen auch mit Furcht einhergehen kann). Daraus ergibt sich eine Art von kognitiver Erweiterung. Wir kommen gewissermaßen nicht mehr zurück hinter die Grenzen des vorigen geistigen Gefüges, was am Ende des Tages eine Form der persönlichen Entwicklung darstellt.[162]

Diese Wahrnehmung von Ehrfurcht und Erhabenheit kann durch Naturereignisse ausgelöst werden, z. B. durch die schiere Größe eines Bergmassivs, das man aus einem Flugzeug betrachtet, oder durch die ätherische Ästhetik von Polarlichtern. Sie kann aber nachweislich auch durch menschliche Exzellenz getriggert werden. In einer Forschungsarbeit heißt es dazu:[163]

> Wenn Musik die Erwartungen des Zuhörers herausfordert oder übertrifft, ist es wahrscheinlicher, dass sie ein Gefühl der Ehrfurcht hervorruft, welches oft von […] der körperlichen Empfindung eines Schauers auf dem Rücken oder Gänsehaut begleitet wird.

Man spürt in solchen Momenten, dass etwas überirdisch, sprich: nur bedingt von dieser Welt ist. Vergleichbar damit, Roger Federer in seinen besten Momenten beim Tennis zu beobachten, oder eben Uli Jon Roth beim Spiel auf seiner Sky Guitar.[164] Es hat etwas Erhabenes und Erhebendes. In diesen Momenten fällt es schwer, nicht an einen Gott (oder zumindest den göttlichen Funken) zu glauben, der bei aller Begrenztheit immer wieder in unserer Welt wirksam ist. Der dreifaltige Gott der Christen mag im Metal nur bedingt hohes Ansehen genießen, Gitarrengötter dafür umso mehr. Die versprechen zwar kein Leben nach dem Tod, aber immerhin eine amtliche Ekstase davor.

Metal macht voll schlau

Observing growth in the thalamus
Inferior temporal gyrus
Orbitofrontal cortex
Larger volumes in the hippocampus

Allegaeon, »Gray Matter Mechanics – Apassionata Ex Machinea«

Äh … sorry. Die Überschrift ist gelogen. Aber: Schlaue Leute hören gerne Metal. An *der* Aussage ist mit großer Wahrscheinlichkeit etwas dran. Dazu gleich mehr. Zunächst: Wer mit den lateinischen Begrifflichkeiten im oben zitierten Song von Allegaeon nicht viel anfangen kann – es handelt sich um Fachbegriffe aus der Gehirnphysiologie. Die amerikanischen Tech-Death-Metaller sind dafür bekannt, gerne naturwissenschaftliche Themen in ihren Lyrics zu verarbeiten. In diesem Opus geht es, wenn mich nicht alles täuscht, um die Wirkung von regelmäßiger Meditation. Diese kann sich nachweislich vorteilhaft auf die Funktionsweise des Oberstübchens auswirken,[165] womit sie ziemlich genau das Gegenteil vom sprichwörtlichen letzten Bier bewirkt.

Vor etwa fünfzehn Jahren ging eine Studie ziemlich steil in der Szene. Ein englisches Forscherteam hatte zutage gefördert, dass besonders schlaue Kids gerne Metal hören.[166] Ich vermute, an diesem Punkt haben einige besonders strebsame Eltern ihren lokalen Plattenladen gestürmt, um dem mit großen Hoffnungen in die Welt gesetzten Nachwuchs fortan Maiden statt Mozart um die Ohren zu blasen. Wenn dem so war, dann beruhte die neu entfachte Leidenschaft für harte Musik auf einem Denkfehler. Die Beweislage für die Hypothese, dass Musik (wohlgemerkt: irgendeine Musik) Menschen schlauer macht, ist in etwa so dünn wie der Bass-Sound auf Metallicas *… And Justice for All*.[167] Nur weil zwei Phänomene gleichzeitig auftreten, heißt das noch lange nicht, dass eins vom anderen verursacht wird. Die korrekte Schlussfolgerung aus der Studie dürfte eine andere sein: Hochbegabte Kids sind oft Außenseiter. Wie schon mehrfach angeklungen, hat das Gefühl des Nichtdazugehörens eine gewisse Vorhersagekraft für die Entwicklung einer Zuneigung zur metallischen Mucke.

Doch wie steht es nun um die grauen Zellen des Metalheads? Eine Studie legt nahe, dass zumindest Metalmusiker (nicht zwingend die Fans) sich in der Tendenz durch einen überdurchschnittlich hohen Intellekt auszeichnen. Ein Merkmal, dass sie mit Musikern aus klassischen Orchestern gemeinsam haben. Allerdings trinken sie ungleich mehr Alkohol, was sich langfristig nachteilig auswirken dürfte.[168] Ob sie dann im Alter weniger schlau sind oder in der Jugend noch viel schlauer als die klassischen Musiker waren, muss an diesem Punkt offenbleiben.

Denk doch mal nach, ey!

Von der reinen Intelligenz einmal abgesehen, scheinen sich die Anzeichen zu mehren, dass Metalfans im Mittel etwas anders denken als Fans anderer Musikrichtungen. Eine aktuelle Studie lässt vermuten, dass Metaller im Vergleich zu Normalos höhere Werte für eine bestimmte Facette unserer Persönlichkeit aufweisen, konkret: »Need for Cognition« (NFC).[169] Etwas vereinfacht bedeuten hohe Werte für NFC, dass ein Mensch gerne (durch)denkt, im Sinne von: sich selbst eine Meinung bildet, Fakten sammelt und gegeneinander abwägt, statt Standpunkte von anderen Instanzen zu übernehmen.[170] Die Forscher merken an, dass eine ähnliche Studie vor dreißig Jahren zu gegenteiligen Ergebnissen gekommen war. Damals neigten Metalfans tendenziell zu eher weniger komplexer Kognition, also niedrigen NFC-Werten. Sie folgern, dass mit der erhöhten Komplexität schwermetallischer Klangwelten im Lauf der Zeit auch ein kognitiv offeneres Publikum angezogen wurde. Die Ergebnisse meiner Metalstudie weisen hier zumindest ein Stück weit in eine ähnliche Richtung.

Eine andere Forschungsarbeit förderte einen weiteren spannenden Befund zutage. Menschen lassen sich danach unterscheiden, ob sie eine Präferenz für empathisches oder systematisierendes Denken haben – auch E-Typ und S-Typ genannt, wobei die Unterschiede graduell sind. E-Typen haben ein starkes Bedürfnis, sich in andere Personen einzufühlen. S-Typen zeigen eine stärkere Tendenz, sich in Systeme (z. B. Technik, Physik, Biologie) hineinzufuchsen, sie möchten sie ergründen, verstehen und vorhersagen können. Es zeigt sich nun, dass die Neigung zum systematisierenden Denken mit einer Präferenz für harte, energiegeladene Klangwelten, also auch Metal, einhergeht.[171]

Tendenziell intelligent, mit dem Bedürfnis, die Dinge zu durchdenken, außerdem Lust auf Ordnung und Strukturen – ich finde, im Zusammenspiel ergeben diese Persönlichkeitsfacetten ein rundes Bild und können zumindest ansatzweise erklären, warum Werkkenntnis und Expertise unter Metallern einen so hohen Stellenwert genießen. Im Grunde sind wir alle voll die Philosophen. Oder wie Lemmy es mal in einem Interview formuliert hat: »In England mögen wir Kant, allein schon wegen seines Nachnamens.«[172]

Großvater, erzähl mir eine Geschichte!

6th of June, 1944
Allies are turning the war
Normandy, state of anarchy
Overlord
Sabaton, »Primo Victoria«

Sieben, fünf, drei: Rom schlüpft aus dem Ei. Ich hatte Geschichte als Leistungskurs, aber so richtig gepackt hat es mich damals nicht. Entsprechend waren die meisten Zahlen, Daten und Fakten nach ein paar Jahren längst wieder vergessen. Die Zukunft erschien mir immer schon faszinierender, doch die steht bekanntlich kaum auf dem Lehrplan einer bundesdeutschen Sekundarstufe II. Nichtsdestotrotz habe ich mich aus Neugier in den vergangenen Jahren das eine oder andere Mal in historische Begebenheiten eingelesen, beispielsweise in die Schlachten …

- von Gettysburg (amerikanischer Sezessionskrieg, 1863)
- bei Balaklawa (Krimkrieg, 1854)
- von Stamford Bridge (englische vs. norwegische Krone, 1066).

Der Grund für das wiedererweckte Interesse an der Vergangenheit war, tadaaa: Metal! Das erste der genannten Ereignisse wird in der »Gettysburg«-Trilogie von Iced

Earth verarbeitet, das zweite in »The Trooper« von Iron Maiden, das letztgenannte im Nackenbrecher »The Berserker at Stamford Bridge« von Amon Amarth. Gerade dieser Song vom jüngsten Album der Schweden hat es mir angetan. Laut übereinstimmenden Schilderungen hat dabei ein einzelner Wikinger – um den Rückzug seiner Kameraden über eine schmale Brücke zu ermöglichen – vierzig Männer der englischen Armee mit einer Streitaxt getötet, bevor er von unterhalb der Brücke ausgeschaltet werden konnte:[173]

> Englishmen! I am waiting here
> In my heart I know not an ounce of fear
> We are waiting here my trusted axe and me
> Just come at me, I will not flee

Wie schon im Kapitel »Wochenend-Wikinger« angerissen: Kriege, Schlachten und andere Konflikte sind ein beliebter Themenkreis in Metalsongs.[174] Bei den Schweden von Sabaton beruht im Grunde das gesamte lyrische Geschehen auf der Aufarbeitung des Ersten und Zweiten Weltkriegs, mit wenigen Ausflügen zu früheren Schlachten. Vorreiter in dieser Hinsicht waren und sind aber Iron Maiden. Hier eine kleine Auswahl:

- Im bereits erwähnten »The Trooper« schildern sie die Schlacht zwischen Briten und Russen vom 25. Oktober 1854, die durch das Gedicht »The Charge of the Light Brigade« von Alfred Lord Tennyson zu literarischer Berühmtheit gelangte.
- In »Paschendale« wird die enorm verlustreiche Dritte Flandernschlacht von 1917 thematisiert.

- »The Longest Day« beschreibt die Landung in der Normandie, genau wie »Primo Victoria« von Sabaton.

Nun geht es in Metalsongs, das ist mittlerweile klar genug, selten um historische Akkuratesse, sondern um das Transportieren einer besonderen Stimmung oder einer bestimmten Perspektive. »Paschendale« beispielsweise erzählt die Geschichte dieser brutalen, letztlich in ihren Folgen jedoch vergebens geführten Schlacht aus der Sicht eines einzelnen sterbenden Soldaten:

> See my spirit on the wind
> Across the lines, beyond the hill
> Friend and foe will meet again
> Those who died at Paschendale

Doch weil der gemeine Metalhead die Lyrics in aller Regel nicht nur stumpf mitgröhlen, sondern wirklich nachvollziehen möchte, laden die entsprechenden Songs zum Nachlesen ein. Lesen bildet, sagt der Volksmund. Headbangen aber auch.

Der metallische Bildungskanon

Überhaupt lässt Metal kaum einen Bildungswunsch unerfüllt, ganz gleich, ob es um reale oder fiktionale Ereignisse geht. J. R. R. Tolkien hat unendlich viele Songs inspiriert, ebenso Horrorautoren wie Edgar Allan Poe, H. P. Lovecraft oder Stephen King. Das hilft einem nun kaum in der

Schule weiter, aber selbst für diesen Zweck sind Hopfen und Malz nicht verloren:

- Du willst deine Englischlehrerin mit tiefer Kenntnis über angelsächsische Lyrik beeindrucken? Mit Iron Maidens Dreizehn-Minuten-Epos »Rime of the Ancient Mariner« (basierend auf einer Ballade von Samuel Taylor Coleridge) geht so einiges.
- *Moby Dick* im Original lesen dauert dir zu lange? Das Konzeptalbum *Leviathan* von Mastodon hilft dir elegant und gleichzeitig wuchtig auf die Sprünge.
- Du wurdest verdonnert, ein Referat über den Trojanischen Krieg zu halten? Manowars rund dreißigminütiges Werk »Achilles, Agony and Ecstasy in Eight Parts« ist dein Freund, zumindest für einen ersten Überblick.
- In Latein wird der Gallische Krieg durchgenudelt? Gib dir die Death-Metaller Ex Deo, deren Alben samt und sonders römische Geschichte und Sagen behandeln.[175]
- Du liebst nordische Mythologie und möchtest verstehen, wer wen abgemurkst hat und wie die Welt enden wird? Der gesamte Backkatalog von Amon Amarth ersetzt geschätzte sieben Jahre Volkshochschule.

Wenn du ein Metalnerd bist und es dir jetzt in den Fingern juckt: Mir geht's an dieser Stelle nicht um Vollständigkeit. Ich bin weder Wikipedia noch die Encyclopaedia Metallum.[176] Ich wollte hier in erster Linie darlegen, dass sich Metal auch textlich weiterentwickelt hat, seit AC/DC Mitte der Siebziger »Wir haben die dicksten Eier von allen!« grölten. Cheers!

Das ist ein Klassiker

Who from the Rheingold will fashion the ring
Win the world's wealth and will be king

Grave Digger, »Rheingold«

Man muss nicht unbedingt auf den Festspielhügel nach Bayreuth pilgern, wenn man sich etwas Rheingold reinpfeifen möchte. Also, wenn es möglichst originalgetreu Wagner sein soll, dann natürlich schon. Aber vielleicht reicht für den Anfang auch Grave Diggers Konzeptalbum von 2003? Vorteil: Man muss sich nicht in Schale werfen und auch nicht ein Jahrzehnt auf Tickets warten. Außerdem läuft die CD nur etwa fünfundvierzig Minuten, nicht zweieinhalb Stunden wie die Oper. Falls man mal Pipi muss. Als Mittvierziger sollte man so was langsam, aber sicher mitbedenken.

Ich möchte dieses Kapitel nutzen, um ein paar Zeilen über die mir sehr willkommene Verbindung von Metal und klassischer Musik zu verlieren. Auch wenn manche Experten jede Menge jazzige Schwingungen in der Rhythmusgruppe von Black Sabbath entdecken:[177] Die Wurzeln des Metal liegen in der harten Rockmusik, die wiederum aus Blues und Rock 'n' Roll erwachsen ist. Bevor Black Sabbath zur stilbegründenden Metalmacht wurden, verdienten sie sich ihre musikalischen Sporen als Polka Tulk

Blues Band. Freilich hat sich das musikalische Spektrum über die letzten fünfzig Jahre weiterentwickelt.

Metal hat sich dabei erfolgreich vieler anderer Genres bedient und diese assimiliert, ohne seinen grundsätzlichen Charakter zu verlieren. So gibt es heute Metalbands mit überdeutlichem Jazzeinschlag, mit Reggaegroove oder auch spürbaren Einflüssen aus der Countrymusik, um nur einige Spielarten zu nennen. Im Lauf der Jahre hat jedoch vor allem die klassische Musik zur Weiterentwicklung des Klangspektrums beigetragen. 1969 führten Deep Purple gemeinsam mit dem Royal Philharmonic Orchestra ein Concerto in der Royal Albert Hall auf, welches vom Organisten John Lord komponiert wurde, Sänger Ian Gillan steuerte die Texte bei. Ein solches Crossover aus Orchester und Metalband sollte sich danach viele Male wiederholen.

1996 veröffentlichte beispielsweise die Band Rage um Peter »Peavy« Wagner das viel beachtete Album *Lingua Mortis*, auf das noch weitere Langspieler mit Orchesterbegleitung folgten. Auch Düster-Metalbands haben sich an dieses Kunststück gewagt, z. B. die Norweger Dimmu Borgir mit ihrem Werk *Death Cult Armageddon* von 2003. Die (kommerziell) erfolgreichste Metal-meets-Orchester-Kollaboration ist freilich *S&M* von Metallica (1999). Zwanzig Jahre später veröffentlichten Blind Guardian, immer schon dem Bombast zugeneigt, schließlich das Werk *Legacy of the Dark Lands*. Obwohl von Gitarrist André Olbrich und Sänger Hansi Kürsch komponiert, verzichtet das Werk vollständig auf die übliche Metalinstrumentierung. Das auf einer literarischen Vorlage basierende Album wurde vollumfänglich vom Prague Philharmonic Orchestra eingehämmert.

1997 erschien darüber hinaus das Debut *Angels Fall First* der heute immens erfolgreichen Symphonic-Metal-Formation Nightwish, damals mit der ausgebildeten Opernsängerin Tarja Turunen am Mikro. Die Finnen ebneten damit einer ganzen Reihe von Bands den Boden, die seitdem mit (mal mehr, mal weniger ausgebildeten) klassischen Sängerinnen am Mikro ihr musikalisches Glück suchen. Rund ein Jahr zuvor war bereits der Langspieler *Theli* der Düster-Metaller Therion erschienen, auf dem sie ebenfalls punktuell klassischen Gesang und ebensolche Instrumentierung einsetzten. Auch die Schweizer Extrem-Metaller Celtic Frost hatten mit *To Mega Therion* schon 1985 eine frühe Vorlage geliefert. Noch deutlich experimentierfreudiger ging die deutsche Band Mekong Delta vor, die 1996 Mussorgskis Zyklus *Bilder einer Ausstellung* komplett in einer schwermetallischen Version einspielte.

Paganini on Speed

Der Einfluss von klassischer Musik beschränkt sich freilich nicht auf die Ergänzung oder Überlagerung schwermetallischer Klangspektren. Sie hat auch die kompositorische Vielfalt des Metal selbst beeinflusst, zuvorderst die Gitarrenarbeit. Als Vorreiter seien hier Ritchie Blackmore und Uli Jon Roth genannt. Blackmore erweiterte insbesondere nach seinem Weggang von Deep Purple und der Gründung von Rainbow im Jahr 1975 seine Soli um Klangspektren aus der klassischen Musik, vor allem aus dem Barock.

Ähnliches gilt für Roth zur gleichen Zeit auf den Scorpions-Alben *Virgin Killer* und *Taken by Force*, wie auch auf seinen späteren Arbeiten als Solokünstler.[178]

Zur Perfektion getrieben wurde dieser neoklassische Stil[179] in den frühen Achtzigern durch den Ferrari-verrückten Schweden Yngwie Malmsteen, der sich zwar auch von anderen Gitarristen beeinflusst sieht, aber in erster Linie klassische Komponisten wie Paganini oder Bach als wichtige Vorbilder nennt. Auch er veröffentlichte 1998 ein Concerto für klassisches Orchester plus E-Gitarre, eingespielt mit der Tschechischen Philharmonie. Wenn man Malmsteens Gitarrenspiel zuhört, hat man bisweilen tatsächlich den Eindruck: Hier spielt Paganini auf Speed. Oder wenigstens auf sehr viel Strom. Ich bin sicher, wenn der Maestro seine 24 Capriccios durch einen Marshall-Verstärker hätte jagen können, er hätte es getan, alle Regler auf drölfzig. Der Mann war ein Metalhead durch und durch.

Ähnlich wie bei den historischen Bezügen in den Texten (siehe »Wochenend-Wikinger« und »Krieg ist scheiße …«) eröffnet Metal somit vielen Anhängern ein Stück weit die Welt der klassischen Musik. Metaller sind traditionsbewusst, sie betreiben gerne Ahnenforschung. Man möchte verstehen …

- warum Joey DeMaio die Musik von Manowar mit den Opern Wagners vergleicht,[180]

- woher Ausnahmekönner wie John Petrucci (Dream Theater) oder Paul Gilbert (Racer X) ihre Inspiration bezogen haben,
- wo man das klassische Interludium in »Angels Cry« von den Power-Metallern Angra schon einmal gehört hat.[181]

Wie ich schon an verschiedenen Stellen ausgeführt habe: Der gemeine Metalhead will die Musik verstehen und durchdringen, nicht einfach bloß konsumieren. Es geht um Expertise. Das vertieft nicht nur den Genuss, sondern erweitert erfahrungsgemäß auch den geistigen Horizont.

Wenn du den falschen Wagner gebucht hast

Die Offenheit der Metalszene für die Klassik ist im Übrigen weitgehend eine Einbahnstraße, so zumindest mein Eindruck. Nur weil viele Metaller mit der Zeit eine gewisse Affinität für klassische Musik entwickeln, heißt das noch lange nicht, dass Klassikjünger auch irgendwann ein Faible für schwermetallisches Liedgut an den Tag legen.

Dazu folgende Anekdote: Im Juli 2014 spielten Rage, damals noch mit Ausnahmekönner Victor Smolski an der Klampfe, gemeinsam mit zwei klassisch ausgebildeten Sängerinnen sowie einigen Orchestermusikern in der Alfred-Fischer-Halle zu Hamm (lange Zeit Wahlheimat von Smolski). Das Kunststück fand im Rahmen der Veranstaltungsreihe KlassikSommer statt. Hier wird unter normalen Umständen, wie der Name es andeutet, klassische Musik zum Besten gegeben. Die Gästeschar besteht, so in meiner vom Bergbau geschwärzten Heimat möglich, zu weiten Teilen aus distinguierten Dauerkartenbesitzern. Ich versuche gerade, mir die inneren Monologe der Herrschaften im Vorfeld zu dieser Veranstaltung vorzustellen: »Ah, Wagner, das klingt interessant, den mag ich. Aber wieso Peavy?! Der heißt doch Richard. Mensch, Mensch, Mensch! Können die vom Stadtmarketing sich keinen Dödel mehr leisten, der da Korrektur liest?! Ach egal …«

Ich erinnere mich noch lebhaft und mit einem fetten Grinsen, wie einigen Damen und Herren sichtlich die Kinnlade runterklappte, als die Band nach einem kurzen, rein klassischen Intro schon mit dem zweiten Song ein mächtiges Doublebass-Gewitter durch die leicht sterile Mehrzweckhalle donnerte.[182] Es war ein Bild für die Götter: In der Mitte, auf Stuhlreihen, die gut situierte Hammenser Oberschicht,[183] denen der Druck aus den Verstärkern die Fönfrisuren verwehte, links und rechts vor der Bühne jeweils eine kleine Schar von Verrückten in Kutten und Lederjacken, die sich nachhaltig den Nacken verrenkten. Zur Ehrenrettung meiner lieben Mitbürger: Die meisten Dauerkartenbesitzer ertrugen das ungewohnte Spektakel stoisch bis zum Ende, nur einige wenige verließen das Event nach den ersten Liedern. Ich vermute, die haben dann aber nicht mehr gegoogelt, woher der Peavy seine Inspiration bezieht.

»Metal heißt: Ja zum Leben sagen«

Interview mit Rainer Sontheimer

Wir befinden uns nach wie vor im Abschnitt »Expertise«. Dazu kann ich vermerken: Rainer Sontheimer ist auf jeden Fall schlauer als ich. Woran man das erkennt? Er hat seine Diplomarbeit über Rammstein geschrieben. Hochspannendes Sujet. Ich hingegen habe meine Diplomarbeit über die Provinzial-Versicherung verfasst. Anders spannend. Den Vergleich hat jedenfalls Rainer gewonnen. Wobei »Immer da, immer nah« durchaus als Titel für einen Rammstein-Song über einen Stalker dienen könnte. Doch ich schweife ab. Wenn Rainer nicht das Büro eines CSU-Bundestagsabgeordneten managt oder als Dozent arbeitet, hält er als »Der Rocksoziologe« einsichtsreiche Vorträge über den Sinn, den Unsinn und den Wahnsinn der schwermetallischen Szene. Jemand wie er darf in diesem Buch auf keinen Fall fehlen.

Rainer, auf YouTube gibt es einen Vortrag zu sehen, in dem du darlegst, Metaller seien im Grunde konservativ. Wie passt das zum Image, das über uns in der Allgemeinheit kursiert?

Rainer Sontheimer: Im Grunde ist das relativ einfach erklärt, wenn man sich anschaut, wie sich der gemeine Metaller im Alltag verhält. Dafür müssen wir zunächst den Begriff des Konservativen definieren. Das hat herzlich wenig mit Slogans wie »Fortschritt ist Mist« oder »Frauen zurück an den Herd« zu tun. Man kann zunächst zwischen einem Werte- und einem Strukturkonservatismus unterscheiden. Bei Metalfans findet man beide Spielarten. Da lässt sich zunächst eine gewisse Akzeptanz von Strukturen, Hierarchien und Systemen beobachten, aber auch ein bestimmtes Wertegerüst.

Wie äußert sich das konkret?

R. S.: Da ist beispielsweise die Neigung zur Anerkennung von Hierarchien. Diese zeigt sich unter anderem am friedlichen Umgang mit der Polizei oder auch der Security bei Konzerten und Festivals. Das wird nur ganz wenig infrage gestellt. Und es spiegelt sich im Aufkommen von Straftaten wider. Das geht bei Festivals wie dem Wacken Open Air trotz erheblicher Mengen an Alkohol im Grunde quasi gegen null.[184]

Des Weiteren zeigt sich das konservative Element auch in der Wichtigkeit von Freunden und Familie, von Loyalität und Treue. Man zelebriert eine gewisse Gruppenzugehörigkeit, und die bleibt in der Regel über die Jahre äußerst stabil. Es gibt genug Fans, die zum Teil seit Jahrzehnten auf ein Festival fahren und immer genau an der gleichen Stelle campen, weil da eben die anderen Leute sind, die dort auch immer schon campen und die man wieder treffen will.

Und man kann auch davon ausgehen, dass viele Metaller eine ganz normale Familie haben, so wie wir beide. Wir sind ja auch Familienväter, leben in einem Haus, das ist alles durch und durch bürgerlich oder eben wertkonservativ im Sinne eines traditionellen Familienlebens. Darüber hinaus zeigt sich eine konsequente Anerkennung von Eigentum. Auf Metalfestivals wird wenig kaputt geschlagen. Also, solange es dir nicht selbst gehört oder einen selber betrifft. Es gibt wenig Vandalismus und man klaut anderen auch nichts, das ist in der Szene alles eher verpönt.

Hat das auch etwas mit Traditionen zu tun?

R. S.: Definitiv. Was wäre die Metalwelt ohne Traditionen? Man achtet das, was gewachsen ist, achtet auch die Erfahrung der älteren Mitglieder in seiner Community. Dafür ist es aber auch unglaublich schwierig, Traditionen zu verändern. Stell dir mal vor, wie groß das Geplärr wäre, wenn Rammstein von heute auf morgen ihr Logo ändern würden. Das traditionelle Element zeigt sich aber auch in Ritualen. Die ganze Szene ist unglaublich stark durchzogen davon. Was wäre Wacken ohne die Wacken Firefighters, die das Festival eröffnen? Solche Aspekte sind absolut heilig.

Das ist aber nicht bierernst, oder? Wenn ich auf ein Manowar-Konzert gehe, genieße ich das eigentlich zweimal: Ein Teil von mir geht voll mit, ein anderer Teil schaut sich selbst über die Schulter und amüsiert sich, weil ich das so geil finde.

R. S.: Ja, das gehört für mich auch dazu. Viele Metaller nehmen sich und die Szene am Ende nicht so ernst. Ich denke, es gibt schon ein hohes Bewusstsein dafür, dass es eigentlich um eine Art Kabarett oder von mir aus auch Folklore geht. Was man da zelebriert auf den Konzerten, die Kutten, das Feuer, die Totenköpfe und das ganze Brimborium – das wird vielerorts schon auch mit einer gewissen Selbstironie betrachtet.

Und nachts im Zelt wird dann eben auch Helene Fischer und sonst was gehört, man wahrt da gewissermaßen eine augenzwinkernde Distanz zur eigenen Szene. Das gehört für mich auch in das konservative Spektrum: Man hat das Bewusstsein, dass man nicht perfekt ist, dass es da noch was Größeres gibt. Und dass man eben nicht die Krone der Schöpfung ist.

An anderer Stelle macht der Konservatismus aber Probleme, oder? Ich denke daran, dass es manchmal an Erneuerungskraft fehlt. Die ganz wichtigen Bands von heute waren auch schon vor dreißig, vierzig Jahren die großen Nummern.

R. S.: Das trifft zu, ist aber vermutlich auch eine Folge der Veränderungen im Musikbusiness an sich. Es wird sicherlich nie wieder Bands geben, die so groß werden wie Metallica, Iron Maiden oder AC/DC, aber das liegt auch an strukturellen Gegebenheiten. Du hast heutzutage diese unglaubliche Vielfalt an Bands, an Stilrichtungen, an Kanälen, auf denen Musik konsumiert wird. Ich denke, das macht es für jüngere Bands im Grunde unmöglich, sich diesen einzigartigen Status zu arbeiten, der in den Achtzigern noch erreichbar war.

An anderer Stelle in einem Vortrag hast du den handelsüblichen Metaller sogar als Schisser bezeichnet, korrekt?

R. S.: Kann schon sein, dass mir das mal herausgerutscht ist. (lacht)

Ich frage, weil sich das in den Ergebnissen meiner Studie spiegelt. Es zeigt sich, dass Metaller im Vergleich zu den Normalos im Durchschnitt höhere Werte bei einer Dimension namens Neurotizismus aufweisen, einer Neigung zu Anspannung und Ängstlichkeit.

R. S.: Das erstaunt mich überhaupt nicht, auch wenn ich das für mich ganz anders hergeleitet habe. Da ist zum einen die Beobachtung, dass der Metaller die Welt möglicherweise etwas tiefgründiger und ernsthafter betrachtet. Deshalb *hört* er ja Metal. In den Texten geht es viel stärker um das Schlechte, das Böse, das Leid in der Welt als meinetwegen im Schlager. Man kann schon vermuten, dass sich ein bestimmter Typ Mensch einfach zu solchen Themen hingezogen fühlt.

Ich leite das aber auch aus anderen Beobachtungen ab, beispielsweise wie sich Festivals im Lauf der Zeit weiterentwickelt haben. Da wird zunehmend mehr Wert darauf gelegt, dass vorher alles genau durchgeplant ist: Du willst wissen, ob es veganes Essen gibt, ob die Wege nachts beleuchtet sind, wo das Erste-Hilfe-Zelt steht. Du lädst dir eine App runter und taktest im Vorfeld alles durch. Das sieht man auch in den zugehörigen Onlineforen. Die quellen Monate vorher über mit allen möglichen und unmöglichen Fragen. Die Barmer-Krankenkasse bietet Prävention gegen typische Festival-Leiden, und Tim Mälzer erklärt den Leuten, wie sie ihr Steak richtig braten. Das ist schon ein bisschen skurril.

Du beziehst das aber auch auf das Äußere, richtig?

R. S.: Na ja, als Psychologe kannst du das besser einschätzen, aber diese ganze Härte nach außen, das Dunkle, das Leder, die Nieten usw. – da kann man schon auf den Gedanken kommen, dass das eben eine innere Weichheit kaschieren soll. Man zieht gewissermaßen eine Uniform an, schlüpft in die Rolle des Metallers, und die spendet dann möglicherweise auch Sicherheit.

Natürlich gibt es da aber auch diese andere Seite: Sich in eine Wall of Death reinzustürzen, ist mit Sicherheit kein Schissertum, eine Flasche Jägermeister exen auch eher weniger. Vielleicht ist das auch einfach der Zeitgeist, dass man versucht, alles zu planen, jedes Risiko zu minimieren.

Das ergibt doch ein rundes Bild. Man schafft sich viel Sicherheit auf der strukturellen Ebene, und in diesem Rahmen kann man dann sozialverträglich ausflippen.

R. S.: Ja, die Festivals sind einfach das Paradebeispiel. Da hast du ein umzäuntes Gelände, und eigentlich ist alles perfekt geregelt, es gibt Security und Sanitäter. Dann hast du deine Freunde und kannst dich aufführen wie ein Berserker, aber ohne echte Gefahr. Und am Montag geht's wieder ins Büro. (lacht)

Eine weitere Besonderheit ist diese »Einmal Metal, immer Metal«-Dynamik. In meiner Studie sehe ich, dass das Gros der Fans im Alter von dreizehn, vierzehn Jahren zu dieser Musik findet. Die meisten Menschen stehen mit Mitte vierzehn nicht mehr auf den Kram, den sie als Teenies mochten. Headbanger bleibt man jedoch meist bis zur Bahre.

R. S.: Nun, diese Mucke ist kein Pop-Phänomen, aus dem man rauswächst. Für mich ist Metal eine besondere Weise, Ja zum Leben zu sagen. Wenn du in diesem frühen Alter mit der Musik sozialisiert wirst, dann begleitet sie dich über das Leben hinweg, weil sie in jeder Phase genügend Anknüpfungspunkte bietet und einfach guttut. Ob das die Enttäuschung der ersten Liebe ist, später dann der Stress im Beruf und irgendwann auch die Zeit, wenn die Eltern sterben … Oder eben auch die Höhepunkte: Du kannst mit

Metal eine Party feiern, aber dich auch in die tiefsten Abgründe der Existenz hineinheulen. Das geht nicht mit den New Kids on the Block damals oder Ed Sheeran heute.

Ein anderer Aspekt ist wieder diese besondere Gemeinschaft, die dich begleitet. Die wächst einfach mit. Du kannst mit fünfzig in einen Metalladen spazieren, und es ist das Normalste auf der Welt. Man muss nicht aus gesellschaftlichen Gründen irgendetwas ablegen, was man in der Jugend cool fand, man kann das Metallerdasein in jedem Alter sozialverträglich ausleben, zur Not auch einigermaßen verbergen, wenn es mal sein muss.

Wenn ich dich richtig verstehe, beobachtest du einerseits eine Kommerzialisierung. An anderer Stelle sprichst du über die sakralen Momente, die Fans im Rahmen von Konzerten erleben können. Wie passt das für dich zusammen?

R. S.: Wenn man ehrlich hinschaut, waren Kirche und Kommerz noch nie ein großer Widerspruch. (lacht) Aber im Ernst: Es gibt durchaus diese Kritik, gerade wenn sich Bands als politisch links definieren. Bei Licht betrachtet habe ich diese Diskussion allerdings immer schon für Schwachsinn gehalten. Zum einen müssen Bands schlicht und ergreifend Geld verdienen, zum anderen ist es für mich auch unglaubwürdig, wenn da jemand sagt: »Eigentlich will ich gar keinen Erfolg haben.« Man macht doch Musik, damit andere sie hören können, und wenn ich dann die Chance habe, zu einem großen Label zu gehen, dann nutze ich die auch.

Aber es gibt schon Stimmen, die das uncool finden. Da steht schnell der Begriff Kommerzkacke im Raum.

R. S.: Nun, an einem Punkt kann ich das schon nachvollziehen, wenn Bands irgendwann absichtlich ihre Musik ändern, sich quasi weichspülen und bewusst kommerzieller werden. Das kann man als Fan schon kritisieren. Trotzdem hat Metal nie diesen Anspruch gehabt und gesagt: »Wir sind nicht kommerziell!« Das mag vielleicht im Punk der Fall gewesen sein, aber selbst dort war das mehr Schein als Sein.

Wenn man sich Bands wie Black Sabbath oder Motörhead anschaut, die kamen ja aus ärmlichen Verhältnissen und haben sich deshalb vielleicht gegen das wie auch immer geartete Establishment positioniert. Aber die haben mit Sicherheit auch den Wunsch gehegt, mit ihrer Mucke reich zu werden.

Was ist mit dem Merchandising?

R. S.: Da sage ich: Why not? Es macht den Menschen halt Spaß, ich bin da selbst Opfer. Wenn Rammstein etwas rausbringen, werde ich das mit großer Wahrscheinlichkeit käuflich erwerben, wenn es irgendwie mit dem Geldbeutel vereinbar ist. Die Frage ist auch nicht, ob das Sinn ergibt. Es geht ja nicht um Funktionalität, sondern um Identifikation und Spaß.[185]

Man kann es den Bands auch nicht verdenken, dass sie mit solchen Artikeln Geld verdienen möchten. Wer kauft denn heute noch CDs? Metaller noch am ehesten, aber das reicht lange nicht mehr. Und mir kann auch keiner weismachen, dass das irgendwie »nicht true« ist. Das große Geld gehörte schon immer dazu. Es ist ja nicht so, dass sich Bands wie Led Zeppelin oder KISS früher gegen den Rubel gewehrt hätten.

Wie ist es mit der anderen Seite, dem sakralen Element?

R. S.: Der Gedanke an sich ist ja weder neu noch besonders kreativ. Es ist einfach so: Wenn es um Fragen geht wie »Wo finde ich Trost?« oder »Was tut mir auch einfach gut im Leben?«, dann bietet die Musik ein wichtiges Alternativangebot. Die Kirchen und überhaupt spirituelle Traditionen sind zumindest hier im Westen bekanntlich schon lange auf dem Rückzug.

Ich denke schon, dass es auch und gerade im Metal diese ganz besondere Beziehung zwischen den Fans und ihren Künstlern gibt. Für meine Diplomprüfung in Religionssoziologie habe ich z. B. Briefe analysiert, die Böhse-Onkelz-Fans an die Band schreiben. Da kommt dann gefühlt in jedem zweiten Brief vor, dass es sich um heilige Musik handelt oder die Lieder wie eine Predigt wirken. Ein Weg zum Seelenheil.

Der Begriff der Beseeltheit ist überhaupt sehr treffend. Wenn man Fans sieht, die gerade von einem Konzert ihrer Lieblingsband kommen, und wenn die dann auch noch alle Lieblingslieder gespielt hat, dann ist da ein besonderer Glanz in den Augen. Die Emotion, auch diese Hingabe: Man kann schon vermuten, dass das eine andere Dimension hat als beim sonntäglichen Kirchgänger, nämlich eine viel tiefere.

Ja, das kenne ich auch ganz persönlich. Wenn ich auf einem richtig guten Konzert war, trägt mich das durch die nächsten zwei Wochen.[186]

R. S.: Nun, wenn irgendeine Musik ein Heilsversprechen transportiert, dann wohl der Heavy Metal. Lass dich nicht verbiegen! Halt deine Ziele im Blick! Es gibt immer wieder Scheißzeiten, aber du wirst da durchkommen! In dieser Deutlichkeit sagt dir das keine Kirche. Da heißt es eher »Achtung: Erbsünde« und »Eigentlich sind wir eh alle schon verloren …«. Ich kann schon nachvollziehen, dass man da lieber auf den Heavy Metal hört.

Von der Religion zur Philosophie: Du schreibst in einem Aufsatz, Nietzsche hätte Rammstein gehört, wenn er gekonnt hätte. Was hast du damit gemeint?

R. S.: Nietzsche hat bekanntlich »das Allzumenschliche« und damit auch »das Un-Menschliche« ins Zentrum seiner Philosophie gestellt. Letztlich ist das genau das, was Rammstein auch in ihren Songs machen. Es gibt ja wirklich keinen menschlichen Abgrund, den die nicht thematisieren. Ich denke einfach, jemand wie Nietzsche hätte seine helle Freude daran gehabt, dass Menschen im Metal – und gerade auch bei Rammstein – eben nicht ausschließlich glattgebügelt, positiv und rational porträtiert werden, sondern auch in ihren Schattenseiten, abseits jeglicher Bilder à la »Krone der Schöpfung«.

Noch eine persönliche Frage: Neben deinen Tätigkeiten als Texter und Redner arbeitest du als Referent eines Bundestagsabgeordneten der CSU. Wie verträgt sich das mit dem Dasein als Metalhead?

R. S.: Hm, ich bin da jetzt nicht »die Mehrheit« – das darf man schon sagen. Aber wenn du in unserer Demokratie politisch etwas ändern willst, dann musst du es über Parteiarbeit machen. Grundsätzlich habe ich gewisse Schnittmengen mit der CSU, auch wenn ich mir an vielen Punkten mehr Progressivität wünschen würde. Aber bevor man rumjammert über die Politik, denke ich lieber: »machen!« Was einem der Heavy Metal ja im Grunde auch sagt. In einem solchen System braucht's einfach den »Sturm von innen«.

Das ist in mehrfacher Hinsicht ein tolles Schlusswort.

Über Rainer Sontheimer

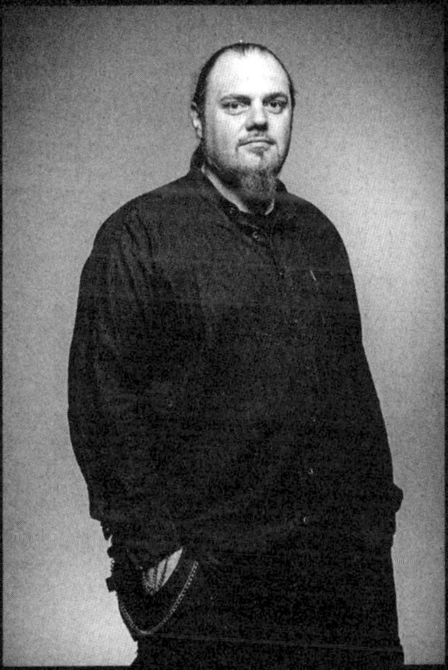

© Thorsten Jochim

Dr. Rainer Sontheimer ist Soziologie und Philosoph. Bereits in seiner Diplomarbeit hat er Videos von Rammstein analysiert und ist seitdem in der (Rock-)Musikforschung tätig. Er ist Dozent an der Münchner VHS, bei der Hanns-Seidel-Stiftung und an der Universität der Bundeswehr München. »Der Rocksoziologe« arbeitet freiberuflich als Speaker und Texter. Seit Juni 2020 ist er zudem Referent bei dem Bundestagsabgeordneten Bernhard Loos (CSU). Auf seiner Homepage sind viele seiner Texte erhältlich, z. B. »Süßer die Boxen nie dröhnen. Doing X-Mas in der Rockmusik«. Kontakt: www.derrocksoziologe.de

ÜBERLANGES SOLO

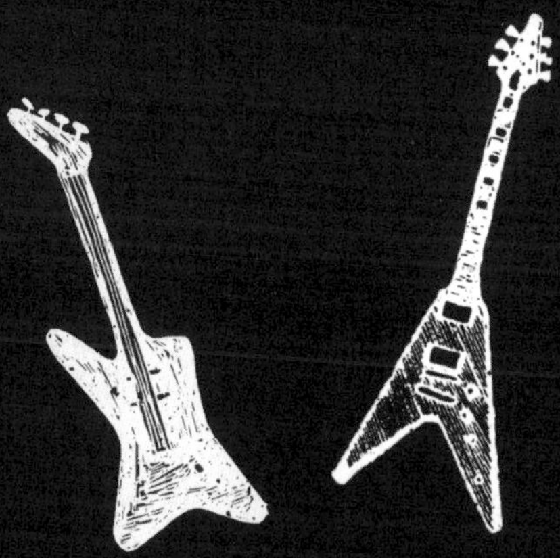

To the Metal: Wie man Headbanger wird

The lightning strikes, cracking the night
I'm not the same anymore
Thunder and spark in the heart of the dark
I feel a rising force

Yngwie Malmsteen, »Rising Force«

Für eine arschcoole Metalbiografie wurde ich Ende der Siebziger einfach ein wenig zu spät geboren. In den frühen Achtzigern, als Ozzy, Venom, Maiden und Metallica ihre wegweisenden Alben in den Weltäther wemsten, habe ich – mit Roland Kaisers »Santa Maria« auf den Lippen – bei Oma und Opa in den Garten gepinkelt. Es gibt Fotos davon. Manchmal, wenn ich im späten Teenie-Alter eine neue Freundin nach Hause brachte, beförderte meine Mutter mit traumwandlerischer Sicherheit das entsprechende Fotoalbum aus einer Schublade ans Tageslicht. Ich weiß nicht, ob das die Damen beeindruckt oder verstört hat. Aber immerhin, ein gewisse Rock-'n'-Roll-Attitüde war offenbar bereits angelegt.

Meine erste glasklare musikalische Erinnerung ist »Rivers of Babylon« von Boney M., vernommen durch ein Radio in einem Ferienapartment am Gardasee, ich muss zwei oder drei Jahre alt gewesen sein. Fürwahr kein schlechter

Song. Doch meine musikalische Vorliebe für harte Gitarren wurde erst Jahre danach durch meinen Vater geweckt. Oder doch schon viel früher?

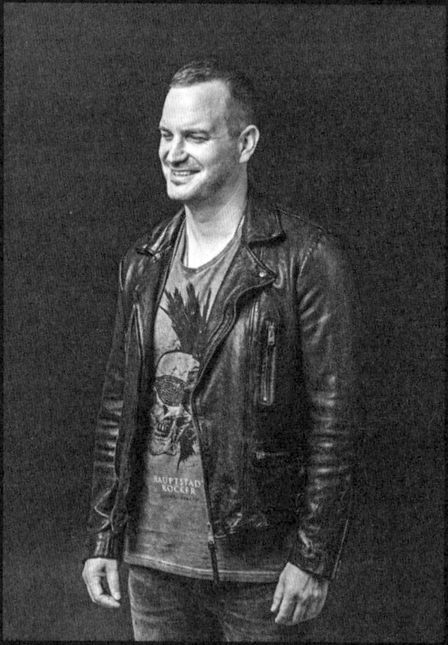

Nico Rose in Denim & Leather
© Heinz Feußner

1978: We'll Burn the Sky

An meinem errechneten Geburtstermin im April 1978 haben die Scorpions einen Teil des legendären Livealbums *Tokyo Tapes* aufgezeichnet. Da ich es jedoch recht eilig hatte, das Licht dieser Welt zu erblicken, bin ich ziemlich genau einen Monat älter. Natürlich wusste ich zu diesem Zeitpunkt nichts von Klaus Meine und Co. Und um ein

Haar hätte ich auch niemals von ihnen erfahren, denn es ist ein kleines Wunder, dass ich alt genug wurde, um ihre Musik irgendwann kennen- und lieben zu lernen.[187]

Wie sie mir erst verraten hat, als ich Ende zwanzig war, litt meine Mutter nach meiner Geburt über viele Monate, vermutlich Jahre, an schweren Depressionen. Medikamente gab es damals kaum, und überhaupt wäre es unschicklich gewesen, wegen so etwas zum Arzt zu gehen, so hat sie es mir erzählt. Irgendwann war die Aussicht offenbar so düster, dass sie ihrem Leben ein Ende setzen wollte. Gleichzeitig, sagte sie, wollte sie mich nicht alleine lassen.

Also plante sie, mit Baby Nico im Arm aus einem oberen Stockwerk des Oberlandesgerichts Hamm zu springen, das höchste Bürogebäude der Stadt und ihr Arbeitsplatz. Ob sie je wirklich mit mir dort oben gestanden hat, weiß ich nicht - doch so hat sie es mir berichtet. Einige Jahre später, als wir uns zum zweiten und letzten Mal darüber unterhielten, sagte sie, sie hätte sich das alles nur vorgestellt. Vermutlich macht es keinen großen Unterschied. Auf jeden Fall hat Gevatter Tod früh im Leben ein Auge auf mich geworfen, sich dann aber noch mal anders entschieden.

1986: Money for Nothing

Papa war damals ein Audiophiler. Ich erinnere mich, dass der Keller in meinem Elternhaus immer vollstand mit selbst gebauten Boxen, mit neuen und ausrangierten Nobelverstärkern. Vielleicht verstand ich es damals noch nicht so ganz, aber eine Botschaft ist klar und deutlich angekommen: Musik ist ein kostbares Gut, es gilt sie zu genießen und wertzuschätzen. Gute Mucke hört man nicht nebenbei, man widmet ihr die volle Aufmerksamkeit, vertieft sich in sie, lässt sich von ihr vereinnahmen. Und gute Musik muss laut gehört werden, die Schwingungen gehören nicht nur ins Ohr, sondern auch in die Eingeweide.

Ich sehe Vater vor mir, wie er in seinem Musikraum stundenlang einen Sessel millimeterweise verrücken konnte, nur damit die Wucht des selbst entworfenen Subwoofers auch haargenau den optimalen Punkt im abdominalen Resonanzraum pulverisieren konnte. Als Testdurchgang diente regelmäßig eine Runde »Money for Nothing« von den Dire Straits, mit dem genialsten Intro eines Rocksongs, ever … ever … ever. Doch die musikalische Sozialisation spielte sich nicht nur im heimischen Keller ab.

1988: My Mind's Eye

Ich war in jungen Jahren ein recht erfolgreicher Nachwuchs-Boris-Becker.[188] Da Tennis ein Individualsport ist, mussten mich meine Eltern bis zum erfolgreichen Erwerb des Mofa-Führerscheins von Training zu Turnier zu Training kutschieren. Meist fiel diese Rolle Vater zu, der als Sportlehrer auch mein Coach war. Während er mich in einem schwarzen Audi 100 quer durch trostlose Regionen im Großraum Dortmund-Unna verbrachte, die später durch den Film *Bang Boom Bang* zu nationaler Berühmtheit gelangen sollten, hörten wir Musik.

Diese Musik wiederum hatte er, wie er immer erwähnte, in seinen Zwanzigern mit einem Tonbandgerät aus dem Radio aufgezeichnet und später auf Kassetten überspielt. Manche Songs kannte ich jahrzehntelang nur ohne ihren echten Anfang, das Gequassel der Moderatoren vom British Forces Broadcasting Service (BFBS) gehörte einfach dazu. Das war also meine musikalische Tennis-Diät: Yardbirds, Kinks, Rolling Stones, Herman's Hermits, auch Schnulzen von Paul Anka, Neil Sedaka oder den Righteous Brothers. »Runaway« von Del Shannon ist bis heute einer meiner nichtmetallischen Lieblingssongs.

Am meisten angetan in dieser Zeit hatte es mir jedoch »My Mind's Eye« von den Small Faces. Retrospektiv kann ich sagen, dass der Song bis auf ein Solo alles hat, was einen guten Power-Metal-Brecher ausmacht: kraftvolle Gitarren, einen treibenden Rhythmus, dazu die mehrstimmigen, an »Gloria in Excelsis Deo« angelehnten Gesangslinien. Ein paar Umdrehungen schneller, die Gitarren noch ein wenig härter, dazu eine fette Doublebass, und das Stück hätte sich prima auf dem Frühwerk von Blind Guardian gemacht. Aber das wusste ich damals noch nicht.

1991, zum Ersten: In Trance

Auch für die Hinwendung zum Hardrock ist letztlich mein Vater verantwortlich. Als ich zwölf wurde, schenkte er mir einen ausrangierten, aber trotzdem erstklassigen CD-Spieler von Sony, dazu einen guten Verstärker und ordentliche Boxen. Das ganze Paket hatte deutlich mehr

Wumms, als es für mein Kinderzimmer gut gewesen wäre, doch laute Musik war in unserem Heim bekanntlich durchaus willkommen.

Da ich bis dato kaum eigene Silberlinge besaß, ging ich ab und zu in Vaters Musikkeller und borgte mir Zeugs aus seiner Sammlung. Es gab dort auch Hunderte von Vinylscheiben, aber die konnte ich in meinem Zimmer nicht abspielen. Und so geschah es, dass ich Ende 1991 eine Scheibe namens *Hot & Slow* von den Scorpions in den Fingern hielt. Ich weiß nicht, warum ich genau diese Platte auswählte, aber auf dem Cover ist die Silhouette einer wenig bekleideten Frau abgebildet. Das hat bestimmt geholfen. Freunde, das war vor dem Internet. Nackte Haut gab's für uns primär auf den Unterwäscheseiten des Quelle-Katalogs.

Bei *Hot & Slow* handelt es sich um eine Compilation von Balladen der Scorpions aus den Jahren 1974 bis 1978, also von den Alben, an denen Uli Jon Roth mitgewirkt hatte, inklusive der eingangs erwähnten *Tokyo Tapes*. Als ich die Scheibe entdeckte, hatten die Scorpions gerade gemeinsam mit David Hasselhoff den Eisernen Vorhang niedergeschmettert, auf MTV lief Metallicas »Enter Sandman«. Aber so weit war ich noch nicht.

Auf *Hot & Slow* finden sich einige der majestätischsten Songs, die je für die Stromgitarre geschrieben wurden, beispielsweise »In Trance«, »Life's Like a River« oder »We'll Burn the Sky«. Mir ist klar, dass man sich in schwermetallischen Kreisen nicht immer Freunde macht, wenn man die Scorpions lobpreist, aber das liegt nach meinem Dafürhalten an der Tatsache, dass zumindest die meisten jüngeren Menschen in erster Linie »Wind of Change« im Kopf haben – und alles, was danach kam. Mich interessiert dieser Teil ihrer Karriere auch deutlich weniger. *Hot & Slow* hingegen wurde für viele Jahre ein treuer Begleiter, vor allem in den nicht immer glücklichen Tagen meiner Teenager-Zeit. Ich hatte mittlerweile einen Discman von Sony bekommen und seitdem immer Musik auf dem Ohr.

In der neunten Klasse machte mein Französischkurs einen Schüleraustausch nach Saint-Denis bei Paris. Neben der verstörenden Tatsache, dass wir auf dem Schulhof der Gastschule mit »Heil Hitler« begrüßt wurden, ist mir ein gepfefferter Anschiss durch meine Lehrerin in Erinnerung geblieben. Auf der obligatorischen Sightseeingtour durch Paris weigerte ich mich standhaft, den Worten des Reiseführers mein Ohr zu leihen. Während wir über die Champs-Élysées latschten, ließ ich mich lieber per Kopfhörer von den Scorpions in eine andere Welt entführen. Vermutlich wieder einmal unglücklich verliebt, erschienen mir die Worte »I want to walk in your park 'cause I'm alone« unendlich viel wichtiger. Heute sehe ich das anders. Madame Prell, Sie hatten selbstverständlich recht. Das war unhöflich von mir. Aber notwendig.

1991, zum Zweiten: November Rain

Mit fünfzehn ging ich auf mein erstes Konzert und sah Die Ärzte im Jovel in Münster, nachdem ihre Comeback-Platte *Die Bestie in Menschengestalt* erschienen war.[189] Ich trug eine durchfallbraune Wildlederjacke mit Inka-Strickmustern, die waren damals total hip. Dort erstand ich auch mein allerersten Bandshirt, Farbe: Batik-Neonorange. Stilsicher ist was anderes. Aber wer mit fünfzehn schon cool rumgelaufen ist, der werfe den ersten Brioni-Anzug.

Noch prägender waren für mich in der Zeit davor allerdings Guns n' Roses, damals etwa zweieinviertel Jahre lang die mit weitem Abstand größte Band der Welt. Über meine ersten etwa dreihundert CD-Erwerbungen führte ich chronologisch Buch. Die CDs wurden nummeriert und alphabetisch sortiert ins stetig wachsende Regal eingeordnet. Auf Nummer eins und zwei in der Kladde standen: *Use Your Illusion I* und *II*. Doch das war eine infame Lüge. In Wirklichkeit war meine erste selbst erworbene CD der Soundtrack zur *Rocky Horror Picture Show*, was rückblickend eine ziemlich stilvolle Wahl darstellt. Die Scheiben der Gunners waren nur die Nummern drei und vier, aber das sollte die Nachwelt nicht erfahren, denn ich arbeitete emsig an meinem Ruf als weltgrößter Gunners-Fan.[190]

Zur Hochphase besaß ich um die fünfundzwanzig Live-Bootlegs, kaufte alles, was die übersichtliche CD-Abteilung im heimischen Kaufhof und mein Taschengeld hergaben. Die Dinger kosteten damals dreißig Mark, ein Vermögen. Wenn ich ein bisschen mehr Geld überhatte, fuhr ich samstags von Hamm ins zehn Kilometer entfernte Bergkamen, zunächst mit dem Fahrrad, später mit dem Mofa. In einem Elektronikladen namens Berlet gab es eine bessere Auswahl, außerdem hatten die eine Ladenzeile mit Sonderangeboten.

Die Bootlegs von Guns n' Roses klangen ausnahmslos scheiße, und es waren fast immer die gleichen Lieder drauf (da alle von der gleichen langen Tour stammten), aber das war mir damals egal. Ich verstehe heute nicht mehr ganz genau, wie das alles zustande kam. Vielleicht liegt es an der schnöden Tatsache, dass ich mit dem guten Axl Rose den Nachnamen teile. Das kann unbewusst eine Menge auslösen, wie ich als Psychologe heute weiß.

Doch auch hier war ich im Prinzip wieder zu spät dran. Als mein eigener Guns-n'-Roses-Zug so richtig ins Rollen kam, war der echte Guns-n'-Roses-Zug schon entgleist. Die aufgewärmten Nudeln auf *The Spaghetti Incident?* haben mich kaltgelassen, und ich habe die Gunners nie live gesehen. Auch hier mochte ich fairerweise die Balladen am liebsten. Bis auf die Partyhits »Welcome to the Jungle« und »Paradise City« sowie den Kracher »You Could Be Mine« aus dem Soundtrack von *Terminator II* konnte ich mit den härteren Sachen noch nicht umgehen. »November Rain« und »Don't Cry« hingegen waren Balsam für die geplagte Teenie-Seele.[191] Doch schon bald sollte die Härte anziehen.

1992: Livin' Ain't No Crime

Im Frühjahr 1992 befand ich mich auf Wangerooge im Wattenmeer, wie schon viele Male zuvor. Im Westen der Insel befindet sich das »Haus am Meer«, eine Jugendherberge, die von Schulen meiner Heimatstadt betrieben wird. Mein Vater war Lehrer an einer dieser Schulen, sodass wir als Familie oft die Ferien dort verbrachten. Aber man fuhr auch während der Schulzeit dorthin, in der sechsten und dann wieder in der achten oder neunten Klasse. Im großen Speisesaal des Heims hingen zwei kräftige Boxen an der Wand, erhöht auf einer Halterung, um den ganzen Raum beschallen zu können. Gebaut und installiert hatte sie – natürlich – mein Vater. Am Mittwoch- und Samstagabend wurden die Fenster verdunkelt, die Lampen mit buntem Papier abgeklebt, und dann war: Disco. Über die Jahrzehnte haben in diesen heiligen Hallen Tausende Teenager mit feuchten Händen und noch feuchteren Gedanken ihren ersten Klammerblues vollzogen – und auf der Terrasse zum Meer hin, im Schutz der Dunkelheit, im Glücksfall noch ein wenig mehr.

Tagsüber, abseits der Essenszeiten, fungierte der Saal als Aufenthaltsraum, es gab Kicker und einen gut bestückten Spieleschrank. Oft lief Musik, nach dem Motto »Wer zuerst kommt, mahlt zuerst«. Man schmiss seine Kassette in den Rekorder und war so lange DJ, bis eben jemand anders dran war. Im Prinzip war das die Zeit von Snap!, Dr. Alban und Ace of Base. Doch an einem Tag war etwas anders. Dieser Moment sollte mein Leben verändern.

Eines Nachmittags vernahm ich eine mir bis dahin unbekannte Klangwelt: Die Musik war heftiger, schneller und energiegeladener als alles, was mir bis dahin je zu Ohren gekommen war. Ein Klassenkamerad, der aus mir unerfindlichen Gründen in der Oberstufe zum Technojünger mutierte, hatte die Compilation *The Best, The Rest, The Rare* der frühen Jahre von Helloween auf Kassette überspielt. Ich weiß noch, dass mich eine Art Stromstoß durchfuhr, als ich zum ersten Mal Michael Kiskes glockenklare und doch Härte ausstrahlende Stimme vernahm, untermalt von einer Doublebass und gedoppelten Leadgitarren. Und alles wesentlich geschwinder als jede Musik, die ich bis dahin kannte.

Dieser Klang fühlte sich an wie ein Puzzleteil. Doch nicht irgendeines, sondern *dieses eine* besondere Teil, das manchmal einfach noch fehlt, um den größeren Zusammenhang des Bildes zu erkennen. Es war wie in Yngwie Malmsteens Song »Rising Force« beschrieben: ein Erweckungserlebnis. Seit diesem Tag bin ich nicht mehr derselbe. Seit diesem Tag bin ich ein Metalhead.

1995: Against the Wind

Zu Helloween und Kai Hansens Gamma Ray gesellten sich Blind Guardian, Manowar, Angra und Stratovarius, die für das erste metallische Jahrzehnt meine Lieblinge werden sollten, etwas später - natürlich - Iron Maiden. Mit der rauen Energie des Thrash oder Death Metal konnte ich hingegen in den frühen Jahren noch nicht umgehen, Black Metal fand ich geradezu abartig. Das änderte sich durch die Sampler, die schon damals dem *Rock Hard*-Magazin beilagen. CDs waren scheißteuer, solche Compilations vor dem Internet also furchtbar wichtig, um den musikalischen Horizont zu erweitern. Und sie öffneten meine Ohren für Sänger, die nicht dem Eunuchenspektrum zuzuordnen sind. 1996 erschienen die Alben *Down* von Sentenced, *Theli* von Therion und *Elegy* von Amorphis. Diese Silberlinge bildeten meine Brücke in die düsteren und härteren Gefilde des Metal.

Ich kann mich leider ums Verrecken nicht mehr an mein erstes Metalkonzert erinnern. Es könnten Iron Maiden gewesen sein, mit Blaze Bayley am Mikro, aber genauso gut

Helloween, Blind Guardian oder Stratovarius. Das alles ist jetzt fast dreißig Jahre her, so manches verschwimmt doch ein wenig. Klarer als Kloßbrühe bleibt hingegen: Metal ist, neben meiner Frau und meinen Kindern, die Liebe meines Lebens. Ich habe ihm viel, vielleicht sogar *alles*, zu verdanken und freue mich auf die nächsten dreißig lauten Jahre.

TRANSZENDENZ

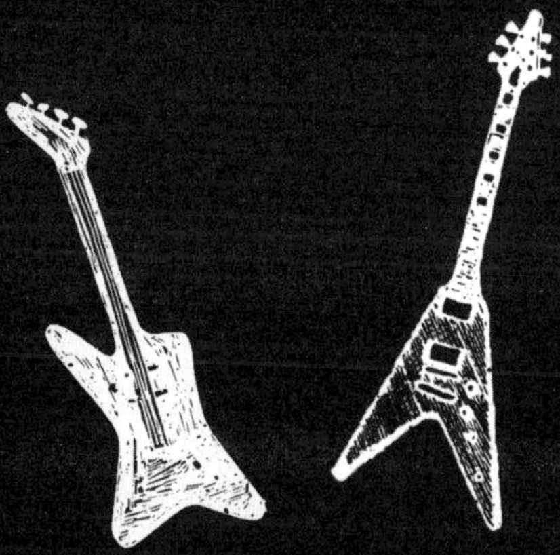

Krieg ist scheiße …

If only we could all just find serenity
It would be nice if we could live as one
When will all this anger, hate and bigotry be gone?
Ozzy Osbourne, »Dreamer«

… aber der Sound ist geil.[192] Metal wird gerne als menschenverachtende Musik beschrieben, und in der Tat geht es in den Lyrics, wie ausgiebig besprochen, regelmäßig um Tod und Teufel. Dennoch wohnt der Szene auch eine lebensbejahende, bisweilen hippieske Seite inne. Die Musik mag oft nihilistisch daherkommen, doch insgeheim träumt auch der Metaller von Frieden, Freude und reichlich Eierkuchen.[193] Selbst Black Sabbath geben zu Protokoll, dass sie bisweilen durchaus gerne mit Blumen im Haar nach San Francisco gepilgert wären und dass im Grunde einfach die Kohle fehlte.[194] So mag es weniger verwundern, wenn Ozzy Osbourne sich auf seinem oben zitierten Spätwerk »Dreamer« eifrig bemüht, den Weltfrieden herbeizusingen. Doch meist bezieht Metal seine Gravitation aus Härte, Schwere und Düsternis. Mord und Totschlag sind nie weit entfernt. Man denke an Songs wie »Pleasure to Kill« von Kreator:

My only aim is to take many lives
The more the better I feel

Diese Textzeilen sind mittlerweile auch vielen Menschen ein Begriff, die ansonsten nicht auf Metal stehen. Sie spielen eine wiederkehrende Rolle in der erfolgreichen Netflix-Serie *Dark*. Doch es geht auch anders. Obwohl viele Dimensionen der schwermetallischen Szene in den Anfangstagen durchaus als Gegenentwurf zum Hippietum aufgefasst werden konnten – einig war man sich, wenn überhaupt, dann bei den Drogen –, lebt in vielen Texten der Spirit von Woodstock weiter. In manch einem Metalhead haust ein schüchternes Blumenkind, verträumt, kritisch gegenüber dem Establishment, auf jeden Fall den Krieg verachtend.[195] Heimlich sehnt sich der Headbanger dann nach einer Welt ohne Grenzen, ohne Hierarchien, ohne Hass, eben nach einer Welt, in der ein jeder sich voll und ganz entfalten kann. Wie Gamma Ray in »Land of the Free« besingen:

> High above, at the edge of the world
> We're searching for glory and peace
> When the time has come, you will see
> Our return to the land of the free

Der Ruf nach Frieden bleibt dabei meist unpolitisch, in dem Sinne, dass Metalbands sich selten eindeutig zu einem politischen Lager bekennen.[196] So sieht es auch der Forscher Niall Scott:[197]

> Indem er unpolitisch ist, fungiert der Heavy Metal […] als umfassender Begriff für eine […] Kultur, die eine vielfältige Gemeinschaft von Praktiken, Perspektiven und Überzeugungen zusammenhält.

Ich habe selbst die Erfahrung gemacht, dass Metaller ungemütlich werden können, wenn ein Diskurs (zu) politisch wird. Möglicherweise gibt es da den Willen, die Musik »sauber« zu halten. Die Zugehörigkeit zur Gemeinschaft soll nicht von einer externalen Einstellung beeinflusst werden, sondern allein von dem Grad, wie sehr man Metal liebt und lebt. Wenn es so etwas wie einen gemeinsamen Nenner unter Bands und Fans gibt (selbst wenn man aus unterschiedlichen Lagern stammt), dann ist das die Ansicht, dass Krieg in jedweder Form scheiße ist. Das mag alles in allem ein wenig naiv anmuten, aber so ist das mit Träumen. Und mal ehrlich: Alles andere wäre auch kaum auszuhalten. Folglich wünscht sich auch der Metalhead (in) eine bessere Welt, trägt Hoffnung im Herzen und ist ein verkappter Utopist. Auch wenn er es vielleicht erst nach dem fünften Jacky-Cola zugeben mag.

Gott ist tot, aber sonst geht's ihr ganz gut

Will we see the sun arise
Recognize the god in man
Virgin Steele, »Veni, Vidi, Vici«

Die folgende Aussage gilt nicht überall auf der Welt im gleichen Maße, aber Fakt ist: In vielen Landstrichen auf diesem Globus ist organisierte Religion auf dem Rückzug. Die Mitgliederzahlen der Kirchen in Deutschland zeichnen stellvertretend ein deutliches Bild. Eine solche Entwicklung bietet neue Möglichkeiten der Entfaltung, hinterlässt aber mitunter auch eine latent unangenehme Leere. Ein Großteil der Menschheit hat das Bedürfnis nach An- und Rückbindung an etwas, das größer ist und länger währt, relativ zur eigenen, bisweilen mickrig anmutenden Existenz als Reiseverkehrskaufmann oder Fleischwarenfachverkäuferin.

Folglich mag Metal für viele Fans eine Art Religionsersatz sein. Und damit meine ich nicht ausschließlich jene Spielarten, die tatsächlich spirituell angehaucht sind (Black, Pagan, White Metal, ganz gleich ob nun vollkommen ernst gemeint oder als Gimmick). Metal als Kultur und Praktik *an sich* weist eindeutig (quasi)religiöse Strukturen und entsprechende Artefakte auf.[198] So gibt die Religionswissenschaftlerin Anna-Katharina Höpflinger in einem Interview mit dem *Deutschlandfunk* das Folgende zu Protokoll:[199] Die Akteure im Metal greifen …

> […] Symbole und Topoi aus vielen Religionen auf: Pentagramm, Runen, christliches Kreuz, die Apokalypse oder Gegenstände aus der Bestattungskultur. Manche Musiker tragen auf der Bühne Mönchskutten oder versuchen, böse Mächte wie den Satan darzustellen. Satanisten sind sie deswegen noch lange nicht […].

Das Göttliche oder zumindest Vergötterte im Metal ist die Musik *selbst*, ihre Heavyness und die besondere Form von Energie, die sie den Fans spendet. Da gibt es:

- schwermetallische Hohepriester (die Künstler),
- deren Jünger (Groupies und Edelfans),
- die normalen Gläubigen (Fans),
- den Konzertbesuch als Messe,
- Festivals wie das W:O:A als Substitut für Weihnachten und Co.

Es wird flüssiges Brot gebrochen,[200] statt Messwein fließt Jacky-Cola in sintflutartigen Mengen und der Sprühnebel ersetzt den Weihrauch. Wenn es gut läuft, wird man von den Hohepriestern gesegnet und darf einen Teil der göttlichen Energie nach Hause tragen, zum Beispiel in Form eines ergatterten Plektrums, (siehe auch »Waidmanns Heil«). Rainer Sontheimer spricht im Interview zu Recht von der Beseeltheit als Folge des metallischen Konzertgenusses.

Sogar die intrareligiösen Streitigkeiten vieler Glaubensrichtungen lassen sich nachweisen. Das Einzige, was noch schlimmer ist als ein Helene-Fischer-Fan? Der Metaljünger, der boshafterweise die falschen Bands anbetet (siehe auch »Lieb streiten unter Brüdern und Schwestern«). Mittlerweile hat die Szene sogar ihre eigenen Säulenheiligen: Dio und Lemmy wurden schon zu Lebzeiten augenzwinkernd als Götter verehrt. Nach ihrem Ableben in den Jahren 2010 bzw. 2015 wachen sie jenseitig über die weltweite Metalgemeinschaft, zusammen mit früh verstorbenen Nebengöttern wie Bon Scott (AC/DC), Cliff Burton (Metallica) oder Jeff Hanneman (Slayer).

Feuerbringer

Diese Metalgötter zeichnet aus, dass sie zu Lebzeiten sehr irdisch waren, normale und zum Teil ziemlich hässliche Typen wie du und ich. Nur dass sie eben besser singen oder ein Instrument spielen konnten. Und manchmal noch nicht einmal das; weder Lemmys Gesang noch sein Bassspiel werden zwingend in die Annalen der Kunstfertigkeit eingehen. Aber der gute Mann hatte den Arsch in der Hose, an jedem Ort, zu jeder Zeit, zu hundertvierzig Prozent[201] sein eigenes Ding zu machen. Hier spiegelt sich ein wichtiger Topos vieler Metalhymnen: Die Erkenntnis der eigenen *Göttlichkeit,* der prometheischen Schaffenskraft, der Selbstwirksamkeit. Virgin Steele haben sie immer wieder besungen, und Nietzsche lässt schön grüßen. An diesem Punkt leuchtet auch das satanistische Element im Metal klar und deutlich auf. Wohlgemerkt nicht im Sinne der Anbetung eines wahrhaftigen Höllenfürsten, sondern in der

Ablehnung von Unterwerfung als solcher, wie hier von Behemoth in »Ov Fire and the Void« besungen:

> I, divine Iconoclast
> Injecting chaos into my veins
> With life accepted, with pain resurrected
> Is the embrace ov God in man profound?

Mach. Dein. Ding. Das klingt unverkennbar nach Baumarkt-Slogan, aber im Grundsatz ist die Botschaft alles andere als verkehrt. Die Selbstbestimmungstheorie, das vermutlich wichtigste wissenschaftliche Konzept zur menschlichen Motivation der letzten fünfzig Jahre, fördert über alle Bereiche des Lebens hinweg immer wieder die gleiche Erkenntnis zutage: Wer sich als Autor der eigenen Lebensgeschichte begreifen darf, ist erfolgreicher, glücklicher und empfindet mehr Sinn im Dasein. Mit den Worten der Begründer dieser Theorie:[202]

> Eudaimonia ist zwingend in der menschlichen Autonomie verwurzelt, wie auch Aristoteles behauptete. Man kann nicht seinem wahren Selbst folgen und nicht autonom sein.

Und so werden wir meiner Ansicht nach auch vor einem Übermaß an Huldigung und Götzendienst gewarnt. Gerade die Verehrung von Lemmy als Heiligenfigur nimmt zum Teil bizarre Züge an: So soll seine Asche in Pistolenkugeln gefüllt und an enge Freunde verteilt worden sein. Laut Medienberichten haben sich Mitglieder von Motörheads ehemaliger Roadcrew kürzlich neue Tattoos stechen lassen. Der Farbe soll wiederum seine Asche beigemengt worden sein.[203] Ich finde ja, das ist ein bisschen drüber. Andererseits: Was geht mich das an? Nur ein paar mehr Narben zum Angeben, hätte Lemmy wohl gesagt.

Alles stirbt

Tears flow, but why am I crying?
After all, I'm not afraid of dying
Iron Maiden, »Hallowed Be Thy Name«

Wenn dieses Buch erscheint, bin ich gerade vierundvierzig geworden.[204] Ein wenig medizinischen Fortschritt eingepreist, bedeutet das Halbzeit. Da fängt Man(n) schon mal an, sich ein paar Gedanken über den Tod zu machen. Die Wahrheit ist allerdings: Ich mache mir ständig Gedanken über den Tod. Es liegt in meiner Biografie und in meiner Natur. Dabei ist mir überdeutlich klar, dass ich vor dem Zustand des Totseins keine Angst haben muss. Nur der Gedanke, nicht mehr zu leben, der bereitet mir derzeit noch ein paar Kopfschmerzen.

Damit bin ich emotional betrachtet ungefähr an einem ähnlichen Punkt wie der Protagonist in Iron Maidens »Hallowed Be Thy Name«. Nur dass ich meines Wissens nicht morgen um fünf Uhr gehängt werde. Aber das stelle ich mir auch eher unangenehm vor. Lieber wäre es mir, wenn ich die knapp neunzig Jahre vollmachen könnte. Ich möchte meine Kinder aufwachsen sehen, vielleicht noch ein paar Bücher schreiben und auf das eine oder andere Konzert gehen, selbst wenn ich dafür aus dem Altersheim ausbrechen muss. Die Herausforderung ist bekannt: Keine

Sau weiß mit ausreichender Gewissheit, ob das hinhauen wird. Am Ende gewinnt nicht die Bank, sondern der Sensenmann, wie Type O Negative es in »Everything Dies« schaurig zu Protokoll gegeben haben. Und deswegen haben die meisten Menschen Angst vor dem Tod. Das ist nun keine Angst, die in jedem Moment präsent ist, doch wenn wir ein wenig zur Ruhe kommen, ist sie jederzeit eindringlich erfahrbar.

Wider die Vergänglichkeit

Wie üblich gibt es ein psychologisches Gedankengebäude dazu, es nennt sich Terror-Management-Theorie (TMT). Verkürzt ausgedrückt sagt diese etwas sehr Offensichtliches aus: Menschen haben (latent) Angst vor dem Tod, und es macht etwas mit uns, wenn diese Angst zu deutlich in den Fokus der Aufmerksamkeit rückt. Das Bewusstsein um die eigene Ohnmacht im Angesicht des Todes erschüttert unseren Selbstwert. Wenn man der Theorie Glauben schenkt, nehmen wir gewisse Mühen auf uns, um diese Angst nicht ständig spüren zu müssen bzw. unseren Selbstwert zu erhalten, wenn sie erst die Barriere des Vorbewussten durchbrochen hat. Eine von mehreren Strategien zur Bewältigung dieser Angst scheint die Beschäftigung mit Kunst und Musik zu sein.[205] So geht die TMT davon aus, dass Menschen versuchen,

> […] mit dem potenziellen Schrecken, der durch die Vergegenwärtigung des eigenen Todes

> entsteht, fertigzuwerden, indem sie nach symbolischer Unsterblichkeit streben, die daraus resultiert, einen wertvollen Beitrag zu einem sinnvollen, ewigen Universum zu leisten.

Möglicherweise schreibe ich dieses Buch also (auch) aus Angst vor dem Tod. Immerhin: Wenn mich morgen der Blitz beim Scheißen trifft, kannst du es trotzdem noch lesen. Und mit ein bisschen Glück wird mich dieses Werk tatsächlich *überdauern*. Der Gedanke an sich ist auch gar nicht so verkehrt. Frag dich einmal, ob du weißt, wie die Vornamen deiner Urgroßeltern lauteten. Ich kenne die Namen meiner Ahnen nicht. Die traurige Wahrheit ist in aller Regel: Unsere Kinder werden sich nach unserem Tod an uns erinnern, die Kindeskinder auch. Anschließend besteht jedoch eine hohe Wahrscheinlichkeit, dass unser Name in Vergessenheit gerät. In der Humanistischen Psychologie wird das Wissen um die Endlichkeit (und potenziell: Sinnlosigkeit) des Daseins auch als existenzielle Verzweiflung (bzw. Wut) bezeichnet. Und diese kommt in vielen Metalsongs zum Ausdruck:[206]

> Heavy-Metal-Musik ist ein dynamisches Medium, das existenzielle Verzweiflung […] verkörpert und kommuniziert. Auf diese Weise können Gedanken als von außerhalb des Künstlers kommend erlebt werden, im Gegensatz zu den metaphorischen inneren Rissen seiner Psyche.

Metal verleiht diesem Schrecken jedoch nicht nur einen Ausdruck. Es gibt Anzeichen, dass er auch einen wirksamen Puffer gegen die existenzielle Verzweiflung bietet. So zeigt sich, dass die Musik unter bestimmten Umständen Ängste abbauen kann und soziale Verbundenheit fördert. Nicht wenige Menschen geben zu Protokoll, dass ihre Musik ihnen in besonders schweren Situationen wie ein guter Freund erscheint.[207]

> Durch seine Aggressivität ist Metal in seinen verschiedenen Variationen hervorragend geeignet, Wut, Zorn und artverwandte negative Gefühle zu adressieren. Der hohe energetische Level der Musik in der Außenwelt spiegelt dann den inneren seelischen Zustand. Die Musik begegnet dem geneigten Hörer in düsteren Momenten auf Ohrenhöhe. Sie unterstützt uns dabei, einen »Griff an die Sache« zu bekommen. Und so mag selbst der Tod ein wenig von seinem Schrecken verlieren.

Am Ende des Tages ist es so: Keiner von uns Lebenden kann mit Gewissheit sagen, was genau passiert, wenn die irdischen Bühnenlichter ausgehen.

- Vielleicht ist alles einfach nur nichts.
- Möglicherweise kommen aber auch ein paar schnieke Walküren und geleiten mich nach Walhalla?
- Oder komme ich doch in die Hölle? Ich vermute, dort ist zumindest die Mucke ganz anständig.
- Unter Umständen werde ich auch wiedergeboren? Ich habe vor rund fünfzehn Jahren in einem Hypnose-

> Seminar einige meiner früheren Leben erforscht. Unter anderem war ich ein kriegsmüder Stierkämpfer. Wohlgemerkt: Ich glaube nicht, dass diese Erfahrungen »real« waren, aber es ist spannend zu sehen, was da so aufsteigt vor dem inneren Auge.

Da ich mit Mitte zwanzig aus der Kirche ausgetreten bin, mache ich mir aktuell keine großen Hoffnungen auf einen freundlichen Empfang im Himmel, es sei denn, es gibt noch eine Art unbewachten Hintereingang. Falls es doch so eine Art Paradies gibt und die mich tatsächlich reinlassen: Hoffnung auf sechsundsechzig bis zweiundsiebzig Jungfrauen mache ich mir keine mehr. Lemmy ist immerhin schon seit sieben Jahren dort.

Es geht um »Work-Live-Balance«

Interview mit Marcus Bischoff

Jemand, der sich notgedrungen sehr gut mit dem Tod auskennt, ist Marcus Bischoff, Sänger von Heaven Shall Burn (HSB). Das Besondere an der Band: Alle Mitglieder gehen trotz des großen Erfolgs weiterhin ihren bürgerlichen Berufen nach. Marcus sagt von sich, er singe als Hobby bei HSB. Im Hauptberuf ist er Krankenpfleger im intensivmedizinischen Bereich. Diese Geschichte wollte ich gerne genauer hören.[208]

2020 führten HSB mit ihrer melodischen, aber doch derben Musik die deutschen Charts an. Konkret: mit dem jüngsten Album *Of Truth and Sacrifice*. Das Ganze schlug Wellen bis in die Boulevardpresse. Dort wurde ein Zweikampf mit dem Popstar Pietro Lombardi heraufbeschworen, der HSB in einem Video zuvor als »irgendeine Rockergruppe aus dem Nichts« bezeichnet hatte, angesichts der Tatsache, dass die beiden vorigen Alben von HSB bereits auf Platz drei bzw. zwei der Charts standen, eine krasse Fehleinschätzung. Zur großen Freude der metallischen Community entschieden HSB das Rennen für sich, und beide Seiten nahmen es mit Humor.[209]

Im Gespräch mit Marcus habe ich viel über die Idee der inneren Freiheit gelernt. Zudem ist mir nach dem

Interview ein Sprichwort in den Sinn gekommen, das ich mit Ende zwanzig kennengelernt hatte, als ich mich intensiv mit Zen-Meditation befasste: »Vor der Erleuchtung: Holz hacken und Wasser holen. Nach der Erleuchtung: Holz hacken und Wasser holen.«

Marcus, es ist gut für die Atmosphäre eines Gesprächs, wenn man Gemeinsamkeiten findet. Ich las, du hättest über die Scorpions zur harten Musik gefunden. Das war bei mir auch so. Stimmt das, und hörst du die heute noch?

Marcus Bischoff: Im Endeffekt ist das richtig. Wie bei vielen Metalfans war mein Vater prägend für die musikalische Entwicklung. Ich kann mich noch erinnern, dass er mir manchmal Sachen vorgespielt hat, wenn ich in der Badewanne war. Da waren damals so Sachen wie »Wind of Change« von den Scorpions dabei, die sich schnell in den Gehörgang eingebrannt haben, aber auch Deep Purple oder Lynyrd Skynyrd.

Ich bin aber relativ schnell zu härteren Sachen gewechselt, da ist mein alter Herr dann ausgestiegen. Black Sabbath waren sehr wichtig für mich, die habe ich 1994 zum ersten Mal live gesehen, in der Thüringenhalle in Erfurt, leider ohne Ozzy. Das Abschlusskonzert unserer vorletzten Tour fand auch in der Halle statt, da hat sich ein Kreis geschlossen. Die Scorpions habe ich mir vor ein paar Jahren auch live angeschaut, auf dem Graspop Metal Meeting in Belgien. Aber einfach so höre ich die heute nicht mehr.

Die Scorpions werden heutzutage oft belächelt, aber viele Leute verstehen nicht, wie groß die mal waren.

M. B.: Das stimmt. Die waren einer der größten deutschen Exportschlager überhaupt, ähnlich wie Rammstein heute. Es ist unglaublich, was die in den Achtzigern bewegt haben.

Mit dem jüngsten Album von HSB habt ihr die deutschen Charts angeführt. Fühlst du dich berühmt? Erkennen dich Leute auf der Straße?

M. B.: Das mag merkwürdig klingen, aber mir hat das mit der Nummer eins nie so wahnsinnig viel bedeutet. Also, in der Vita liest sich das natürlich ganz toll, aber das war nie mein Ziel. Da muss man ein wenig differenzieren. Alexander, unser Gitarrist und Produzent, ist viel stärker mit der Musikwelt verbunden, für den ist das so eine Art Referenz. Der steckt letztlich auch deutlich mehr Arbeit in unsere Alben. Er schreibt den Großteil der Musik, zusammen mit Maik, unserem anderen Gitarristen. Für die beiden ist das die viel größere Ehrung.

Um konkret zu antworten: Nein, ich fühle mich nicht berühmt, das geht uns allen in der Band so. Wir haben unser Privatleben, unsere Berufe, das erdet ungemein. In einer ruhigen Minute kannst du sicher stolz sein, das ist okay, aber im Prinzip ändert das nichts. Als wir die Nummer eins waren, haben sich natürlich viele Freunde gemeldet, Musikerkollegen, befreundete Bands, die haben mitgefiebert, auch bei der Sache mit Pietro Lombardi, aber angesprochen werde ich tatsächlich nur auf den Konzerten.

Du bist auch außerhalb der Musikszene bekannter geworden, weil du trotz eures Erfolgs weiter als Krankenpfleger arbeitest. Du bezeichnest das als Passion oder Traumberuf. Ich finde das bemerkenswert, weil da draußen sicherlich viele Krankenpfleger von einer Musikkarriere träumen.

M. B.: Das habe ich tatsächlich genau so gemeint. Ich bin durch den Zivildienst in die soziale Schiene gekommen und habe schnell gemerkt, dass mich das ungemein glücklich macht. Ein Freund, übrigens mein Vorgänger in der Band, sagte damals: »Marcus, du bist der geborene Krankenpfleger. Da ist ein Leuchten in deinen Augen, wenn du von der Arbeit kommst.« Witzig ist, dass meine Mutter, selbst Krankenschwester, mir von dem Beruf abgeraten hat, weil er physisch und psychisch so fordernd ist. Aber am Ende war sie natürlich stolz.

Das mache ich mittlerweile seit sechzehn Jahren, immer auf der Intensivstation. Und das meine ich letztlich mit Passion: So etwas machst du nicht fürs Geld. Du siehst viel Leid und Elend, Traurigkeit, gerade jetzt in der Coronazeit, aber auch vorher schon. Dafür kannst du Menschen sehr direkt helfen und Gutes bewirken. Das ist mein Ding.

Und die Musik – auch Passion?

M. B.: Ach, das war eher Zufall. Ich habe als Kind nie gesagt: »Oh, ich muss jetzt unbedingt ein Instrument lernen, hier sind meine Vorbilder, und ich will berühmt werden.« Ein Freund meinte damals, ich solle doch mit zur Bandprobe kommen. Da konnte ich dann so ein bisschen rumschreien, und die fanden das ganz gut. Davon gibt es sogar noch ein Demotape. Mein Cousin ist damals als Bassist dazugekommen, und der eigentliche Sänger wollte nicht mehr, so hat sich das entwickelt. Im Grunde bin ich immer noch der Aushilfssänger. (lacht)

Natürlich macht mir das ungeheuren Spaß. Und was wir erreicht haben, ist mehr, als ich mir je erträumt hatte. Aber: Diesen Traum gab es eigentlich nie, das ist organisch gewachsen. Wir haben bewusst Entscheidungen getroffen, von Jahr zu Jahr. Das ist eines der Geheimnisse von HSB, es gab nie so einen Erfolgsplan. Wir haben auch ganz oft »Nein!« gesagt, auf Geld verzichtet, wenn etwas nicht gepasst hat. Kleine Anekdote: Unseren ersten richtigen Plattenvertrag, den hat uns damals das Label Metal Blade angeboten. Maik, im richtigen Leben Jurist, hat sich da reingefressen und am Ende abgelehnt. Auch bei Century Media, unserem heutigen Label, können sie ein Lied davon singen.

Beeinflussen sich deine Jobs gegenseitig? Macht es einen Unterschied für den Krankenpfleger,

dass er Frontmann einer bekannten Band ist? Und umgekehrt: Fließt der bürgerliche Beruf in die Rolle bei HSB ein?

M. B.: Ich versuche, das so gut wie möglich zu trennen. Im Grunde habe ich das mit der Musik früher sogar verheimlicht, aber das geht natürlich irgendwann nicht mehr, mit YouTube und den Interviews in der Presse. Da wirst du durchaus auch von der Bäckereiverkäuferin an der Ecke angesprochen.

Aber im Krankenhaus spielt die Musik keine besondere Rolle. Ab und zu gibt es mal den Fall, dass da ein Patient ist, der eben auch Fan von HSB ist. Da kommt dann vielleicht eine Schwester von einer anderen Station und fragt, ob ich mal vorbeischauen kann. Und dann freuen sich die Leute.

Und andersherum?

M. B.: Auch hier gibt es erst einmal keine Beeinflussung. Wenn, dann ist das von organisatorischer Natur. Am Ende geht der Dienst vor, da geht es um Menschenleben. Selbst wenn es um die Planung von Touren geht – das muss halt zum Dienstplan passen, manches können wir einfach nicht machen.

Was mir schon auffällt: Als Krankenpfleger lernst du, Menschen zu beobachten. Wie geht es dem, was braucht der gerade? Und ich glaube, das mache ich auch auf der Bühne. Da sind dann natürlich keine Patienten. Aber ich will einfach, dass es den Leuten gut geht. Das merkt man manchmal in den Ansagen. Ich rufe dann vielleicht so etwas wie: »Passt aufeinander auf!« Und dann denkt vielleicht jemand: »Joa, das sagt er jetzt schon zum zehnten Mal.« Das ist die Verantwortung für andere Menschen, die spüre ich ganz stark. Ich bin auch schon mal ins Sanitätszelt gegangen nach dem Auftritt, wenn ich mitbekommen hatte, dass sich ein Fan den Knöchel verstaucht hat oder so. Da hat mich keiner gerufen, das ist Instinkt.

Das kann ich nicht aufschreiben. Da brechen sich die Fans in Zukunft absichtlich die Ohren, weil sie wissen: Dann kommt der Marcus vorbei …

M. B.: (schmunzelt)

Wie steht es denn mit der emotionalen Ebene?

M. B.: Klar ist das mit dem Schreien auch ein erstklassiges Ventil. Ich bin von Natur aus ein handzahmer Typ. Aber du hast im Krankenhaus naturgemäß immer wieder traurige Momente. Wenn danach noch Probe ist, oder noch besser ein Konzert, dann fühlst du dich anschließend wie gewaschen und gebügelt.

Man könnte deinen Gesangsstil als sehr aggressiv beschreiben. Ist das auch »von innen« so? Oder ist das einfach ein Stilmittel, so wie die verzerrten Gitarren?

M. B.: Natürlich ist das mittlerweile ein Stilmittel und auch ein Erkennungsmerkmal von HSB. Die Aggressivität passt gut zu unseren Texten, das ist uns wichtig. Aber: Als ich damit angefangen habe, da habe ich mich ja durchaus gefragt, was denn überhaupt geht. Singen konnte ich nicht so richtig, aber Schreien ging ziemlich gut. Dann hat das eine gewisse Eigendynamik entwickelt. Im Grunde trifft das für die gesamte Band zu, wir sind alle auf die eine oder andere Art Autodidakten.

Tatsächlich höre ich gerne cleane Sänger, Hansi Kürsch von Blind Guardian ist zum Beispiel ein großes Vorbild. Aber ganz ehrlich: Ich kann's halt nicht. Manchmal probiere ich das aus im Studio, und auf dem Kopfhörer klingt es ganz anständig. Und dann nimmt Alexander die ganzen Effekte raus, und, na ja … Das erdet. »Lass mal lieber!«, sagt er dann. (lacht) Auf der anderen Seite achten wir im Studio extrem auf die Verständlichkeit. Wir haben eine Botschaft, die Texte sind wichtig. Da soll trotz des Schreiens alles deutlich sein, da schrauben wir viel dran. Wir möchten die Menschen erreichen, das beginnt mit der Klarheit der Worte. *Das* ist der Grund, warum wir Musik machen.

Ein Thema, das bei euch sehr präsent ist, ist der Antifaschismus. Wie wichtig ist euch diese Botschaft? Ich frage, weil viele Metalbands sich eher unpolitisch geben.

M. B.: Unsere Wurzeln liegen im Hardcore, daher das politische Element. Wir sind linksorientiert, nicht linksextrem, aber die Positionierung ist eindeutig. Das hat auch mit unseren Wurzeln in Thüringen zu tun, da gab es in meiner Jugend ein großes Fascho-Problem. Ich erinnere mich noch: Der Jugendklub, in den ich gegangen bin, war praktisch ein roter Punkt auf der Landkarte, und um uns herum war alles sehr braun. Im Grunde wurden wir im Wochentakt überfallen, man musste echt Angst haben. Da waren viele nicht so schöne Momente dabei.

Diese Erfahrungen fließen ein in das, was wir mit HSB tun. Nicht à la »Gewalt erzeugt Gegengewalt«, wir stehen auf dem Standpunkt, dass man Menschen aufklären muss. Wir suchen die Kommunikation, das war schon damals der Fall. Natürlich lag irgendwann der Gedanke nah: Lass uns doch mal einen Song dazu machen. Dann erreichen wir nicht nur die Kumpels auf der Party, die gerade am Abdriften sind, sondern vielleicht tausend Leute. Heute hat das natürlich noch eine ganz andere Dimension. Aber wir werden immer eine politische Band bleiben.

Verliert man dadurch auch Fans?

M. B.: Wenn Maik auf Facebook einen Post zu einem politischen Thema macht, dann sind ratzfatz tausend Follower weg, das nehmen wir in Kauf. Es mag Bands geben, die an diesem Punkt denken: »Wir müssen auf unsere Kunden aufpassen. Wenn wir *das* posten, fehlen 3,50 Euro im Portemonnaie.« Aber wir handhaben das anders, wir haben unsere Meinung und tun die auch kund.

HSB haben auch schon Festivals abgesagt, weil wir mit bestimmten Bands nicht die Bühne teilen wollten. Aber im Grunde suchen wir auch hier die Kommunikation. Wenn auf einem Konzert Leute mit rechter Symbolik auftauchen, dann sagen wir auch schon mal: »Alter, zieh das doch bitte aus. Du kannst dir dafür bei uns am Stand gratis ein Shirt holen.«

Alles in allem passt das, was ihr macht, so gar nicht zum Klischee von Sex, Drugs and Rock 'n' Roll.

M. B.: Ich denke, das liegt daran, wie wir als Menschen ticken. Und dass wir noch unsere normalen Berufe haben, das erdet. Es mag klischeehaft klingen, aber wir sind nach all den Jahren immer noch als »fünf Freunde« unterwegs. Auch zu ehemaligen Mitgliedern haben wir ein gutes Verhältnis, die kommen mit auf die Bühne, wenn wir ein Konzert in der Heimat spielen.

Das Konglomerat HSB in dieser Form ist aber nicht einfach, weder für uns selbst noch für Konzertveranstalter und Booking-Agenturen. Wir begreifen uns nicht als Vollprofis, das macht manches etwas schwieriger. Um das Jahr 2008 haben wir alle gemeinsam beschlossen, dass HSB immer ein Hobby sein wird. Zugegeben, ein sehr anspruchsvolles Hobby, aber trotzdem. Auf der anderen Seite: Wir sind definitiv ein Original, und der Erfolg gibt uns sicherlich recht. Übrigens geht das alles nur, weil ich tolle Kolleginnen und Kollegen im Krankenhaus habe, die manchmal den Kopf für mich hinhalten, wo man Dienstpläne tauscht usw. Ansonsten wäre das organisatorisch überhaupt nicht möglich.

Wie äußert sich das im Geldbeutel?

M. B.: Wir könnten mehr Geld verdienen, beispielsweise wenn wir öfter oder länger touren würden. Andererseits gibt es dir eine große Freiheit und gewissermaßen auch Macht, wenn du sagen kannst: Dieses oder jenes machen wir jetzt einfach nicht. Wir haben noch nie eine Show gespielt, auf die wir keinen Bock hatten. Zudem haben einige von uns mit der Zeit Familien gegründet, das wird immer Priorität haben.

Ich erinnere mich noch an die Anfangstage bei unserem Label Century Media, da hat mich eine A&R-Managerin angerufen und gesagt: »Hey, ihr müsst jetzt mal acht Wochen durch die USA touren!« Ich habe kurz gelacht und dann aufgelegt. Dann hat sie wieder angerufen, und ich so: »Du meintest acht Tage, oder?« Und sie: »Nee, schon acht *Wochen*.« Dann habe ich halt noch mal gelacht und wieder aufgelegt. Andere Anekdote: Wir sind früher einmal von Bolt Thrower als Vorband für deren Europatour angefragt worden. Das sind für mich absolute Idole, das wäre ein Traum gewesen. Aber ich musste halt in der Klinik arbeiten, also haben wir abgesagt. Das war *echt* hart. Aber man muss Prioritäten setzen.

Mein Buch heißt *Hard, Heavy & Happy*. Also zum Abschluss: Du bist Anfang vierzig. Was hast du bisher über das Glück gelernt? Gibt es da etwas, was du teilen kannst?

M. B.: Ich denke schon oft über den Sinn des Lebens nach. Wenn ich irgendwann auf dem Sterbebett liege, möchte ich am liebsten das Gefühl haben, dass alles im Einklang ist. Ich will, dass möglichst alles geklärt ist. Beispielsweise versuche ich immer so schnell wie möglich, mich mit Freunden zu versöhnen, wenn man sich mal gestritten hat. So unausgesprochene Dinge, das mag ich nicht. Man sollte das für sich und mit anderen klären.

Auch sonst geht es mir um Ausgleich. Das ist jetzt so eine blöde Vokabel, aber ich strebe schon nach einer guten Work-Life-Balance. Ich gönne mir beispielsweise eine etwas reduzierte Stundenanzahl im Krankenhaus. Wenn du das vierzig Stunden in der Woche machst, ist das schon sehr zehrend. Ich genieße es sehr, dass es da auch noch das andere Leben gibt.

Bei dir ist das dann Work-Live-Balance, korrekt?

M. B.: Ja, das stimmt. Ansonsten: Geld macht definitiv nicht glücklich, das weiß ich. Ich brauche Freunde um mich herum, verbringe viel Zeit in freier Natur. Ich gehe oft im Wald spazieren, mache draußen Sport – in der Coronazeit ist das naturgemäß noch mal mehr geworden, damit einem nicht die Decke auf den Kopf fällt. Am Ende des Tages geht es immer um den Ausgleich.

Über Marcus Bischoff

Marcus Bischoff wurde mit achtzehn Jahren Sänger der Band Consense, aus der später Heaven Shall Burn hervorging. Außerdem arbeitet er als Krankenpfleger in den Thüringen-Kliniken in Saalfeld. Kontakt: www.heavenshallburn.com

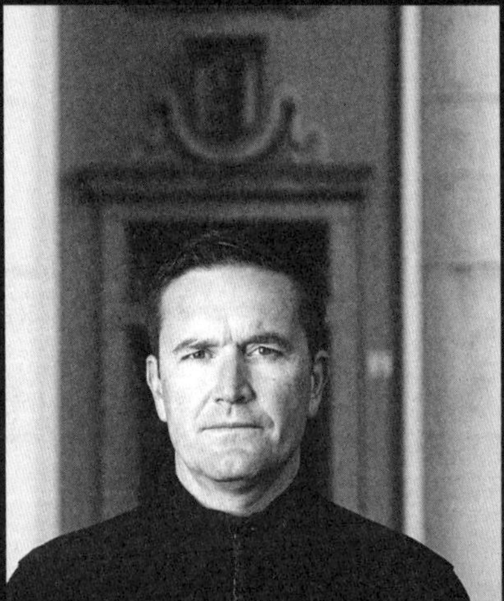

© Candy Welz

Ironische Distanz

Building up steam, nuclear screams
Warheads are ready to fight
Black leather hounds, faster than sound
Metal our purpose in life
Venom, »Black Metal«

Metal ist laut, Metal ist hart, Metal ist für immer. Kurz: Metal ist eine todernste Sache. Oder doch nicht? Lass mich kurz überlegen … Nein. Ich denke, das würden die oben zitierten Mannen von Venom unterschreiben, die – so wird es oft interpretiert – dem Black Metal zu seinem Namen verhalfen. Wenn wir einmal gaaaaanz ehrlich sind, ist Metal mit allem Drum und Dran vor allem ein ausgefeiltes Klischee.[210] Die Musik, die Klamotten, der Habitus, all das kann man ernst nehmen, doch man kann es von einer höheren Ebene aus auch mit einem Schmunzeln auf den Lippen wertschätzen. Im Grunde geht das sogar wunderbar gleichzeitig. So sieht es auch Bruce Dickinson in einem Interview mit dem *Tagesspiegel*.[211] Dort sagt er: »Es macht auf jeden Fall mehr Spaß, wenn man die Ironie erkennt. Das eröffnet eine neue Dimension.«

Wenden wir uns noch einmal Manowar zu. Die selbst ernannten Kings of Metal waren über viele Jahre angeblich (im regelmäßigen Wettstreit mit Motörhead) die lauteste

Band der Welt.[212] Alle Regler stehen immer auf Zehn, wie es in einem Song heißt.[213] Die Gesten sind groß und weit, die geistige Tiefe der Texte nicht so sehr. Auf ihren Albumcovern thronen comichafte Figuren von Berserkern, gegen die ein Arnold Schwarzenegger in Bestform aussieht wie ein filigraner Leptosom. Die Band bietet ultimativen Eskapismus, wie ein *Herr der Ringe*-Film, nur ohne den ideologischen Überbau. Die Lederhosen sind zu eng, die immer noch erstaunlich gut geformten Muskeln sind zu eingeölt, die Dekoschwerter zu lang. Man weiß eigentlich nie so genau, wie ernst sich die Band selbst nimmt, gerade weil sich die Herren um Joey DeMaio so verdammt ernst nehmen. Im Prinzip ist die Band seit Anfang der Achtziger ihre eigene Karikatur: *übertrieben, überhart, überauthentisch* - und gerade deswegen echt.

Doch auch bei den ganz schweren Jungs, die sonst nicht zwingend durch Doppeldeutigkeit auf sich aufmerksam machen, blitzen hier und dort Humor und Selbstironie auf. Auf dem Zweitwerk (*Never, Neverland*, 1990) der kanadischen Thrash-Metal-Größe Annihilator findet sich der Song »Kraf Dinner«, eine furios dahingerotzte Lobeshymne auf Maccheroni mit Käse. Vermutlich als Reminiszenz an finanziell wenig erfolgreiche Tage in einem von Ungeziefer verseuchten Proberaum.

> Boiling water, I can't wait
> It's getting hotter, it feels so great
> Macaroni maniac
> A cheddar cheese heart attack

Fun? Metal!

Abseits des für Outsider manchmal undurchsichtigen Spiels mit den Klischees hat sich während der vergangenen fünfundzwanzig Jahre ein absichtlich humoriges Subgenre entwickelt: der Fun Metal. Zu den erfolgreichen Vertretern gehören J.B.O. (ursprünglich James Blast Orchester genannt), die sich mit verballhornenden Coverversionen metallischer Hits einen Namen gemacht haben. Bis zu dem Punkt, da ihre Platten vordere Chartplätze belegten, weshalb die Band mittlerweile ebenso erfolgreich ist wie jene Gruppen, aus deren Fundus sie sich bedienen. Eine andere Band, die ähnliche Bekanntheit erlangt hat, ist Knorkator. Sie lassen sich musikalisch nicht einwandfrei dem Metal zuordnen, treten aber immer wieder unter großem Zuspruch auf entsprechenden Festivals auf. Im Jahr 2000 nahmen sie mit dem Rammstein-artigen »Ick wer zun Schwein« am deutschen Vorentscheid zum Eurovision Song Contest teil, worauf die *BILD* am Folgetag schrieb: »Wer ließ diese Irren ins Fernsehen?«[214]

Fun Metal ist jedoch nicht ausschließlich ein deutsches Phänomen. Tenacious D, bestehend aus Kyle Gass und dem Schauspieler Jack Black, kann auf eine fünfundzwanzigjährige Karriere zurückblicken, gekrönt durch den eigenen Kinofilm *Kings of Rock*. Ebenfalls schwer angesagt sind Steel Panther aus Los Angeles, die den Hair Metal der Achtziger hochleben lassen, inklusive Spandex-Hosen, hochtoupierten Haaren und reichlich Kajal. Sie bewegen sich irgendwo zwischen Hommage und Persiflage, was ein amtliches Kunststück ist, da schon die Vorbilder eher der Karikatur einer Metalband glichen.

Auf den Schirm

Die doppelbödige Struktur der schwermetallischen Verehrung zeigt sich nirgends besser als in dem guten Dutzend Spielfilme, die sich des Metal angenommen haben. Primus inter Pares ist *Wayne's World* von 1992 mit der ikonischen Szene, in der die Protagonisten Wayne und Garth gemeinsam mit Freunden im Auto zum metallischen Abschlusspart von Queens »Bohemian Rhapsody« headbangen. Wenn die Zuschauer, meist unwillkürlich, ebenfalls mit dem Headbangen beginnen, wird auf eine physische Weise deutlich: Man kann voll mitgehen mit dem Klischee und sich gleichzeitig köstlich darüber amüsieren, ohne dass das Vergnügen darunter leiden würde.

Das Gros der Metalfilme verbindet Elemente des Roadmovies mit Elementen aus Coming-of-Age- und Buddy-Filmen. Es geht fast immer um metalfanatische Outsider, die entweder als Fans oder als unbekannte Band auf eine Reise voller Hindernisse gehen, auf der Suche nach der ultimativen Fan-Erfahrung. In *Detroit Rock City* (1999), der in den USA der späten Siebziger spielt, versucht eine Gruppe Teenager gegen den Willen der Eltern zu einem KISS-Konzert zu gelangen.[215] Ein anderes wiederkehrendes Motiv ist die Suche nach dem künstlerischen Erfolg. In *Happy Metal* (Frankreich, 2013) versucht eine unbekannte Black-Metal-Band, bestehend aus provinziellen Outsidern, gegen allerlei Widerstände auf ein internationales Festival zu gelangen, um den großen Durchbruch zu feiern.[216] Dabei geraten sie in Konflikte mit dem Establishment: mit Eltern, lokalen Autoritäten, Polizei oder Staatsgewalt. Zudem müssen sie Selbstzweifel und

Konflikte im Team überwinden, um letztlich zu triumphieren.[217] Alle Charaktere sind liebevoll überzeichnet. Man erkennt sie als idealistische Spinner, lacht auf ihre Kosten, verbrüdert sich aber mit ihnen, weil die spinnerten Anteile in der eigenen Persönlichkeit andocken und man sich insgeheim wünscht, man hätte einmal im Leben so viel Blödsinn verzapft.[218] »Vollumfänglich erwachsene Gesellschaften sind grausame Gesellschaften«, bemerkt Jörg Scheller.[219]

Das ist (nicht) mein Ernst

Ich schrieb einmal aus einer Laune heraus, dass wir im Metal Bier ernst nehmen, ansonsten aber nicht vieles bierernst ist. Vielleicht sehe ich das als Vater und Mittvierziger aber auch etwas anders als zu meiner Jugendzeit. Da hat's bei den meisten Menschen doch etwas mehr Drama, Baby. Ich für meinen Teil nehme Metal ernst, messe ihm große Bedeutung zu als einem Teil meines Lebens und meiner Identität. Ansonsten wäre ich kaum so beknackt gewesen, ein Buch darüber zu schreiben. Andererseits, und das genieße ich sehr, habe ich durchaus das Gefühl, dass viele Fans eine gewisse ironische Distanz zur Szene und auch zu sich selbst wahren können. Man weiß in aller Regel, dass die Bands auf der Bühne – mit den Worten von Rainer Sontheimer – eine Art Kabarett aufführen. Vieles gleicht dem Wrestling: Man kann wunderbar mitgehen, wenn man sich darauf einlässt, auch wenn ein Teil von uns versteht, dass das meiste ein abgekartetes Spiel ist.

Doch es ist eine Show mit Wirkung. Schon in der griechischen Antike glaubte man, dass Theateraufführungen einen kathartischen Effekt auf den Besucher haben. Der Begriff »Katharsis« lässt sich mit »Reinigung« übersetzen.[220] Durch das teilnehmende Empfinden am Schicksal der Darsteller soll es gelingen, sich von eigenen unangenehmen Gefühlen zu distanzieren. Danach ist man bereit, sich wieder dem echten Leben zuzuwenden. Wohl wissend, dass man bei Bedarf in dieses Reich zurückkehren kann, das sich »echter als echt« anfühlt, wenn es notwendig ist.

Und so erlaube auch ich mir regelmäßig, in die Welt des Metal einzutauchen und voll mitzugehen, während ein erwachsener und etwas abgeklärterer Teil von mir sich liebevoll beim Ausflippen über die Schulter schaut und gütig lächelt. Dann schreie ich auf dem Manowar-Konzert mit Tausenden Wochenend-Kriegern »Hail and Kill«, obwohl ich es im echten Leben kaum fertigbringe, eine Spinne zu meucheln. Ich sehe mich in scheinender Rüstung reiten, bei Mondlicht, Zehntausend Seite an Seite, und bei Gott: Mir geht einer ab. Später sitze ich im Zug, verschwitzt, kaputt und überglücklich. Und während die Nackenschmerzen bereits leise anklopfen, lächle ich in mich hinein und frage mich, was mich da wieder geritten hat …

OUTRO

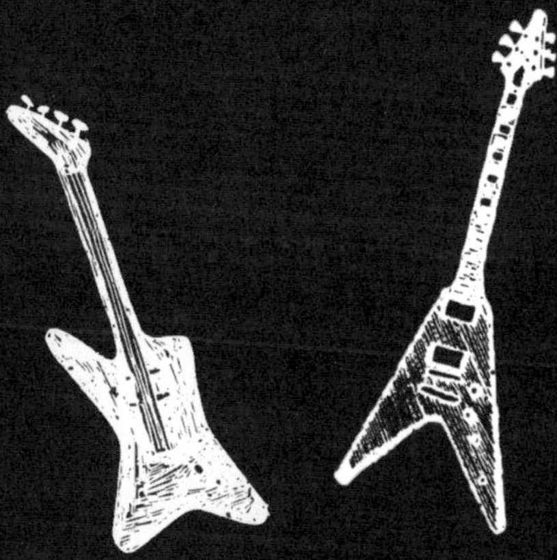

Alles hat ein Ende ...

I am metal and I'll never die
We are metal and we'll never die
The Rods feat. Ronnie James Dio, »Metal Will Never Die«

... nur die Wurst hat zwei, hat der sagenhafte Stephan Remmler im gleichen Jahr gesungen, als Metallicas *Master of Puppets* erschien. *Hard, Heavy & Happy* ist mein siebtes Buch (wenn ich diese verdammte Dissertation über Controlling mit einrechne) und merke immer wieder, wie schwer es mir fällt, zu einem guten Ende zu kommen, sowohl was die inhaltliche Qualität angeht als auch was die innerliche Aufgabe betrifft, mit dem Schreibprozess abzuschließen. Es gäbe immer noch etwas zu verbessern, noch etwas Schlaueres zu schreiben oder den zwölftletzten Rechtschreibfehler auszumerzen.

Vielleicht ist es aber die bereits angesprochene Angst vor dem Tod, die getriggert wird, wenn die Worte zur Neige gehen. »Ich werde niemals sterben«, hat Dio gesungen. Wie jeder metalkundige Mensch weiß, hatte er damit nicht uneingeschränkt recht, denn der Man on the Silver Mountain weilt nun schon ein Dutzend Jahre nicht mehr unter den Lebenden. Doch der Künstler Dio, zusammen mit seiner Musik – der mag tatsächlich ewig leben. Falls uns nicht irgendwann der Strom ausgeht.

Wenn ich nun in der Rückschau meinen Blick über das Inhaltsverzeichnis schweifen lasse, fallen mir vor allem die Gegensätze und Paradoxien ins Auge, die auch Jörg Scheller in seinem Interview angesprochen hat. Metal ist …

- laut und beruhigend,
- dreckig und erhaben,
- todernst und ironisch,
- vulgär und virtuos,
- hoffnungslos und zuversichtlich.

Zudem bleibt der Eindruck haften, dass es sich bei den Fans irgendwie um aufgewühlt-freundliche, gebildete Proleten handelt. Ich denke, Metal spiegelt damit in seiner Gesamtheit auf wundersame Weise diese ganze – Verzeihung – verfickte Widersprüchlichkeit der menschlichen Existenz: Alles Leben strebt zum Tode hin und wird gerade dadurch lebenswert. Ein unbegrenztes Dasein mit unbegrenzten Möglichkeiten wäre im Vergleich dazu in seiner Bedeutung fürchterlich begrenzt.

So lasst uns allem Schrecken zum Trotze dankbar sein, dass wir eines Tages den Löffel abgeben müssen. Also, im Grunde hoffe ich ja, dass dann ein schwarzbeflügelter Lemmy-Engel vor meinem Bett schwebt und mit einer Rickenbacker-Harfe ein teuflisches Riff auf mich abfeuert. Was bedeutet, dass ich auf meinen ersten Whisky-Cola im Jenseits eingeladen bin.

Am Ende glaube ich, im Metal geht es – mehr als alles andere – um Kontakt, um Resonanz.[221] Während ich versuche, halbwegs gut aus diesem Buch herauszukommen, höre ich »In the Gutter of this Spring« von Empyrium, von denen ich einmal geschrieben habe, sie würden meine Seele vertonen. Natürlich ist da die tonale Schwingung als solche, doch diese wahnsinnige, schreckliche, schöne Musik hilft auch, in Resonanz mit »dem anderen« zu gehen, mit dem Menschen und mit der Menschheit, mit dem Menschlichen und dem Unmenschlichen.

Nicht zuletzt ist Metal ein Weg, in Resonanz mit sich selbst zu gehen: mit den inneren Turbulenzen und der Taubheit, mit unserer Schönheit und all den Unzulänglichkeiten, unserem Hass – und unserer Liebe. Und so bitte ich um Nachsicht, wenn ich mir erlaube, nicht mit einem Metalsong zu schließen, sondern mit Worten aus einem Lied des von meiner Mama sehr geschätzten Peter Maffay:

> Erst dann, wenn ich's nicht mehr spüren kann
> Weiß ich, es ist für mich zu spät

Hamm, am 2.2.22
Nico Rose

Hidden Track: Auszug aus der Metalstudie

Der vollständige Studienbericht findet sich in dieser Sektion meiner Website: https://nicorose.de/publikationen.

Einführung

Eine Studie? Über Metal? Muss das wirklich sein? Ich finde: Ja, verdammt, das muss sein! Metal ist eine Macht. Gemäß einer auf Statista abrufbaren Studie hören sieben Millionen Menschen in Deutschland gerne Metal und Hardrock. Laut einem Bericht des Deutschen Musikinformationszentrums (MIZ) könnten es sogar über fünfundzwanzig Prozent der Bevölkerung ab vierzehn Jahren sein – das wären dann noch ein paar Millionen mehr.[222]

Metal ist auch eine Wirtschaftsmacht. Die Alben von deutschen Bands (wie Rammstein, Heaven Shall Burn, Helloween) und internationalen Acts (wie Metallica, Iron Maiden, Amon Amarth) belegen mit schöner Regelmäßigkeit die vordersten Plätze der Albumcharts. Daten zeigen, dass Metalheads ihren Lieblingsbands besonders treu sind, auch was den digitalen Konsum betrifft.[223] Zudem sind Metalkonzerte und -festivals von herausragender

Bedeutung, kulturell wie auch wirtschaftlich. Das Wacken Open Air (W:O:A) mit seinen in der Spitze bis zu fünfundachtzigtausend Gästen ist da nur die Spitze des Eisbergs.

Der großen Bedeutung in gesellschaftlicher und wirtschaftlicher Hinsicht steht ein weitgehendes Desinteresse der allgemeinen Öffentlichkeit gegenüber. Metal findet im Radio nur auf Spartenkanälen statt, im TV spielt er, wenn überhaupt, ausschließlich in den dritten Programmen eine Rolle. Es gibt kein »Festival der Thrashmusik« zur Primetime im ZDF. Auch Finanzspritzen für darbende Klubs kommen höchstens von den Fans selbst, nicht aus der öffentlichen Hand.

Hinzu kommt eine gewisse gesellschaftliche Geringschätzung bis hin zur Ächtung der Musik und ihrer Fans. Metalheads werden in der allgemeinen Öffentlichkeit gerne als saufende, ungepflegte und grenzdebile Personen dargestellt. Vor diesem Hintergrund tritt diese Studie an, ein objektiveres Licht auf die Szene zu werfen. Im Fokus soll der Headbanger (w/m/d) als Person stehen, nicht so sehr die Musik als solche. Als metalfanatischer Psychologe interessiert mich naturgemäß die Psychologie des Metalfans: Unterscheidet sich die Persönlichkeit des gemeinen Metallers von Otto Normalverbraucher? Was machen Metalfans mit ihrer Musik? Was macht die Musik mit ihnen?

Zu diesem Zweck habe ich über sechstausend Headbanger im deutschen Sprachraum befragt. Was vorab gesagt werden darf: Ja, der Metalhead unterscheidet sich von der normalen Bevölkerung, durchaus (auch) in einer Weise, die den meisten Klischees widerspricht.

- Metalfans sind im Mittel gebildeter als die allgemeine Bevölkerung und auch finanziell bessergestellt. Die

Szene ist nach wie vor männlich geprägt, aber nicht so drastisch, wie es manchmal von außen anmuten mag.

- Ihre Persönlichkeit unterscheidet sich von »normalen Menschen«. Zum einen sind Headbanger offener gegenüber neuen Erfahrungen, neigen darüber hinaus mehr zu spontanem Verhalten. Gleichzeitig zeigt sich eine erhöhte Neigung zu Ängsten und Spannungen. Die Daten lassen vermuten, dass Depressionen in der Population der Metalfans eine größere Rolle spielen könnten als in der Allgemeinbevölkerung.
- Weiterhin steht zu vermuten, dass die Energie der schwermetallischen Musik Metalheads hilft, ihre Emotionen zu regulieren und ein aus ihrer Sicht gutes Leben zu führen. Allgemein nimmt die Beschäftigung mit der Musik einen sehr hohen Stellenwert im Leben der Fans ein. Metal wird zu einem essenziellen Teil der Identität. Man hört ihn nicht einfach nur – man lebt ihn, oft bis zum Tod.

Stichprobe

Die Befragung fand im September 2021 statt. Das Gros der Teilnehmer wurde via Facebook gewonnen. Die ganz jungen und ganz alten Metalheads sind in der Stichprobe vermutlich leicht unterrepräsentiert, weil heutige Teenager Facebook nicht mehr in der Breite nutzen und Senioren allgemein weniger im Netz surfen. Knapp siebentausend Personen haben den zugehörigen Fragebogen geöffnet. Für die Auswertung wurden nur Menschen berücksichtigt, die den Fragebogen vollständig ausgefüllt hatten. Zudem wurden rund hundertfünfzig Personen ausgeschlossen, die angaben, dass Metal nicht ihre bevorzugte Musik sei. Somit beruhen die folgenden Aussagen auf Daten von 6.098 Personen.

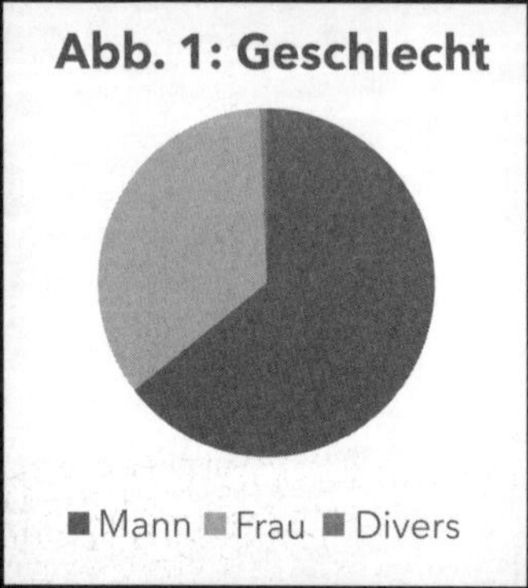

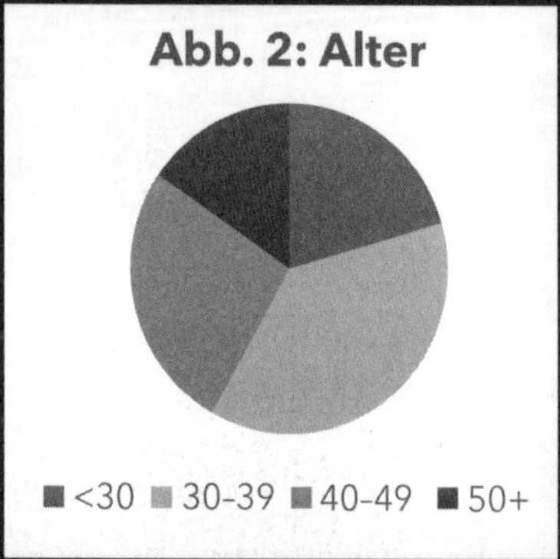

Von diesen Personen haben sich 3.929 als männlich, 2.145 als weiblich und 24 als divers identifiziert (Abb. 1). Die Metalszene ist männlich dominiert, aber nicht so deutlich, wie es oft klischeehaft dargestellt wird. Im Mittel haben die Personen achtunddreißig Sonnenumrundungen hinter sich (Abb. 2). Der jüngste Mensch in der Stichprobe ist vierzehn, die älteste Person zweiundsiebzig Jahre alt.

Die meisten Fans haben in der frühen Jugend zum Metal gefunden (im Schnitt mit dreizehn bis vierzehn Jahren), nicht wenige bekamen den Stoff auch schon mit der Muttermilch verabreicht. Spätberufene gibt es selten: Wer bis zum zwanzigsten Lebensjahr kein Fan geworden ist, wird es in aller Regel auch nicht mehr. Dies korrespondiert mit dem ersten Kontakt. Rund fünfzig Prozent entdecken ihre metallische Leidenschaft über den Freundeskreis der Jugend. Zusätzlich spielen Eltern und Geschwister eine gewisse Rolle. Klassische Medien sind für die Initiation in die Metalszene hingegen so gut wie irrelevant.

Abb. 3: Bildung

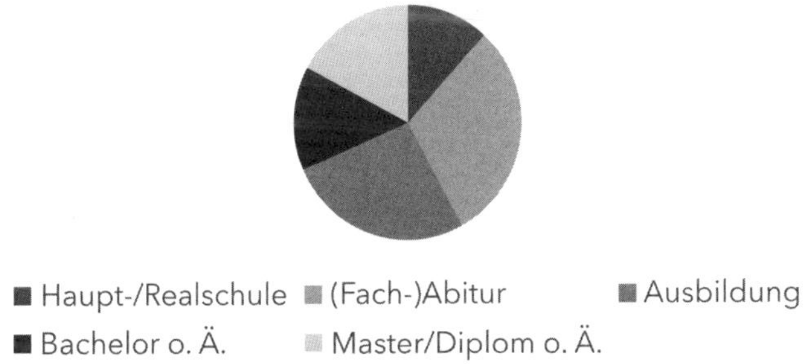

Metal mag anfangs eine Musik der Arbeiterklasse gewesen sein. Dieses Bild lässt sich jedoch nicht mehr bestätigen. Rund vierzig Prozent der Teilnehmer haben mindestens einen Bachelor-Abschluss (Abb. 3), was im Vergleich zur allgemeinen Akademikerquote einen hohen Wert darstellt. Das spiegelt sich auch im Einkommen der Personen, das im Vergleich zum Bundesschnitt[224] ebenfalls in der Tendenz *überdurchschnittlich* ausfällt (Abb. 4).

Abb. 4: Brutto-Einkommen p. a. (€)

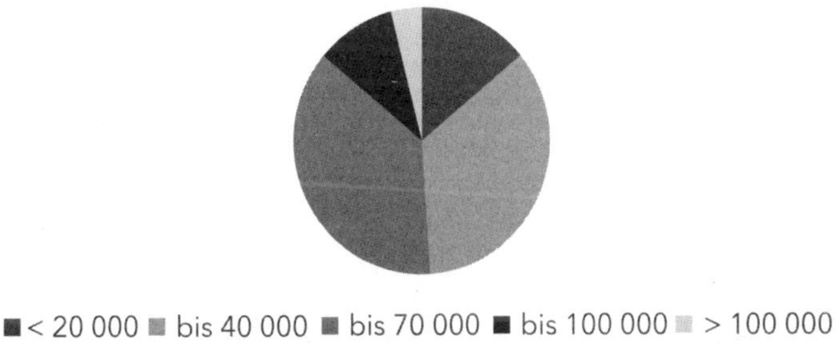

Der typische Metalhead besitzt auch im Zeitalter des digitalen Musikkonsums etwa vierhundert physische Tonträger, wobei dieser Wert stark schwanken kann. Während manche Fans gar keine Platten mehr besitzen, geben einige wenige an, bis zu dreißigtausend Tonträger zu haben. Ein ähnliches Bild zeigt sich bei den in der Szene so wichtigen Bandshirts: Rund vierzig davon besitzen die Menschen in dieser Stichprobe im Mittel. Auch hier zeigt sich, dass einige Fans sich gar nicht daran erfreuen können, während andere ihren Bestand auf bis zu tausend Exemplare schätzen.

Im Durchschnitt besuchen die Teilnehmer pro Jahr acht Konzerte und ein bis zwei Festivals, wobei die Angaben auch hier stark schwanken. Manche gehen in Jahren ohne Coronamaßnahmen auf bis zu zweihundert Konzerte und bis zu zwölf Festivals, einige besuchen indes auch gar keine Livekonzerte. Neben dem Konsum sind Metaller selbst musikalisch ausnehmend aktiv. Rund ein Viertel der Studienteilnehmer gibt an, mindestens ein Instrument zu spielen; diese Zahl bewegt sich über dem Bundesschnitt.[225] Neun Prozent spielen in (mindestens) einer eigenen Band. Das wären, abzüglich der Vermutung, dass die eine oder andere Person in der gleichen Band spielen könnte wie andere Studienteilnehmer, geschätzte fünfhundert Combos. Ich denke, auch das unterstreicht nachdrücklich die Bedeutung der Metalszene.

Eine schrecklich nette Familie

Aus der Perspektive des Outsiders mag die Gemeinschaft der Metalheads wie eine homogene Masse anmuten: Komische Leute mit meist ziemlich langen Haaren, die sich meist ziemlich schwarz anziehen und meist ziemlich merkwürdigen Krach hören. Aus der Binnenperspektive ergibt sich naturgemäß ein differenzierteres Bild. Das beginnt schon bei den musikalischen Präferenzen. Alexander Prinz hat für einen YouTube-Beitrag einmal nicht weniger als vierhundert Subgenres identifiziert, wie schon berichtet. Derart genau nimmt es diese Studie allerdings nicht.

Dennoch bat ich die Teilnehmer, maximal fünf präferierte Stilrichtungen aus einer Liste von zwanzig Subgenres auszuwählen. Die Vorlieben wurden einer Cluster-Analyse unterzogen, welche die Menschen in der Stichprobe auf der Basis ihrer Ähnlichkeit zu fünf aussagekräftigen und etwa gleich großen Gruppen zugeordnet hat. Diese idealtypischen Metalpersonas werde ich nun präsentieren (Abb. 5), hier zunächst im Überblick, von links nach rechts. Darf ich vorstellen: Man of War, Man in Black, Post-Girl & Post-Man, Gothic Girl und last, but not least, Rocka Rolla.[226]

Abb. 5: Fünf idealtypische Metalpersonas

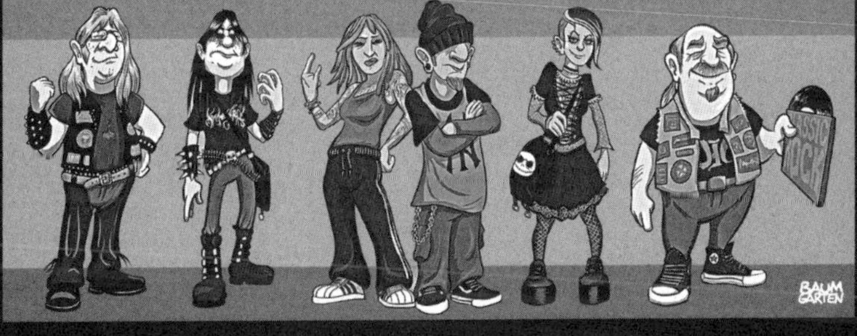

Falls du dich nicht perfekt in einer dieser Personas wiederfindest: Gräme dich nicht! Es handelt sich bei den Beschreibungen um Schablonen, Archetypen, um es hochgestochen auszudrücken. Vielleicht bist du in Wirklichkeit ein Mischwesen aus mehreren Figuren, vielleicht bist du auch ganz anders. So ist das, wenn man Statistik auf Menschen loslässt: Man trifft meist alle ein wenig, aber keinen so richtig. Auch die Optik ist liebevoll überzeichnet und muss auf dich nicht im Geringsten zutreffen. Ich selbst war – zumindest in den ersten zehn Jahren meines schwermetallischen Lebens – musikalisch betrachtet eindeutig ein Man of War. So ausgesehen habe ich hingegen nie.

Man of War (1.395 Personen). True, truer, am truesten: Dieser Metaltyp hört am liebsten klassischen Achtziger-Metal sowie Power und True Metal, aber auch Thrash und Symphonic Metal drehen sich oft auf seinem Plattenteller. Nichts anfangen kann dieser Kuttenträger mit »neumodischem Gedöns« (Alternative und Nu Metal, Metalcore usw.). Er ist durchschnittlich vierzig Jahre alt und gehört damit tendenziell zu den älteren Fans. Man of War weist von allen Metaltypen den niedrigsten Wert bei einer Persönlichkeitsdimension namens Neurotizismus auf und ist damit gewissermaßen der entspannteste Part der Metalcommunity. Es gibt ihn in der männlichen und der

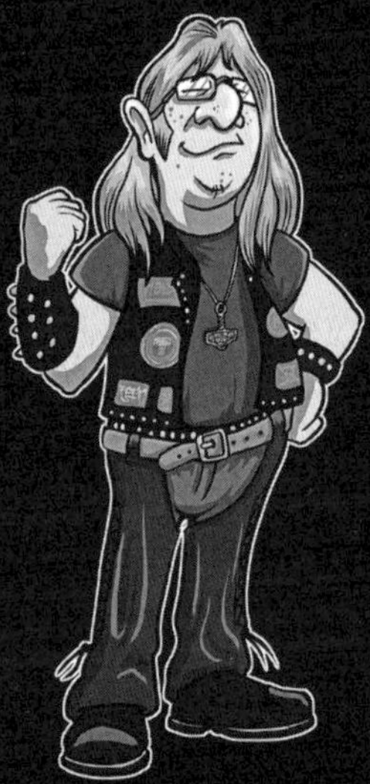

weiblichen Variante.[227] Wenn er Musikzeitschriften liest, dann mit Vorliebe *Rock Hard* und *Metal Hammer*.

Man in Black (1.300 Personen). In League with Satan: Man in Black ist der einzige Typus mit einer klaren Präferenz für Black, Death und Doom Metal. Wie fast alle ist er zusätzlich dem Thrash Metal zugeneigt. Wenn keiner guckt, dürfen es auch mal Iron Maiden oder Dio sein. Nur zu fröhlich sollte es nicht werden. Happy und True Metal à la Helloween und Sabaton erzeugen bei ihm Würgereiz, aber auch Nu Metal bringt sein Gehirn zum Schmelzen (und zwar nicht im guten Sinn). Man in Black ist im Durchschnitt neununddreißig Jahre alt und mit einem Anteil von siebenundsiebzig Prozent der am deutlichsten von Männern geprägte Subtypus. Zudem ist er mit großem Abstand der Heavy User unter den Metalheads, er lebt seine musikalischen Leidenschaften am intensivsten aus. Dieser Typus geht am häufigsten auf Konzerte (durchschnittlich 11 p. a.) sowie Festivals und besitzt auch weit überdurchschnittlich viele Tonträger (durchschnittlich über 700) und Bandshirts (durchschnittlich über 60). Etwa jeder dritte Man in Black spielt zudem selbst mindestens ein Instrument, und dies gerne auch in der eigenen Band (fünfzehn Prozent). Wenn er Printmagazine liest, dann *Deaf Forever* und *Legacy*.

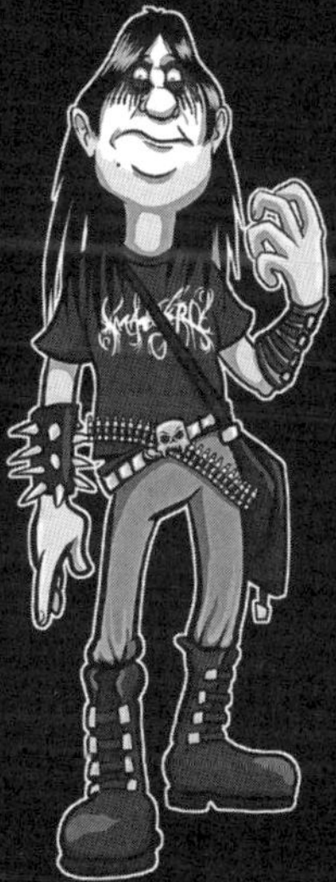

Post-Man & Post-Girl (1145 Personen). Sie haben den Groove: Post-Man und Post-Girl haben eine klare Präferenz

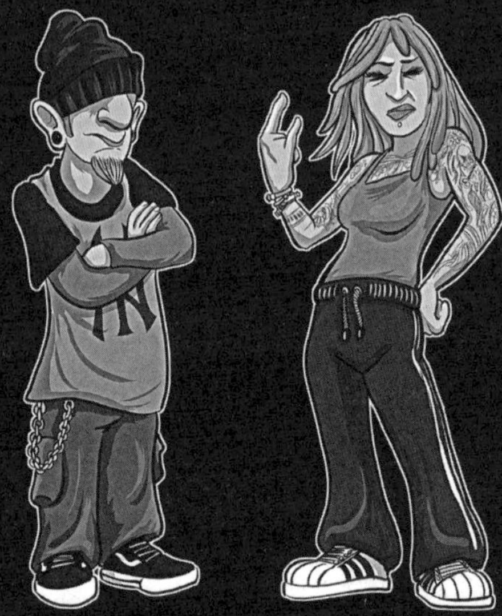

für Metalcore, Post-Thrash und Groove Metal à la Pantera oder Machine Head. Auch Nu Metal im Stil von Slipknot und Korn darf es gerne sein, ebenso Alternative und Industrial Metal. Auf der anderen Seite: Alles, was zu seicht oder über Gebühr melodisch tönt, finden sie tendenziell suspekt. Bei True Metal und Hard Rock fliegt ihnen vor Lachen der Schmuck aus den Tunneln. Dieses Cluster ist im Schnitt siebenunddreißig Jahre alt und nach Gothic Girl die Untergruppe mit den meisten Damen (achtunddreißig Prozent). Der Metalhead an sich ist etwas introvertierter als der Normalbürger. Post-Man und -Girl stechen hier leicht heraus: Unter allen Metalpersonas sind sie noch am extrovertiertesten. Wenn sie sich für Printmagazine interessieren, dann für *Metal Hammer* und *Visions*.

Gothic Girl (1136 Personen). Gothic Girl trägt gern Samt und Seide, mag es düster, aber nicht zu heftig. Sie hört Folk, Gothic und Industrial Metal, doch auch Symphonic und True Metal können aus den Kopfhörern schallen. Auffällig: Mit Thrash Metal kann sie nichts anfangen.[228] Gothic Girl ist zudem der einzige Typus, in dem die Anzahl der Frauen in absoluten Zahlen überwiegt (einundfünfzig Prozent). Wegen der Grundgesamtheit in der Metalszene gibt es jedoch trotzdem viele Gothic Boys. Zudem ist Gothic Girl mit durchschnittlich fünfunddreißig Jahren die jüngste Untergruppe. Auffallend ist zudem, dass sie im Mittel weniger verdient als das Gros der Stichprobe. Das erklärt sich einerseits durch die Tatsache, dass sie vergleichsweise jung ist, zum anderen aber auch, weil dieser Typus am meisten Frauen enthält. Zudem ist Gothic Girl im Mittel am wenigsten glücklich mit ihrem Leben und erlebt relativ viel Anspannung und Ängste. Von allen Gruppen besitzt sie am wenigsten physische Tonträger. Wenn sie Musikzeitschriften liest, dann *Gothic*, *Orkus!* und *Sonic Seducer*.

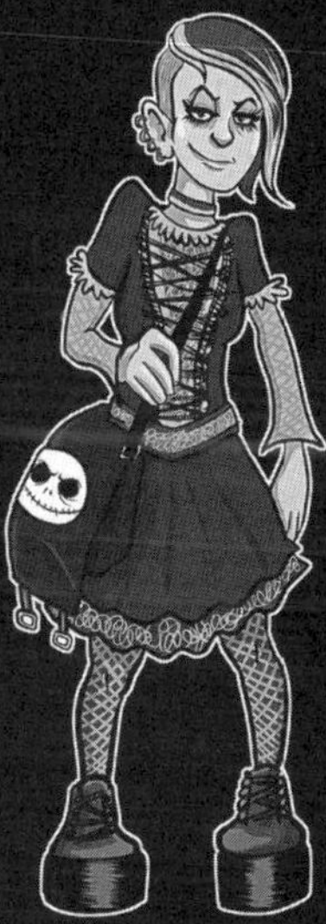

Rocka Rolla (1122 Personen). Welcome to the Oldschool: Die älteren Vertreter dieses Typus haben Judas Priest live gesehen, als Rob Halford noch Haare aufm Kopp hatte. Auf seinem Plattenteller rotieren AC/DC, Black Sabbath, Motörhead, Rainbow und Deep Purple (natürlich auch Metallica, aber bitte nur die ersten vier Alben). Mit durchschnittlich zweiundvierzig Jahren ist Rocka Rolla zudem alt genug, um heimlich Hair Metal à la Poison und Mötley Crüe zu goutieren. Düster-Metal löst bei ihm Achselzucken aus, Nu Metal und alles, was auf -Core endet, ist für ihn Kinderkacke. Es gibt ihn in männlich und weiblich. Er ist tendenziell der Gutverdiener unter den Metalheads, was dem fortgeschrittenen Alter geschuldet sein dürfte. In puncto Persönlichkeit weist er die höchsten Werte für die Eigenschaften Gewissenhaftigkeit und Verträglichkeit auf. Zudem erlebt Rocka Rolla am meisten positive Emotionen und empfindet sein Leben am häufigsten als von Sinn erfüllt. Er liest gerne *Rolling Stone* und *Rock Hard*.

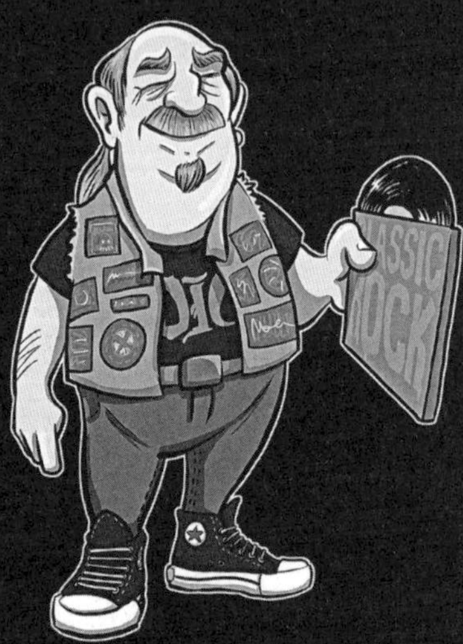

Persönlichkeit: Headbanger vs. Normalos

Schauen wir uns nun die Persönlichkeit dieser metallischen Familie im Kontrast zum Normalbürger an. Dafür zunächst etwas Hintergrundinformation für Nicht-Psychologen: Das in der Wissenschaft wichtigste Konzept zur Beschreibung menschlicher Persönlichkeit ist das Big-Five-Modell,[229] nicht verwandt oder verschwägert mit den Big Four des Thrash Metal. Jeder Mensch lässt sich mehr oder minder vollständig anhand von fünf übergreifenden, recht zeitstabilen Persönlichkeitseigenschaften beschreiben.

Es geht dabei pro Dimension um die Einordnung auf einem Kontinuum relativ zu anderen Menschen. Man wird folglich *nicht* einem Typ zugeordnet. Stattdessen lässt das Modell viel Raum für Zwischentöne und Tiefenschärfe.[230] Zudem sind die Merkmale über viele Personen hinweg normalverteilt. Das bedeutet: Die meisten Personen innerhalb einer großen Gruppe von Menschen weisen mehr oder minder durchschnittliche Werte auf. Deutlich weniger Personen haben über- bzw. unterdurchschnittliche Ausprägungen, und extreme Werte sind tatsächlich recht selten. Konkret geht es nun um die folgenden fünf Dimensionen.

- *Offenheit für Erfahrungen*: Menschen mit höheren Ausprägungen auf dieser Dimension sind tendenziell kreativ, brauchen viel neuen Input und langweilen sich schnell. Sie haben oft ein hohes Interesse an Kunst und Musik. Personen mit niedriger Ausprägung sind Gewohnheitstiere, mögen Schema F und sind von etwas konventionellerer Natur.
- *Gewissenhaftigkeit*: Menschen mit höheren Ausprägungen gehen gerne strukturiert vor und sind gut darin, einmal Begonnenes auch durchzuziehen. Sie verhalten sich in der Regel zuverlässig und verantwortungsbewusst. Personen mit niedriger Ausprägung neigen – ins Positive gewendet – zu spontanem Verhalten und Improvisation, aber eben auch zu Unachtsamkeit und (für andere Personen) irritierenden Verhaltensweisen.
- *Extraversion*: Menschen mit höheren Ausprägungen sind gesellig, suchen Anbindung an andere, das spendet ihnen Energie. Zudem treten sie oft etwas dominanter auf. Personen mit niedriger Ausprägung sind

nicht zwingend schüchtern, doch sie brauchen mehr Me-Time zwischen sozialen Interaktionen. Sie sind genügsamer, was menschlichen Kontakt betrifft, und sich regelmäßig selbst genug.

- *Verträglichkeit*: Menschen mit höheren Ausprägungen sind easy-going und haben ein hohes Interesse am Wohlergehen anderer Menschen. Sie zeigen sich oft warmherzig und kooperationsbereit. Personen mit niedriger Ausprägung sind streitbarer, misstrauischer und tendenziell wettbewerbsorientierter. Ins Positive gewendet: Sie können gut für ihre eigenen Interessen einstehen.
- *Neurotizismus*: Menschen mit höheren Ausprägungen neigen in vielen Situationen zu Anspannung, sind tendenziell pessimistisch und neigen zur Unsicherheit. Folglich können sie auch mit Stress nicht so gut umgehen. Personen mit niedriger Ausprägung (auch »emotional stabil« genannt) zeigen sich über viele Situationen hinweg gefestigter und wirken als Folge eher ausgeglichen und zuversichtlich.

Abb. 6: Big-Five-Profil für Headbanger versus Normalbevölkerung

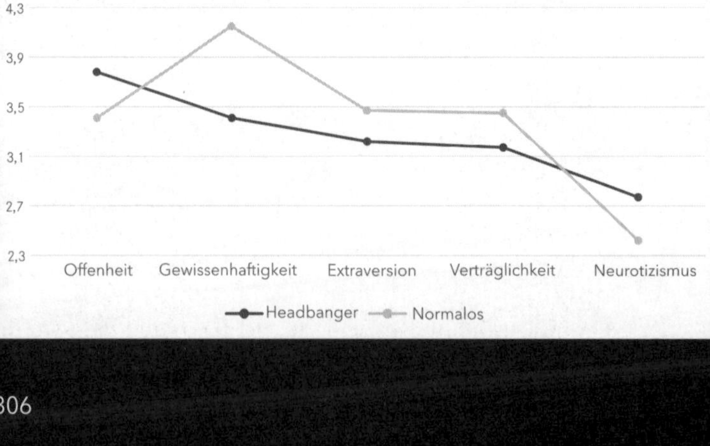

Das Big-Five-Profil der Metalheads habe ich mit einem kurzen Fragebogen erfasst, der von einem Team um die Psychologin Beatrice Rammstedt[231] entwickelt wurde (Skala von 1 bis 5). Die in Abb. 6 gezeigten Vergleichswerte für die Normalbevölkerung entstammen ebenfalls ihrem Werk.[232] In der Gesamtschau zeigt sich, dass der Metalhead an sich im Vergleich zum geschätzten Nachbarn, der Lady Gaga, Coldplay oder Ed Sheeran goutiert, etwas anders in der Welt unterwegs ist. Aber werfen wir einen Blick auf die Details.

Offenheit: Man erkennt links einen gewissen Abstand bei der Offenheit (Anmerkung: wird größer, je extremer bzw. progressiver der metallische Musikgeschmack ausfällt). Vor dem Hintergrund, dass Metal heutzutage in aller Regel eine komplexe, musikalisch anspruchsvolle Musik ist, ergibt dieser Befund Sinn. Im Vergleich zum Gros der Pop-, Rock- und Schlagermusik ist Metal in seinen verschiedenen Facetten die größere *ästhetische Zumutung*, sie verlangt dem Hörer mehr ab.[233] Das spiegelt sich auch in meiner persönlichen Erfahrung und den Beschreibungen vieler Fans aus persönlichen Gesprächen. Normale Musik plätschert ihnen zu sehr, es gibt diesen »Hier rein, da raus«-Effekt. Und zugegeben, abseits der Musik: Sich auf einem Konzert oder Festival in eine Wall of Death oder einen Circlepit zu stürzen, ist offensichtlich auch eine Art von Lebenserfahrung, die etwas konventionellere Mitbürger nicht unbedingt regelmäßig anstreben.

Gewissenhaftigkeit: Das größte Delta zwischen Metalheads und Normalos ergibt sich bei der Gewissenhaftigkeit. Zeigt es sich hier, das Bild vom ungepflegten und leicht asozialen Metalfan? Nun, was soll ich sagen: ja … schon …

ein wenig. Zur Ehrenrettung der schwermetallischen Community sollte festgehalten werden, dass der Unterschied zur Vergleichsgruppe etwas überdimensioniert anmutet, da Letztgenannte deutlich mehr Frauen und ältere Personen enthält. Doch selbst wenn man das gedanklich herausrechnet (zur Erläuterung: siehe Anmerkung Nummer 232), bleibt immer noch eine ordentliche Lücke. Ich denke, hier zeigt sich in erster Linie das dionysische Element der Metalszene, ein gewisser Hang zur Ausschweifung. Man trinkt gerne einen über den Durst, lässt es krachen, und auch die eine oder andere Sportzigarette habe ich schon olfaktorisch auf diversen Festivals vernommen.

Heißt das nun, dass Metalheads chaotisch sind oder gar zu Delinquenz neigen? Eher nicht. Die Statistiken der Polizei beispielsweise zum W:O:A legen regelmäßig nah, dass der gemeine Headbanger eher selten mit dem Gesetz in Konflikt gerät.[234] Vielleicht liegt hier das Geheimnis; das Spontane, Unkontrollierte wird in die Musik gebannt. »Breaking the Law« ist angesagt, aber innerhalb der Mucke, nicht im richtigen Leben. Zuletzt sei angemerkt: Viele Studien legen nahe, dass Menschen mit niedrigen Werten bei der Gewissenhaftigkeit statistisch betrachtet eine etwas höhere Anfälligkeit für Depressionen haben.[235]

Extraversion: Der Metalhead zeigt sich insgesamt ein wenig introvertierter als der Normalo, doch der Unterschied ist nicht stark ausgeprägt und sollte folglich auch nicht überinterpretiert werden. Grundsätzlich glaube ich aufgrund von persönlichen Erfahrungen und Beobachtungen, dass die Daten ein valides Bild zeichnen. Es ist nicht so, dass der Metalhead per se Einzelgänger wäre. Aber ich kenne viele Fans, denen – so es die Lebenssituation erlaubt – ein paar

Tage mit sich alleine (und natürlich dem richtigen Krach auf den Ohren) überhaupt nichts ausmachen.

Verträglichkeit: Ähnlich wie bei der vorigen Dimension zeigt sich ein leichter Unterschied, der jedoch aufgrund des Vergleichs der unterschiedlichen Stichproben wiederum übertrieben ausfällt (Erläuterung siehe Anmerkung Nummer 232). Der Metalfan ist im Vergleich zu Otto Normalverbraucher weniger umgänglich, aber weder ein ausgeprägter Streithammel noch besonders antisozial. Persönlich habe ich auf Konzerten eher die Erfahrung gemacht, dass der Homo metallicus ein recht freundlicher und fürsorglicher Geselle ist. Man findet schnell neue Bekannte (vor allem, wenn man Bier dabeihat). An diesem Punkt bin ich aber sicherlich nicht ganz objektiv.

Neurotizismus: Auch bei der fünften und letzten der Big-Five-Dimensionen ergibt sich ein Unterschied. Der Metalhead legt weniger emotionale Stabilität an den Tag, neigt also im Mittel zu mehr Anspannung und Ängsten. Der Unterschied wird vermutlich noch untertrieben dargestellt, da in der Gruppe der Headbanger weniger Frauen vorhanden sind als in der Vergleichsgruppe (zur Erläuterung: siehe Anmerkung Nummer 232). Es sei nochmals in Erinnerung gerufen, dass es sich um Durchschnittswerte handelt, die nichts über den Einzelfall aussagen. Trotzdem hat der Befund eine gewisse Bedeutung, wenn man berücksichtigt, dass frühere Studien bei hohen Neurotizismus-Werten eine erhöhte Anfälligkeit für Depressionen und ähnliche Leiden nahelegen. Auch abseits solcher klinischen Begriffe erleben Menschen mit entsprechender Inklination im Mittel typischerweise weniger positive Emotionen und beschreiben ihr Leben als weniger glücklich.[236]

Sind Metaller glücklich?

Dies ist nun ein Thema, das mich auch in meiner »normalen« Arbeit umtreibt: psychologisches Wohlbefinden, aka Glück. Ich beschäftige mich regelmäßig mit der sogenannten Positiven Psychologie. Diese trägt ihren Namen nicht, weil sie »besser« wäre als andere Spielarten der Psychologie, sondern weil sie sich im Schwerpunkt mit positiven Phänomenen des Lebens beschäftigt.[237] Basierend auf empirischen Untersuchungen geht es um die Frage, was das gute Leben ausmacht, unter welchen Umständen Menschen ihr Dasein als zufriedenstellend und sinnerfüllt empfinden. Plakativ ausgedrückt: Positive Psychologen versuchen, unterschiedliche Bausteine des Glücks zu beschreiben.

Das aktuell wichtigste Modell dazu ist unter dem Akronym PERMA (auf Englisch) bekannt. Demzufolge gibt es fünf übergreifende psychologische Dimensionen des gelingenden Lebens. Die Idee ist, dass Menschen diese Aspekte intuitiv anstreben, wenn sie gesund sind und in ausreichendem Maß Kontrolle über ihre Lebensumstände haben.

- Positive Emotions: Wir streben nach positiven Gefühlen wie Dankbarkeit, Zuversicht, Stolz usw.
- Engagement: Wir streben nach Energetisierung, intrinsischer Motivation, dem Kultivieren von Interessen und Leidenschaften.
- Relationships: Wir streben nach gelingenden Beziehungen in Form von Intimität, Freundschaft, Fürsorge, Teamgeist usw.

- Meaning: Wir streben nach Sinnerleben, im Leben an sich, aber auch in verschiedenen Teilbereichen, z. B. nach Sinn in der Arbeit.
- Accomplishment: Wir streben danach, für uns stimmige Ziele zu finden und zu erreichen.

Diese PERMA-Elemente können, ähnlich wie die Big-Five-Dimensionen im vorigen Abschnitt, mittels eines kurzen Fragebogens erfasst werden. Ich nutze dazu die frei zugängliche Version[238] eines Teams um den Psychologen Martin Wammerl (Skala von 0 bis 10).[239] In Abb. 7 findet sich das PERMA-Profil von Metalheads im Vergleich zu Otto Normalverbraucher. Zusätzlich zu den einzelnen Dimensionen wird der Wert über alle Bereiche hinweg abgebildet (PERMA gesamt). Wie schon zuvor gilt: Es handelt sich um Durchschnittswerte über eine hohe Anzahl von Personen hinweg. Der Einzelfall kann erheblich davon abweichen.

Abb. 7: PERMA-Profil für Headbanger versus Normalos

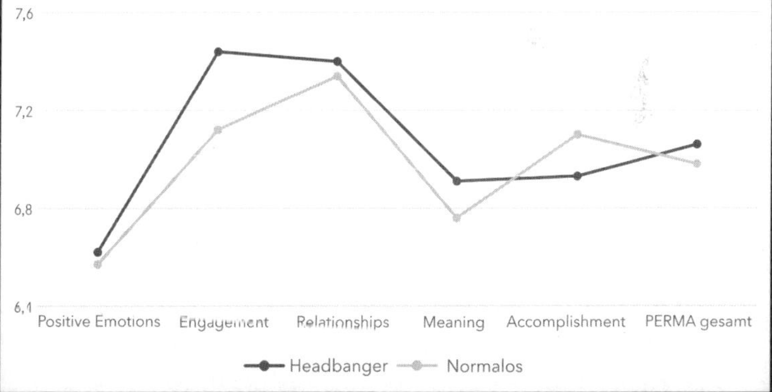

Die Vergleichswerte für die Normalbevölkerung habe ich der bereits erwähnten Studie um den Psychologen Martin Wammerl entnommen. Es ist zu berücksichtigen, dass die Vergleichsstichprobe im Mittel etwa zehn Jahre jünger ist als die Metal-Stichprobe, was den Vergleich ein wenig verzerren dürfte. (Ältere Personen weisen im Mittel etwas höhere PERMA-Werte auf.)

Das Fazit für diese Auswertung könnte lauten: »Wie Sie sehen, sehen Sie nix.« Bis auf den Aspekt der Zielerreichung liegen die Metalheads beim psychischen Wohlbefinden leicht über der allgemeinen Bevölkerung (dieser Befund würde weitgehend verschwinden, schaute man sich nur die jüngeren Metalfans an), aber die Abstände sind statistisch nicht wirklich bedeutsam. Lediglich bei der Dimension Engagement zeigt sich ein größeres Delta: Headbanger sind im Mittel etwas energetisierter und kommen vermutlich etwas häufiger in den Flow als der Normalbürger. Diesen Punkt finde ich persönlich allerdings hochspannend. Um das nachvollziehen zu können, hier einmal die drei Fragen aus dem zugehörigen Fragebogen:

- Wie oft sind Sie ganz in dem *versunken*, was Sie gerade tun?
- In welchem Maß können Sie sich für Dinge interessieren und *begeistern*?
- Wie oft *vergessen Sie die Zeit*, während Sie etwas tun, das Sie genießen?

Ich begebe mich nun in den Bereich der Spekulation, aber es ist zumindest zu vermuten, dass sich hier die besondere Leidenschaft der Metalheads für ihre Musik offenbart. Persönlich kenne ich jedenfalls kaum Metalfans, die ihre Musik »einfach so« hören. Für viele Menschen ist Metal mindestens ein ausgewachsenes Hobby, für nicht wenige eine echte Leidenschaft, in die sie viel Zeit und auch Geld investieren. Man könnte sogar noch einen Schritt weitergehen und sagen: Viele Headbanger – und da zähle ich mich explizit dazu – spüren, dass die Musik ein wichtiger Teil ihrer ureigenen Identität ist. Etwas, das sie in ihrem Wesenskern ausmacht.

Ich möchte noch kurz darauf eingehen, warum meine Aussage »Wie Sie sehen, sehen Sie nix« eigentlich falsch ist. Manchmal ist das Spannende an Daten, dass man etwas sieht. Und manchmal ist das eigentlich Faszinierende, dass man nichts sieht, obwohl man eigentlich etwas sehen sollte. Ich rufe dazu erneut die Unterschiede bei den Big-Five-Dimensionen in Erinnerung: Der gemeine Headbanger ist spürbar weniger gewissenhaft, etwas introvertierter und auch weniger emotional stabil als der Normalbürger. Genau diese Kombination hatte in bisherigen Studien eine recht hohe Vorhersagekraft für die Entstehung von Depressionen.[240] Das bedeutet im Umkehrschluss, etwas plakativ ausgedrückt: Der Headbanger als solcher scheint im Mittel glücklicher zu sein, als er sein sollte. Zumindest was die Ausgangslage der Persönlichkeit betrifft. Ich kann hier wie gesagt nur spekulieren, aber vielleicht ist die Musik ein wichtiger Schlüssel dazu?

Was machen Metalheads mit ihrer Musik?

Nachdem wir uns bereits mit der Persönlichkeit und dem psychischen Wohlbefinden des gemeinen Headbangers auseinandergesetzt haben, soll es hier um die Frage gehen, wie genau der Metalfan seine Musik nutzt. Die Idee ist, dass wir die Musik nicht (ausschließlich) um ihrer selbst willen konsumieren, sondern mehr oder weniger bewusst verschiedene psychologische Vorteile aus der Beschäftigung mit ihr ziehen.

Zu diesem Zweck habe ich den Menschen in der Stichprobe insgesamt sechsundzwanzig Aussagen vorgelegt und sie gebeten, den Grad ihrer Zustimmung zu signalisieren (Skala von 1 bis 5). Diese Zustimmung wird in Abb. 8 in absteigender Rangfolge präsentiert. Um ein wenig Ordnung in die Liste zu bringen, habe ich die Aussagen der Studienteilnehmer einer sogenannten Faktorenanalyse unterzogen. Sie fasst die Antworten anhand ihrer Ähnlichkeit über die Personen hinweg zu Sinneinheiten höherer Ordnung zusammen. Im Ergebnis zeigen sich fünf Faktoren, die in der Auflistung jeweils zusammengehörig markiert wurden.

Emotion: Der erste Faktor (einfarbig schwarze Balken) vereint sieben Aussagen, in denen es um das Hervorrufen oder Abdämpfen von Emotionen geht. Zudem geht es, etwas weiter gefasst, um den Aspekt der Energetisierung. Unter den sieben Aussagen mit der stärksten Zustimmung finden sich vier aus ebendiesem Bereich – das unterstreicht die Wichtigkeit dieser Dimension. Offensichtlich nutzen Headbanger ihre Musik, mal mehr, mal weniger intentional, um ihre Emotionen zu regulieren. Negative

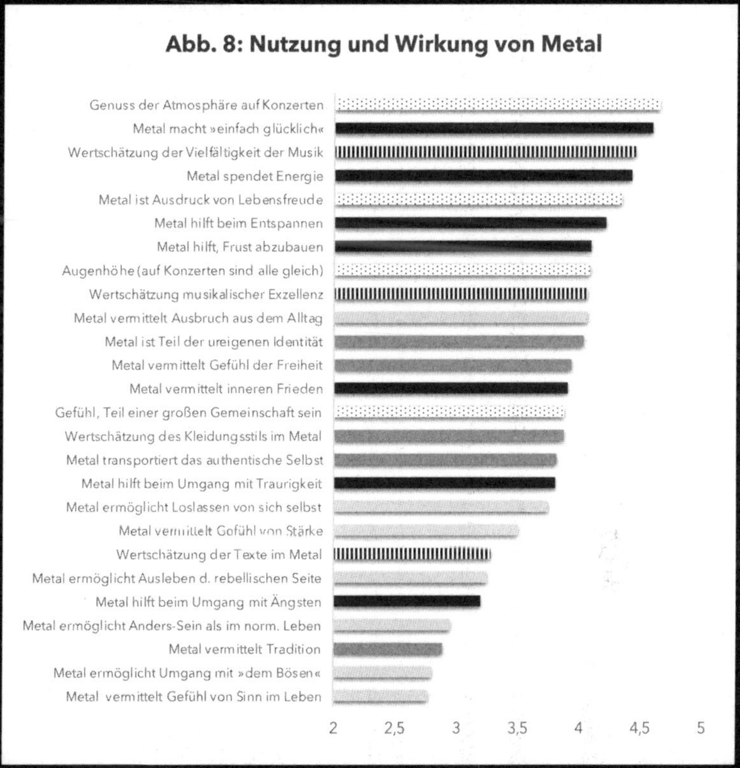

Stimmungen werden neutralisiert, positive Stimmung und Lebenskraft heraufbeschworen.

Relation: Der zweite Faktor (weiße Balken mit Punkten) umfasst vier Aussagen, die das Eingebundensein in die Gemeinschaft der Metalheads thematisieren. Mit der Topnennung sowie drei Aussagen unter den ersten acht kommt diesem Faktor ebenfalls große Bedeutung zu. Eine wichtige Rolle spielt das gemeinsame Konzerterlebnis: das Zelebrieren der Musik und der Musiker, das Aufgehen in der Masse, die besondere Form von Lebensfreude, die durch die Teilnahme an dieser ritualisierten Handlung generiert wird. Zudem zeigt sich ein egalitäres Element: Metal erscheint als Gleichmacher. Als Fan auf dem Konzert zählt nicht, wer oder was du im richtigen Leben bist. Im Zeichen der Pommesgabel wird dein sozialer Status verwischt. Es zählt nur, wie hart du die Musik feierst.

Expression: Der dritte Faktor (dunkelgraue einfarbige Balken) beinhaltet fünf Aussagen, in denen es um den Ausdruck oder die Bestätigung der eigenen Identität geht, vier davon befinden sich in puncto relativer Wichtigkeit im Mittelfeld. Metal vermittelt ein Gefühl der Freiheit, auch der Freiheit, »ich selbst« zu sein. Zudem beinhaltet dieser Faktor die Liebe zu schwermetallischen Outfits. Ich kann die folgende Aussage nicht belegen, weil ich keine vergleichbaren Daten kenne. Doch ich vermute, dass dieser Faktor bei Metalheads stärker ausgeprägt ist als bei Fans anderer Musikrichtungen, insbesondere bei Menschen, die bereits ihrer Teenager-Zeit entwachsen sind. Das würde auch zu folgender Beobachtung passen: Metalheads diskutieren recht häufig und leidenschaftlich untereinander. Wer ist die beste Band, der beste Gitarrist oder Drummer, das beste Album der Band XYZ? Es streitet sich umso leidenschaftlicher, je enger der Streitgegenstand mit der eigenen Persönlichkeit verknüpft ist.

Expertise: Der vierte Faktor mit drei Aussagen (schwarzweiß gestreifte Balken) thematisiert die Wertschätzung der Musik und ihrer verschiedenen Qualitäten. Metalfans schätzen die große Vielfalt der Musik und die Exzellenz der Musiker. Die bestmögliche Beherrschung der Instrumente stellt ein hohes Gut dar, die Musik sollte auf der Bühne möglichst originalgetreu reproduziert werden, Einspielungen vom Band sind tendenziell verpönt. Weniger wichtig hingegen ist den Studienteilnehmern die textliche Ebene der Musik.

Transzendenz: Der letzte Faktor (hellgraue einfarbige Balken) vereint sieben Aussagen, die sich mit Begriffen wie »Transzendenz« und »Selbsterweiterung« beschreiben lassen. Es geht darum, dass die Beschäftigung mit der Musik dabei behilflich sein kann, sich ein Stück weit vom normalen Selbst zu lösen bzw. dieses zu modifizieren. Und auch: dem Alltag zu entfliehen. Mit der Thematik des Bösen sowie der Sinnfrage tauchen hier außerdem metaphysische Aspekte der Existenz auf. Das Gros dieser Aussagen tummelt sich in puncto relativer Wichtigkeit jedoch im unteren Drittel. Dieser Faktor ist also von nachrangiger Bedeutung.

Rettet Metal Leben?

Dem Metal wurde in den vergangenen fünfzig Jahren so einiges angedichtet. Die für Normalbürger verstörende Musik inklusive des Spiels mit (manchmal) okkulter oder gewalttätiger Symbolik ruft seit jeher Gegner auf den Plan, die Metal aus Plattenläden, Konzerthallen und der Gesellschaft an sich verbannen wollen. 1985 erstellte beispielsweise das Parents Music Resource Center in den USA eine Liste von fünfzehn (aus ihrer Sicht) jugendgefährdenden Musikstücken, die als »Filthy 15« bekannt wurden. Darauf befinden sich Songs von Black Sabbath, Judas Priest und W.A.S.P. – allerdings auch von Madonna und Prince. Der Teufel lauert wirklich überall. Und seien wir ehrlich: Solche Skandale fördern den Absatz von Musik meist eher, als dass sie ihm schaden.[241]

Deutlich schlimmer wird es, wenn Bands vorsätzlich mit dem Freitod von Menschen in Verbindung gebracht werden. Beispielsweise wurden Judas Priest im Jahr 1990 von den Eltern zweier junger Männer verklagt, die sich Jahre zuvor, angeblich aufgrund von unterschwelligen Botschaften in der Musik der Band, das Leben genommen hatten.[242] Ähnliches widerfuhr Ozzy Osbourne rund zehn Jahre zuvor.[243] Beide Verfahren endeten mit einem Freispruch. Als Vater von zwei Kindern kann ich nachvollziehen, dass Eltern nach einem Schuldigen – oder zumindest einem Grund – für ein solch schreckliches Ereignis suchen. Einfache Erklärungen führen allerdings selten in die richtige Richtung.

Ich bewege mich nun erneut im Bereich der Spekulation, aber meine Vermutung lautet, dass Metal – anstatt sie in diese Richtung zu treiben – jahrzehntelang viele junge Menschen vor dem Suizid bewahrt hat. Einer davon bin ich. Um Weihnachten 1994, während eines Auslandsjahrs in den USA, war ich nicht mehr weit weg davon entfernt, mir das Leben zu nehmen; die gesamte Geschichte habe ich im Abschnitt »Musik für schwarze Hunde« erzählt. Eine Sache, die mir durch diese Zeit geholfen hat, war eine Unmenge an Sport. Die andere, so glaube ich, war die Musik. Es mag pathetisch klingen, aber ich bin fest davon überzeugt, dass Metal damals mein Leben gerettet hat.

Aufgrund dieser persönlichen Episode treibt mich die Frage nach der Verbindung von Metal und Suizidprävention um (siehe auch das Interview mit Metality e.V.). In diesem Sinne habe ich die Menschen in der Metalstudie gebeten, ihre Zustimmung zu der folgenden Aussage auf einer Fünferskala zu signalisieren: »Metal hat mir mindestens einmal das Leben gerettet.« Rund vierzig Prozent der Personen haben dieser Aussage zugestimmt (21,2 Prozent: »trifft zu«; 18,6 Prozent: »trifft voll und ganz zu«).

Bedeutet das nun, all diese rund 2.200 Personen hätten sich ohne den Konsum von Metal das Leben genommen? Sicher nicht. Viele haben die Aussage vermutlich im übertragenen Sinn verstanden und auch so beantwortet. Doch die Zahlen lassen erahnen, welche Kraft und Bedeutung diese besondere Musik im Leben von (jungen) Menschen entfalten kann.

Rufen wir uns dazu noch einmal die Erkenntnisse aus dem vorigen Abschnitt ins Gedächtnis. Eine der wesentlichen psychologischen Funktionen von Metal ist die Emotionsregulation. Er macht die Fans einfach glücklich, »spendet Energie« und hilft dabei, Frust abzubauen und Entspannung zu finden. Das ist vielleicht das große Geheimnis dieser Musik: Sie wirkt beruhigend und ausgleichend auf den Homo metallicus. Ich kann objektiv durchaus nachvollziehen, dass manche Personen Metal als aggressiv und aufwühlend empfinden. Für den Headbanger hat die Musik in ihrer Wirkung, abseits des akuten Konzerterlebnisses, jedoch offenbar eher den Effekt einer Kanne Kamillentee.[244]

Abschließend ist mir wichtig, nochmals das Folgende zu betonen, damit ich im Hinblick auf die Erkenntnisse in den vorigen Kapiteln auf keinen Fall missverstanden werde: Kaum jemand wird allein und automatisch aufgrund der persönlichen Konstitution depressiv. Eher geht die heutige Wissenschaft von einem Schlüssel-Schloss-Prinzip aus:[245] Manche Menschen haben auf der Basis ihres Erbguts und gegebenenfalls frühkindlicher Erfahrungen eine höhere Anfälligkeit für Depressionen und Angststörungen als andere (das Schloss), aber es braucht in aller Regel zusätzliche Stressoren (Schlüssel), also stark belastende Lebensereignisse, die eine Art Abwärtsspirale in Gang setzen.[246]

Vielleicht hilft hier das folgende Bild: Manche stehen von Natur aus etwas näher an diesem tiefen Loch, in das wir alle unter unglückseligen Umständen hineinfallen können, andere stehen spürbar weiter entfernt. Für die Letztgenannten braucht es somit einen deutlich stärkeren Schubser, um tatsächlich hineinzufallen. Doch ganz gleich, wo wir individuell stehen mögen: Ich bin fest davon überzeugt, dass Metal in all seinen verschiedenen Spielarten den Menschen Kraft spendet, sie weg von diesem Loch zieht – und hin zum Leben.

DANK

Zunächst bedanke ich mich herzlich bei all jenen Menschen, die mit den Interviews durch ihre Zeit und ihre Offenheit entscheidend zu diesem Buch beigetragen haben: Marcus Bischoff, Sabina Classen, Kerstin Dämon und Michael Bohmann, Thomas Gurrath, Alexander Prinz, Prof. Dr. Jörg Scheller, Dr. Rainer Sontheimer sowie Claudia Witte und Florian Döring.

Zu großem Dank verpflichtet bin ich außerdem Holger Hübner und Thomas Jensen vom W:O:A, zum einen für das Vorwort, zum anderen für die Unterstützung bei der Metalstudie – und schließlich für viele andere kleine und größere Wohltaten über die vergangenen Jahre.

Weiterhin danke ich allen Followern des *Ministeriums für Schwermetall*: für den Spaß, für die Inspiration und vielerlei musikalischen und gedanklichen Input seit 2018.

Bei meiner Frau Ina und meinen Kindern bedanke ich mich dafür, dass sie während der Schreibphase viele Nachmittage und Abende auf mich verzichtet haben – und auch dafür, dass sie seit vielen Jahren gut mit meinem Krach klarkommen.

Meinem Vater, Herbert Rose, danke ich dafür, dass er mich gelehrt hat, dass Musik wichtig ist, wirklich ungemein wichtig.

Ich bedanke mich auch herzlich bei meinem guten Kumpel, Dr. Karl Arsch, für die vielen Konzertbesuche über die Jahre – und alles andere. Kauf das Buch, und ich werde es für dich signisieren.

Ein besonderer Dank zum Abschluss gebührt Stephanie Walter von Penguin Random House. Ohne ihren Mut, ihre Hartnäckigkeit und ihren Einsatz hätte ich all die Ideen in diesem Buch vielleicht im Kopf gehabt, aber niemals zu Papier gebracht.

AUTOR

Dr. Nico Rose ist freischaffender Autor, Vortragsredner sowie Sparringspartner für Menschen und Organisationen. Von 2019 bis Anfang 2022 war er Professor für Wirtschaftspsychologie an der International School of Management in Dortmund. Von 2010 bis 2018 arbeitete er im Stab des HR-Vorstands eines internationalen Medienkonzerns, zuletzt als Vice President. Seit 2008 betreibt er zudem eine Coaching-Praxis. Nico schreibt regelmäßig Beiträge zum Thema Führung und Unternehmenskultur für Medien wie *Harvard Business manager*, *Wirtschafts-Woche* und *Business Punk*. Eine seit dreißig Jahren bestehende Leidenschaft für Schwermetall fließt regelmäßig in seine Texte ein. In den letzten Jahren hat er mehrere Hundert Vorträge in elf Ländern gehalten. *Hard, Heavy & Happy* ist sein siebtes Buch (wenn man die verdammte Doktorarbeit mitzählt).

Nico studierte Psychologie an der WWU Münster, wurde an der EBS Business School in BWL promoviert und absolvierte den Studiengang Master of Applied Positive Psychology an der University of Pennsylvania. Er lebt mit seiner Frau, zwei Kindern und zwei Katzen in Hamm, laut *TAZ* einem der »dunkelsten Löcher in Westfalen«. Auf Facebook betreibt er das *Ministerium für Schwermetall*. Im

Jahr 2017 konnte er am Rande einer Veranstaltung ein verwackeltes Selfie mit Bruce Dickinson machen, was selbstredend alle anderen Errungenschaften vollumfänglich in den Schatten stellt.

LITERATUR

In diesem Verzeichnis finden sich ausschließlich alle erwähnten Bücher und wissenschaftlichen Aufsätze. Alle Internetquellen sind jeweils direkt in den Anmerkungen verlinkt.

Abrams, D. (2009). Social identity on a national scale: Optimal distinctiveness and young people's self-expression through musical preference. *Group Processes & Intergroup Relations,* 12 (3), 303–317.

Arnett, J. (1993). Three profiles of heavy metal fans: A taste for sensation and a subculture of alienation. *Qualitative Sociology,* 16 (4), 423–443.

Ashby, S. P., & Schofield, J. (2015). »Hold the Heathen Hammer High«: representation, re-enactment and the construction of »Pagan« heritage. *International Journal of Heritage Studies*, 21 (5), 493–511.

Bäumer, U. (1986). *Wir wollen nur deine Seele. Hardrock: Daten Fakten Hintergründe* (4. Aufl.). Bielefeld: Verlag der Evangelischen Gesellschaft.

Blofeld, C. (2020). *Teach 'Em All: Mein Lehrerleben zwischen Wacken und Werther*. Hamburg: Edel Books.

Blott, J. (2021). High spirits: heavy metal and mental health. *The Lancet Psychiatry*, 8 (2), 105–107.

Boudouda, N. E., & Gana, K. (2020). Neuroticism, conscientiousness and extraversion interact to predict depression: A confirmation in a non-Western culture. *Personality and Individual Differences,* 167, 110219.

Burgwächter, Till (2021). *Dio Digitale: Die Zukunft des Heavy Metal*. Hamburg: Charles.

Butkovic, A., & Rancic Dopudj, D. (2017). Personality traits and alcohol consumption of classical and heavy metal musicians. *Psychology of Music,* 45 (2), 246–256.

Campbell, J. (1949). *The hero with a thousand faces*. Princeton, NJ: Princeton University Press.

Cecchini, F. M., Franzini, G. H. & Passarotti, M. C. (2020). Verba bestiae: How latin conquered heavy metal. In: R.-L. Valijärvi, C. Doesburg, & A. Digioia (Hrsg.), *Multilingual metal music: Sociocultural, linguistic and literary perspectives on heavy metal lyrics* (S. 242–261). Bingley, UK: Emerald Publishing.

Chappell, S., Cooper, E., & Trippe, G. (2019). Shadow work for leadership development. *Journal of Management Development,* 38 (5), 326–335.

Cheung, J. O., & Feng, D. (2021). Attitudinal meaning and social struggle in heavy metal song lyrics: a corpus-based analysis. *Social Semiotics*, 31 (2), 230–247.

Christe, I. (2013). *Höllen-Lärm: Die komplette, schonungslose, einzigartige Geschichte des Heavy Metal* (2. Aufl.). Innsbruck: Hannibal.

Coelho, P. (2014). *Der Alchemist* (14. Aufl.). Zürich: Diogenes.

DeNeve, K. M., & Cooper, H. (1998). The happy personality: a meta-analysis of 137 personality traits and subjective well-being. *Psychological Bulletin,* 124 (2), 197–229.

Eckel, J. (2012). Kutte & Co. - Zur textilen SchriftBildlichkeit des Heavy Metals. In: R. Nohr & H. Schwaab (Hrsg.), *Metal Matters: Heavy Metal als Kultur und Welt* (S. 55–70). Münster: LIT.

Edmondson, A. C., & Lei, Z. (2014). Psychological safety: The history, renaissance, and future of an interpersonal construct. *Annual Review of Organizational Psychology and Organizational Behavior*, 1 (1), 23–43.

Elflein, D. (2010). *Schwermetallanalysen. Die musikalische Sprache des Heavy Metal*. Bielefeld: Transcript.

Elvers, P. (2016). Songs for the ego: theorizing musical self-enhancement. *Frontiers in Psychology,* 7, 2.

Fox, K. C., Nijeboer, S., Dixon, M. L., Floman, J. L., Ellamil, M., Rumak, S. P., ... & Christoff, K. (2014). Is meditation associated with altered brain structure? A systematic review and meta-analysis of morphometric neuroimaging in meditation practitioners. *Neuroscience & Biobehavioral Reviews,* 43, 48–73.

Franklin, D. (2020). *Heavy: How metal changes the way we see the world*. London: Constable.

Greenberg, D. M., Baron-Cohen, S., Stillwell, D. J., Kosinski, M., & Rentfrow, P. J. (2015). Musical preferences are linked to cognitive styles. *PloS one,* 10 (7), e0131151.

Groene, S. L., & Hettinger, V. E. (2016). Are you »fan« enough? The role of identity in media fandoms. *Psychology of Popular Media Culture,* 5 (4), 324–339.

Hamilton, A. K., Pernía, D. M., Wilson, C. P., & Dell'Aquila, D. C. (2018). What makes metalheads happy? A phenomenological analysis of flow experiences in metal musicians. *Qualitative Research in Psychology,* 16 (4), 537–565.

Harris, K. (2000). »Roots«? The relationship between the global and the local within the Extreme Metal scene. *Popular Music,* 19 (1), 13–30.

Herbst, J. P. (2021). The recording industry as the enemy? A case study of early West German metal music. *International Journal of the Sociology of Leisure*.

Heritage, G. (2016). »It's like a Mach piece, really«: Critiquing the neo-classical aesthetic of 80s heavy metal music. In: A. R. Brown, K. Spracklen, K. Kahn-Harris, & N. W. R. Scott (Hrsg.), *Global metal music and culture: Current directions in metal studies* (S. 50–67). New York, NY: Routledge.

Howe, T. R., Aberson, C. L., Friedman, H. S., Murphy, S. E., Alcazar, E., Vazquez, E. J., & Becker, R. (2015). Three decades later: the life experiences and mid-life functioning of 1980s heavy metal groupies, musicians, and fans. *Self and Identity*, 14 (5), 602–626.

Hsu, D. Y., Huang, L., Nordgren, L. F., Rucker, D. D., & Galinsky, A. D. (2015). The music of power: perceptual and behavioral consequences of powerful music. *Social Psychological and Personality Science,* 6 (1), 75–83.

Hughes, M. A., Knowles, S. F., Dhingra, K., Nicholson, H. L., & Taylor, P. J. (2018). This corrosion: A systematic review of the association between alternative subcultures and the risk of self-harm and suicide. *British Journal of Clinical Psychology,* 57 (4), 491–513.

Keltner, D., & Haidt, J. (2003). Approaching awe, a moral, spiritual, and aesthetic emotion. *Cognition and Emotion,* 17 (2), 297–314.

Kernchen, D. (2012). Virtuosität als Überlebensstrategie und Publikumsmagnet. In: R. Nohr & H. Schwaab

(Hrsg.), *Metal Matters: Heavy Metal als Kultur und Welt* (S. 183–194). Münster: LIT.

Keyes, C. L. (2002). The mental health continuum: From languishing to flourishing in life. *Journal of Health and Social Behavior,* 43, 207–222.

King, P. (1988). Heavy metal music and drug abuse in adolescents. *Postgraduate Medicine,* 83 (5), 295–304.

Kinnunen, M., Honkanen, A., & Luonila, M. (2021). Frequent music festival attendance: festival fandom and career development. *International Journal of Event and Festival Management*, 12 (2), 128–147.

Kneer, J. (2016). Are we evil? Yes we are – but at least not crazy! How to test implicit associations of fans and non-fans with metal music. *Metal Music Studies*, 2 (1), 69–86.

Kneer, J., & Rieger, D. (2016). The memory remains: How heavy metal fans buffer against the fear of death. *Psychology of Popular Media Culture,* 5 (3), 258–272.

Kotov, R., Gamez, W., Schmidt, F., & Watson, D. (2010). Linking »big« personality traits to anxiety, depressive, and substance use disorders: a meta-analysis. *Psychological Bulletin,* 136 (5), 768–821.

La Rocca, F. (2017). The Viking raids of England in metal music: From ideology to parody. *Metal Music Studies,* 3 (2), 219–229.

Larsson, S. (2013). »I bang my head, therefore I am«_ Constructing individual and social authenticity in the heavy metal subculture. *Young,* 21 (1), 95–110.

Lehmann, M., & Kopiez, R. (2013). The influence of on-stage behavior on the subjective evaluation of rock guitar performances. *Musicae Scientiae,* 17 (4), 472–494.

Levine, M. (2009). Doing the devil's work: Heavy metal and the threat to public order in the Muslim world. *Social Compass,* 56 (4), 564–576.

Levitan, C. A., Charney, S. A., Schloss, K. B., & Palmer, S. E. (2015). The smell of jazz: Crossmodal correspondences between music, odor, and emotion. *CogSci Proceedings,* 924 (1326–1331). Pasadena, CA, USA.

Lohoff, F. W. (2010). Overview of the genetics of major depressive disorder. *Current Psychiatry Reports,* 12 (6), 539–546.

Martikainen, P., Korhonen, K., & Tarkiainen, L. (2021). Heavy metal toxicity and mortality – association between density of heavy metal bands and cause specific hospital admissions and mortality: population-based cohort study. *BMJ, 375.*

Matthews, G., & Gilliland, K. (1999). The personality theories of HJ Eysenck and JA Gray: A comparative review. *Personality and Individual Differences,* 26 (4), 583–626.

McParland, Robert (2018). *Myth and magic in heavy metal music*. Jefferson, NC: McFarland.

Metzer, D. (2016). The power ballad and the power of sentimentality. *Journal of American Studies,* 50 (3), 659–677.

Moberg, M. (2012). Religion in popular music or popular music as religion? A critical review of scholarly writing on the place of religion in metal music and culture. *Popular Music and Society,* 35 (1), 113–130.

Nohr, R., & Schwaab, H. (2012). *Metal Matters: Heavy Metal als Kultur und Welt*. Münster: LIT.

Park, N., Oates, S., & Schwarzer, R. (2013). Christopher Peterson: »Other people matter«. *Applied Psychology: Health and Well-Being,* 5 (1), 1–4.

Patton, D., & McIntosh, A. (2008). Head and neck injury risks in heavy metal: head bangers stuck between rock and a hard bass. *BMJ,* 337.

Pietschnig, J., Voracek, M., & Formann, A. K. (2010). Mozart effect-Shmozart effect: A meta-analysis. *Intelligence,* 38 (3), 314–323.

Pilgrim, L., Norris, J. I., & Hackathorn, J. (2017). Music is awesome: Influences of emotion, personality, and preference on experienced awe. *Journal of Consumer Behaviour,* 16 (5), 442–451.

Prinz, A. (2021). *»Du kannst sie nicht alle töten«: Überleben unter Idioten – ein Ratgeber*. München: Riva.

Quinn, K. (2019). Heavy metal music and managing mental health: Heavy metal therapy. *Metal Music Studies,* 5 (3), 419–424.

Rammstedt, B., Kemper, C. J., Klein, M. C., Beierlein, C., & Kovaleva, A. (2012). *Eine kurze Skala zur Messung der fünf Dimensionen der Persönlichkeit: Big-Five-Inventory-10 (BFI-10)*. Mannheim: GESIS – Leibniz-Institut für Sozialwissenschaften.

Roccor, B. (1998). *Heavy Metal: Die Bands. Die Fans. Die Gegner*. München: Beck.

Romero, B., Coburn, J. W., Brown, L. E., & Galpin, A. J. (2016). Metabolic demands of heavy metal drumming. *International Journal of Kinesiology and Sports Science,* 4 (3), 32–36.

Rosa, H. (2019). Resonanz: Eine Soziologie der Weltbeziehung (5. Aufl.). Berlin: Suhrkamp.

Rowe, P. (2017). Becoming metal: narrative reflections on the early formation and embodiment of heavy metal identities. *Journal of Youth Studies,* 20 (6), 713–731.

Ryan, R. M., Huta, V., & Deci, E. L. (2008). Living well: A self-determination theory perspective on eudaimonia. *Journal of Happiness Studies,* 9 (1), 139–170.
Schäfer, F. (2012). *111 Gründe, Heavy Metal zu lieben* (2. Aufl.). Berlin: Schwarzkopf & Schwarzkopf.
Schäfer, F. (2015). Heavy Metal Kids. In: A. Reiffer (Hrsg.), *Die Wahrheit über Heavy Metal* (S. 102–103). Meine: Andreas Reiffer.
Scheel, K. R., & Westefeld, J. S. (1999). Heavy metal music and adolescent suicidality: An empirical investigation. *Adolescence,* 34 (134), 253–273.
Scheller, J. (2020). *Metalmorphosen: Die unwahrscheinlichen Wandlungen des Heavy Metal*. Stuttgart: Franz Steiner.
Schmaltz, R., Watson, D., & Johnson, A. (2021). The thinking person's music: Heavy metal and the need for cognition. *Psychology of Music,* 49 (5), 1372–1380.
Schuch, F. B., Vancampfort, D., Richards, J., Rosenbaum, S., Ward, P. B., & Stubbs, B. (2016). Exercise as a treatment for depression: a meta-analysis adjusting for publication bias. *Journal of Psychiatric Research,* 77, 42–51.
Scott, N. (2012). Heavy metal and the deafening threat of the apolitical. *Popular Music History,* 6 (1), 224–239.
Seery, M. D., Holman, E. A., & Silver, R. C. (2010). Whatever does not kill us: cumulative lifetime adversity, vulnerability, and resilience. *Journal of Personality and Social Psychology,* 99 (6), 1025–1041.
Shafron, G. R., & Karno, M. P. (2013). Heavy metal music and emotional dysphoria among listeners. *Psychology of Popular Media Culture,* 2 (2), 74–85.
Sharman, L., & Dingle, G. A. (2015). Extreme metal music and anger processing. *Frontiers in Human Neuroscience,* 9, 272.

Silverberg, J. L., Bierbaum, M., Sethna, J. P., & Cohen, I. (2013). Collective motion of humans in mosh and circle pits at heavy metal concerts. *Physical Review Letters*, 110 (22), 228701.

Sinclair, G., & Dolan, P. (2015). Heavy metal figurations: Music consumption, subcultural control and civilizing processes. *Marketing Theory,* 15 (3), 423–441.

Spracklen, K. (2015). »To Holmgard ... and Beyond«: Folk metal fantasies and hegemonic white masculinities. *Metal Music Studies,* 1 (3), 359–377.

Swami, V., Malpass, F., Havard, D., Benford, K., Costescu, A., Sofitiki, A., & Taylor, D. (2013). Metalheads: The influence of personality and individual differences on preference for heavy metal. *Psychology of Aesthetics, Creativity, and the Arts,* 7 (4), 377–383.

Tamir, M., & Ford, B. Q. (2012). Should people pursue feelings that feel good or feelings that do good? Emotional preferences and well-being. *Emotion,* 12 (5), 1061–1070.

Tedeschi, R. G., & Calhoun, L. G. (2004). Posttraumatic growth: conceptual foundations and empirical evidence. *Psychological Inquiry,* 15 (1), 1–18.

Thompson, W. F., Geeves, A. M., & Olsen, K. N. (2019). Who enjoys listening to violent music and why? *Psychology of Popular Media Culture,* 8 (3), 218–232.

Tifferet, S., Gaziel, O., & Baram, Y. (2012). Guitar increases male Facebook attractiveness: Preliminary support for the sexual selection theory of music. *Letters on Evolutionary Behavioral Science,* 3 (1), 4–6.

Trafford, S., & Pluskowski, A. (2007). Antichrist Superstars. The Vikings in hard rock and heavy metal. In: D. Marshall (Hrsg.), *Mass Market Medieval* (S. 57–73). Jefferson, NC: McFarland & Co.

Umurhan, O. (2013). Heavy metal music and the appropriation of Greece and Rome. *Syllecta Classica,* 23 (1), 127–152.

Wallach, J., Berger, H. M., & Greene, P. D. (2011). *Metal rules the globe: Heavy metal music around the world.* Durham, NC: Duke University Press.

Walser, R. (2014). *Running with the devil: Power, gender, and madness in heavy metal music* (2. Aufl.). Middletown, CT: Wesleyan University Press.

Wammerl, M., Jaunig, J., Mairunteregger, T., & Streit, P. (2019). The German version of the PERMA-Profiler: evidence for construct and convergent validity of the PERMA theory of well-being in German speaking countries. *Journal of Well-Being Assessment,* 3 (2), 75–96.

Waterman, A. S. (2008). Reconsidering happiness: A eudaimonist's perspective. *Journal of Positive Psychology,* 3 (4), 234-252.

Wehrli, R. (2005). *Verteufelter Heavy Metal: Skandale und Zensur in der neueren Musikgeschichte*. Münster: Telos.

Weinstein, D. (2000). *Heavy Metal: The music and its culture*. Boston, MA: Da Capo.

Whitaker, A. L. (2019). On heavy metal: Existential rage and the neurotic artist. *Journal of Humanistic Psychology*.

Williams, T. J. (2012). A blaze in the northern sky: Black metal and crimes against culture. *Public Archaeology,* 11 (2), 59–72.

Yavuz, M. S. (2017). »Delightfully depressing«: Death/doom metal music world and the emotional responses of the fan. *Metal Music Studies,* 3 (2), 201–218.

ANMERKUNGEN

Alle im Folgenden abgedruckten Links wurden bei Manuskriptlegung auf ihre Richtigkeit geprüft. Für den Inhalt der verlinkten Seiten und eventuelle Veränderungen in der Zukunft wird keine Gewähr übernommen.

1 In diesem Buch wird »Metal« durchgehend als Bezeichnung der übergreifenden musikalischen Kategorie verwendet, meint also beispielsweise Power Metal genauso wie Metalcore. Nicht alle Ausführungen im Buch passen jeweils gleich gut zu allen Spielarten. Dieser Umstand ist mir vollumfänglich bewusst. Ich bitte im Falle des Falles darum, über die nicht vollständig vermeidbaren Unschärfen gnädig hinwegzusehen.

2 www.loudersound.com/news/new-zealand-mother-names-her-children-metallica-slayer-and-pantera

3 www.sueddeutsche.de/wirtschaft/musikfan-bekommt-hilfe-vom-staat-handicap-hardrock-1.210459 bzw. www.welt.de/vermischtes/article137859694/Schwede-gilt-wegen-Heavy-Metal-Sucht-als-behindert.html

4 Aus Sicht einiger Fans bin ich damit ein Kretin. Für diese Fraktion ist das W:O:A Kommerzkacke und somit keine echte Metalveranstaltung (mehr). Ich nehme das zur Kenntnis und merke an: Diese Menschen sind ebenfalls herzlich eingeladen, mir den Schritt zu shampoonieren – und danach zu konditionieren. Auf das starke Abgrenzungsbedürfnis innerhalb der Metalszene komme ich noch zu sprechen.

5 Ich träume regelmäßig von Wacken. Meist handelt es sich um Albträume, in denen ich es aus vertrackten Gründen nicht zum Festival schaffe – so ähnlich, wie ich als kleines Kind oft

davon träumte, dass wir auf dem Weg in den Urlaub sind, ich aber mein Kuschelkissen zu Hause vergessen habe.

6 Dieses Haus steht in Hamm. Die Stadt wurde 2012 von der *TAZ* in einer Glosse liebevoll als eines der »dunkelsten Löcher in Westfalen« bezeichnet, manche sagen: nicht ganz zu Unrecht. In dem Stück ging es um eine Studie, die aufgezeigt hatte, dass hier vergleichsweise viele Kinder geboren werden. Die Überschrift des Beitrags lautet folgerichtig: »Hamm fickt gut«. https://taz.de/!589029

7 Zu finden unter www.facebook.com/MetalMinisterium. Zur Geschichte dahinter: Früh im Jahr 2018, noch in meinem alten Managerjob, lag ich einem Hotelzimmer in New York. Es handelte sich um die erste Nacht nach der Ankunft, in der man wegen der Zeitverschiebung erfahrungsgemäß um zwei oder drei Uhr aufwacht, wenn man von Europa reingeflogen ist. Anstatt – was vernünftig gewesen wäre – ein paar Entspannungsübungen oder sonst etwas zu machen, schaltete ich das Handy ein und scrollte durch meinen Twitter-Feed. Zu dieser Zeit lag die Regierungsbildung nach der Bundestagswahl 2017 in den letzten Zügen. Just an diesem Tag wurde bekannt gegeben, dass Horst Seehofer zum *Heimatminister* ernannt werden sollte.
Nun arbeiten mit einem fetten Jetlag vielleicht nicht alle Gehirnwindungen ganz ordnungsgemäß. Auf jeden Fall habe ich mich damals fürchterlich über den ollen Seehofer aufgeregt. Warum braucht dieser Horst wieder eine verdammte Sonderlocke? Warum kann er nicht ein stinknormaler *Innenminister* werden wie so viele (un)anständige Menschen vor ihm? Mit etwas Abstand bin ich allerdings froh, dass ich keine Entspannungsübungen gemacht habe. Denn aus diesem Wutanfall erwuchs eine Idee: Wenn jeder Depp sich sein eigenes Ministerium bauen darf, dann darf *ich* das auch. Noch in der gleichen Nacht startete ich folglich die Facebook-Seite, die in den folgenden Jahren ein gewisses Eigenleben entwickeln sollte. Letztlich muss ich dem guten Horst vermutlich dankbar sein, denn ohne das Ministerium gäbe es ganz sicher auch nicht dieses Buch.

8 In Deutschland gibt es immerhin sieben Millionen Menschen, die sehr gern Metal und Hardrock hören. Fast elf Millionen Personen hören diese Musik auch gern (https://de.statista.com/statistik/daten/studie/171214/umfrage/interesse-an-

hardrock-und-heavy-metal). Von mir aus darfst du das Buch aber *einfach so* lesen, als Outsider, vielleicht ein wenig wie ein Anthropologe, der in eine andere Welt eintauchen möchte.

9 Ein bunter Strauß an Themen findet sich im Sammelband *Metal Matters: Heavy Metal als Kultur und Welt* (Nohr & Schwaab, 2012), der sich aus Beiträgen einer metallischen Forschungskonferenz zusammensetzt.

10 Ich glaube mich noch an den Gesichtsausdruck meiner Eltern erinnern zu können, als ich mit siebzehn stolz verkündete, ein Psycho-Heini werden zu wollen - anstatt eines ehrbaren Juristen. »Kann man davon leben?« Das haben sie so niemals gefragt, aber ich meinte, es in ihren Augen lesen zu können.

11 Eine zugehörige Playlist ist auf Spotify hinterlegt unter https://open.spotify.com/playlist/1ChrywEZqS1kn5mhnBpefP

12 Wobei das geübte Auge schnell erkennt, dass man sich hier stark an verschiedene Aspekte der griechischen Philosophie angelehnt hat.

13 Angelehnt an Ideen von Waterman (2008).

14 Aus irgendeinem Grund kommt mir gerade *The Dirt* in den Sinn, die Biografie von Mötley Crüe, die 2019 verfilmt wurde.

15 Bier, Freunde. Ich rede von Bier. Und Whisky-Cola. Und Jägermeister. Und mehr Bier.

16 Ob mit oder ohne Textkenntnis.

17 Ich meine, dank meiner Studentinnen und Studenten verstanden zu haben, dass man so was dieser Tage »todeslost« nennt …

18 Jetzt tu nicht so hart. Den hast *du* auch schon zwanzigmal gesehen.

19 Franklin (2020, S. 7, übersetzt durch mich).

20 Tamir und Ford (2012); Thompson et al. (2019).

21 Sharman & Dingle (2015).

22 Weinstein (2000, S. 24 f.).

23 Wobei Elflein in seinem Buch (2010, S. 57) berichtet, dass sich die besondere Tiefe des Metal frequenzanalytisch nicht zwingend nachweisen lässt.

24 Hsu et al. (2015).

25 Tamir und Ford (2012).

26 Weinstein (2000, S. 38 ff.).

27 Cheung und Feng (2021, S. 244, übersetzt durch mich).

28 Scheller (2020, S. 178).

29 Levitan et al. (2015).
30 Sollte ich wider Erwarten noch in diesem Leben eine Anarcho-Punk-Combo gründen: So würde sie heißen.
31 Beispielsweise Matthews und Gilliland (1999).
32 Falls du zufällig Metalhead *und* Neuropsychologe bist, melde dich bitte bei mir für einen Austausch.
33 Dies ist lediglich eine persönliche Beobachtung, aber in meinem Umfeld zeigte sich damals ein klares Muster: Für viele meiner metallischen Freunde in den Neunzigern waren entweder Helloween oder Metallica die Einstiegsdroge. Wer mit Helloween startete, blieb meist lange in der softeren Ecke. Wer über Metallica zum Metal kam, driftete schnell in härtere und düstere Gefilde ab, damals meist in Richtung Slayer, Pantera, Sepultura und Co.
34 Weinstein (2000, S. 7).
35 Wobei das innerhalb bestimmter Subgenres der Fall sein mag. Ich zumindest bin des melodischen Speed Metals mittlerweile etwas überdrüssig, weil ich nichts mehr entdecke, was nicht in den Achtzigern schon einmal (besser) gespielt wurde. Aber möglicherweise werde ich auch einfach nur alt.
36 www.welt.de/kultur/pop/article143783969/Heavy-Metal-macht-den-Menschen-gut-und-gluecklich.html sowie www.loudersound.com/news/metal-fans-happiest-study
37 Howe et al. (2015).
38 Beispielsweise King (1988).
39 https://de.wikisource.org/wiki/Faust_-_Der_Trag%C3%B6die_erster_Teil
40 Howe et al. (2015, S. 602, übersetzt durch mich).
41 http://www.nietzschesource.org/#eKGWB/GD
42 Beispielsweise Rowe (2017).
43 Seery et al. (2010).
44 Anhand der Metaphorik mag man erkennen: Dieser Text entstand Anfang Januar 2022.
45 https://positivepsychology.com/perma-model
46 www.philomag.de/artikel/kintsugi-der-schoene-verschleiss
47 Und: dass dieses Wachstum womöglich die typischere Dynamik ist (Tedeschi & Calhoun, 2004); siehe auch www.wuv.de/karriere/wie_menschen_an_krisen_wachsen
48 Beispielsweise Butkovic und Rancic Dopudj (2017).
49 Martikainen et al. (2021).
50 Das Solo wurde von Eddie Van Halen eingespielt.

51 www.metal-hammer.de/amon-amarth-rundumschlag-mit-tiefgang-1234889 bzw. www.revolvermag.com/music/amon-amarth-new-album-secretly-personal-songs-insane-viking-lore

52 Siehe auch diese Studie, die die Todesursachen von Musikern verschiedener Spielarten vergleicht: https://theconversation.com/music-to-die-for-how-genre-affects-popular-musicians-life-expectancy-36660

53 Burgwächter (2021, S. 60); siehe auch: www.metal-hammer.de/gefahr-an-depressionen-zu-erkranken-fuer-musiker-dreimal-so-hoch-724771

54 Beispielsweise www.loudersound.com/features/the-downward-spiral-why-is-depression-on-the-rise-in-metal-bands oder www.ranker.com/list/famous-musicians-who-committed-suicide/celebrity-lists

55 Suizid ist unter deutschen Teenagern die zweithäufigste Todesursache. Wer mehr darüber erfahren möchte – auch wie man mit jungen Menschen über dieses Thema spricht –, kann gerne einmal die Seite von Irrsinnig Menschlich e. V. besuchen: www.irrsinnig-menschlich.de/irrsinnig-menschlich-e-v-2. Generell ist die Adresse der Deutschen Depressionshilfe eine gute Anlaufstelle: www.deutsche-depressionshilfe.de

56 Ich habe diese Geschichte erstmalig anlässlich des Welttags der Suizidprävention 2020 aufgeschrieben: www.xing.com/news/klartext/ich-dachte-tot-kann-es-auch-nicht-viel-schlechter-sein-4074

57 Wie ich dort hinkam, bleibt mir bis heute schleierhaft. Ich stamme aus einer typisch deutschen, kleinbürgerlichen Beamtenfamilie.

58 Rosa (2019).

59 https://flexikon.doccheck.com/de/Depersonalisation

60 Das Thema Suizid hat mich – unfreiwillig – schon deutlich früher im Leben tangiert, siehe »Überlanges Solo«.

61 Lohoff (2010); siehe auch www.aerzteblatt.de/archiv/61147/Depressive-Stoerungen-Bedeutung-genetischer-Faktoren

62 Scheel und Westefeld (1999).

63 Beispielsweise Shafron und Karno (2013).

64 Hughes et al. (2018).

65 Keyes (2002).

66 www.nytimes.com/2021/04/19/well/mind/covid-mental-health-languishing.html

67 Blott (2021, S. 107, übersetzt durch mich).

68 Durch die Folge 6x04 (*Hell Bent for Leather*) habe ich den mördergeilen Song »Speed On« der Band Wolf kennengelernt.

69 Yavuz (2017).

70 Chappell et al. (2019).

71 Christe (2013, S. 2 f.) und auch www.deutschlandfunkkultur.de/unfaelle-in-der-musikgeschichte-wie-black-sabbath-zu-seinem-100.html

72 www.theguardian.com/music/2013/jun/10/how-we-made-you-really-got-me

73 Siehe dazu auch Quinn (2019).

74 www.deutschlandfunkkultur.de/holotropes-atmen-der-koerpereigene-rausch-100.html

75 Neuere Forschung legt übrigens nah, dass die Musiker auf der Bühne wie auch die Fans davor während eines Konzerts in eine Art gemeinsamen Flow-Zustand kommen (Hamilton et al., 2018).

76 www.ndr.de/ratgeber/gesundheit/Autogenes-Training-muehelos-entspannen,autogenestraining100.html

77 www.spiegel.de/gesundheit/diagnose/progressive-muskelentspannung-nach-jacobson-vielseitige-selbsthilfe-a-1049051.html

78 Wer es ganz genau wissen will, der ist mit dem Buch von Wallach et al. (2011) wunderbar bedient.

79 www.blabbermouth.net/news/destructions-schmier-heavy-metal-metal-should-stay-underground

80 Und Gott bewahre: der kaugummiartigen Leichtigkeit des Euro-Pop.

81 Liebe Leute unter fünfundzwanzig: Ihr könnt das googeln.

82 Harris (2000) und, insbesondere für Deutschland, Herbst (2021).

83 Um die Herkunft der Pommesgabel ranken sich einige Mythen – und neuerdings auch Rechtsstreitigkeiten: https://www.rnd.de/panorama/wem-gehort-die-pommesgabel-OOHWRDXL66DOOPIXQORPUEMCRI.html

84 Außer in den IT-Abteilungen, aber die werden eh immer in die hinterste Ecke des Kellers verbannt.

85 Ich habe mir für dieses Buch erlaubt, einen (fast) durchgehend positiven Blick auf die Metalszene und ihre Protagonisten zu werfen. In den ersten Jahrzehnten wurde diese inklusive der

Musiker und ihrer Fans (von außen) praktisch durchgehend verunglimpft oder wenigstens verspottet und belächelt. Da stellt ein Buch wie dieses noch lange nicht das Gleichgewicht wieder her. Trotzdem möchte ich mir nicht vorwerfen lassen, auf irgendeinem Auge blind zu sein. Denn selbstverständlich gibt es Idioten, ausgewachsene Arschlöcher und echte Verbrecher in der Szene. Die eigentlich spannende Frage wäre allerdings: Sind es hier mehr als in der allgemeinen Bevölkerung? Dazu fehlen mir die Anhaltspunkte. Trotzdem folgt nun, mit zunehmendem Härtegrad, eine kleine Liste von Menschen, denen ich nicht begegnen möchte:
Mir fallen Ted Nugent und Kid Rock ein, die sich immer wieder als Hardcore-Supporter von Donald Trump gezeigt haben – was ich nach allem, was Herr Trump nachweislich angestellt hat, für falsch halte (www.stern.de/politik/ausland/sarah-palin--kid-rock--ted-nugent---ein-trauriges-trio-bei-donald-trump-7421906.html). Noch einen Schritt weiter ging leider Jon Schaffer von Iced Earth, der massiv Ärger mit der US-Justiz hat, weil er, gut dokumentiert, beim Sturm auf das Capitol im Jahr 2021 dabei war (www.metal-hammer.de/jon-schaffer-von-generalbundesanwalt-verklagt-1890181). Ich denke an Karl Logan (ehemals: Manowar), der sich wegen des Besitzes von Kinderpornografie vor dem Gesetz verantworten musste (www.loudersound.com/news/manowar-ex-karl-logan-faces-25-years-in-jail-after-admitting-downloading-child-pornography). Ebenso denke ich an Marilyn Manson, dem aktuell von einer ganzen Reihe von Frauen Missbrauch vorgeworfen wird (www.morecore.de/news/marilyn-manson-hausdurchsuchung-im-rahmen-der-polizeilichen-ermittlungen). Nicht zuletzt denke ich an den Neonazi und Mörder Kristian »Varg« Vikernes (www.spiegel.de/kultur/musik/frankreich-polizei-nimmt-neo-nazi-musiker-varg-vikernes-fest-a-911437.html; siehe auch den Spielfilm *Lords of Chaos* von Jonas Åkerlund aus dem Jahr 2018) und die leider immer noch schwelende nationalsozialistische Black-Metal-Bewegung (NSBM): www.fairobserver.com/region/europe/dominic-alessio-robert-wallis-black-metal-extreme-right-music-scene-news-41994).
All diese Personen bzw. Gruppierungen sind (oder waren) Teil der Metalszene und es wäre unklug, dies zu ignorieren. Doch erneut: Gibt es im Metal mehr Arschlöcher und Krimi-

nelle als - sagen wir - in Wirtschaft und Politik? Ich setze da mal ein großes Fragezeichen …

86 Beispielsweise Arnett (1993).

87 Kneer (2016).

88 Edmondson und Lei (2014) sowie auch www.welt.de/wirtschaft/webwelt/article176307554/Psychological-Safety-Konzept-So-arbeiten-Sie-erfolgreich-im-Team.html

89 www.scientificamerican.com/article/how-to-be-awesome

90 In diese Passage wurden Beschreibungen aus einem früheren Text eingearbeitet: https://www.xing.com/news/insiders/articles/innere-diversitat-und-kollektive-efferveszenz-uber-metal-als-heimat-4157545

91 Eine neue Studie aus - wie könnte es im Metal anders sein - Finnland legt übrigens nahe, dass es tatsächlich so etwas wie Fankarrieren gibt. Manche Menschen werden durch Vielzahl und Regelmäßigkeit ihrer Konzertbesuche zu besonders tragenden Säulen der Szene (Kinnunen et al., 2021).

92 Park et al. (2013).

93 Der Wunsch, anderen Menschen zu helfen, ist in der Szene keineswegs auf Vereine wie Metality e.V. beschränkt. Ein Beispiel: Metallica haben die kompletten Gewinne aus der Neuaufnahme von »Enter Sandman« 2021 an die Opfer der Flutkatastrophe in Deutschland vom Sommer des gleichen Jahres gespendet: www.stern.de/kultur/metallica---gewinne-der-charity-single-geht-an-flutopfer-30669626.html. Über das *Ministerium für Schwermetall* habe ich die Follower der Seite damals zu Kleinspenden aufgerufen. Innerhalb von vierundzwanzig Stunden sind 3333 Euro zusammengekommen. Diese habe ich an die Stiftung Technisches Hilfswerk weitergeleitet.

94 Physiker haben das Phänomen beschrieben und mit Erfolg in Computersimulationen repliziert (Silverberg et al., 2013). Nachdem mit der Band Compressorhead bereits Roboter auf der Bühne musizieren (www.tagesspiegel.de/wissen/roboterpunk-rage-around-the-machines/20286332.html) und eine artifizielle Intelligenz Death Metal komponiert (www.metal-hammer.de/death-metal-generator-komponiert-durchgehend-mit-a-i-engine-1236731), kann ich vermutlich mit sechzig einen von mir gesteuerten humanoiden Roboter in den Moshpit schicken, wenn meine Knochen für den Nahkampf zu morsch geworden sind.

95 https://phys.org/news/2018-09-heavy-metal-music-inclusive-etiquette.html und www.nme.com/blogs/nme-blogs/heavy-metal-communities-inclusive-ucl-research-2385797

96 Sinclair und Dolan (2015).

97 Wie leider beim Festival Woodstock '99 geschehen: https://loudwire.com/limp-bizkit-blame-woodstock-99/

98 www.nytimes.com/2021/07/10/opinion/sunday/covid-group-emotions-happiness.html

99 https://silence-magazin.de/wirklich-alle-metal-genres-mit-beispielbands. Es gibt immer wieder Versuche, die vielen Stile und Bands eindeutig zu klassifizieren, aber an dieser Aufgabe herkulischen Ausmaßes kann man letztlich nur scheitern. Trotzdem kommen durchaus schöne Dinge dabei heraus, die man sich auch schick an die Wand hängen kann, z. B. der Periödic Table of Mëtal (www.behance.net/gallery/17866555/Perioedic-Table-of-Metal) oder die Map of Metal (https://mapofmetal.com).

100 Siehe z. B. dieses Interview: www.metalinside.ch/2014/10/manowar

101 Ohne Schinken, ohne Ei.

102 www.forbesindia.com/article/rotman/are-you-optimally-distinctive/38363/1

103 Abrams (2009).

104 Das ist ein bisschen so, wie man einen Horkrux von Lord Voldemort zerstören will; siehe auch Groene und Hettinger (2016).

105 Das Auftaktriff von Black Sabbaths Lied »Black Sabbath« auf ihrem Debutalbum ist angelehnt an eine Passage aus der Planeten-Suite, konkret: an den Anfang des »Mars«. Wenn man da genau zuhört, entdeckt man im weiteren Verlauf gleich noch eine Menge *Star Wars*.

106 Falls du wirklich ausschließlich Metal hörst: K-Pop ist ein Sammelbegriff für koreanischsprachige Popmusik – ein Phänomen, dass sich seit einigen Jahren weltweiter Beliebtheit erfreut.

107 www.welt.de/kmpkt/article180639200/Rockende-Rentner-Senioren-fliehen-aus-Altenheim-weil-sie-nach-Wacken-wollen.html

108 www.rollingstone.com/music/music-news/ronnie-james-dio-hologram-us-tour-dates-820040

109 Schäfer (2015, S. 102 f.).

110 www.welt.de/gesundheit/article129776462/Wenn-Headbanging-zur-Hirnblutung-fuehrt.html

111 Fairerweise: Unter Metal-*Musikern* findet man im fortgeschrittenen Alter schon den einen oder anderen Protagonisten mit Nackenproblemen: www.dw.com/en/wacken-your-head-is-headbanging-dangerous/a-44911162

112 Patton und McIntosh (2008, ohne Seitenangabe, übersetzt durch mich).

113 www.kerrang.com/tinnitus-cannot-be-cured-but-heres-how-rock-fans-can-prevent-hearing-loss

114 www.metal-hammer.de/studie-festival-armbaender-sind-bakterienherd-489311

115 Romero et al. (2016).

116 www.ksl.com/article/16687545/lifeadvice-banging-your-head-against-a-wall-burns-150-calories-an-hour

117 Schuch et al. (2016).

118 www.welt.de/gesundheit/article122886253/Warum-Heavy-Metal-hilft-und-ABBA-versagt.html

119 www.welt.de/icon/fitness/article168175292/Ist-Heavy-Metal-Yoga-der-Schluessel-zur-Ruhe.html

120 www.metal-hammer.de/erste-heavy-metal-stricken-wm-abgehalten-1270925

121 https://metalogy.de/vegan-black-metal-chef-2

122 www.forbes.com/sites/derekscancarelli/2018/10/17/alice-cooper-on-beheadings-sideshow-attitude-and-johnny-depp und www.rollingstone.com/music/music-news/ozzy-osbourne-bites-head-off-bat-anniversary-1287867

123 Bäumer (1986, S. 100).

124 www.spiegel.de/kultur/gesellschaft/altersfreigabe-die-religioese-verfuehrung-der-jungen-potter-fans-a-168693.html

125 Wehrli (2005, S. 660).

126 Roccor (1998, S. 162).

127 Schäfer (2012, S. 125 f.).

128 www.deutschlandfunk.de/das-denken-pierre-bourdieus-im-21-jahrhundert-noch-feinere-100.html

129 Der war übrigens Drummer in einer hervorragenden Iron-Maiden-Tribute-Band.

130 www.metal-hammer.de/iranischer-metal-band-arsames-drohen-15-jahre-gefaengnis-1517599 bzw. www.musikexpress.de/mitglieder-iranischer-band-confess-zu-gefaengnisstrafe-und-peitschenhieben-verurteilt-1309797

131 Levine (2009).

132 www.rockhard.de/artikel/behemoth-blasphemie-klage-gegen-nergal-wurde-angewiesen_557185.html

133 www.metal-hammer.de/schuldirektorin-verdaechtigt-satan-zu-huldigen-weil-sie-iron-maiden-fan-ist-1870143

134 www.spiegel.de/lebenundlernen/schule/death-metal-herr-blutgott-aus-dem-lehrerzimmer-a-702967.html

135 Im Gegensatz zum Punk nimmt Metal in Bezug auf Gewalt und Krieg oft eine deskriptive anstatt einer wertenden Position ein: Das Schreckensszenario wird beschrieben, ohne sich zu distanzieren oder moralisch auf eine Seite zu schlagen. Diese fehlende Abgrenzung wird regelmäßig – fehlerhaft – als Zustimmung gedeutet. So mussten sich zum Beispiel Slayer häufig vorwerfen lassen, mit dem Nationalsozialismus zu sympathisieren, weil der Song »Angel of Death« die Gräueltaten von Josef Mengele beschreibt. Nur in wenigen Momenten (und die sind bei der Geschwindigkeit des gemeinen Slayer-Songs *wirklich* kurz) kommt die ablehnende Haltung zum Vorschein. Dann wird das Wort »Todesengel« durch den Begriff »rancid« (»ekelerregend«) ergänzt. Aber wenn man, wie viele Kritiker des Metal, sowieso polemisieren möchte, dann schadet genaues Hinhören natürlich.

136 Dass sich der Staatsdienst im Lehramt offensichtlich auch ganz passabel mit einer heftigen Leidenschaft für Metal verträgt, beschreibt Caro Blofeld in ihrem augenzwinkernden Buch *Teach 'Em All* (2020).

137 www.gutenberg.org/files/174/174-h/174-h.htm

138 Ja, ja, die Gitarrenhelden. Dafür legen andere Studie nahe, dass Drummer mehr im Oberstübchen haben: https://consequence.net/2015/10/its-official-drummers-are-smarter-than-you-and-everybody-else

139 Auch dazu gibt es Studien, siehe Tifferet et al. (2012).

140 https://metalinjection.net/news/yes/lemmy-from-motorhead-explains-the-mathematics-behind-sleeping-with-1000-women

141 Zur Bedeutung der Kutte siehe den Beitrag von Eckel (2012).

142 Larsson (2013).

143 www.deutschlandfunk.de/der-teufelsgeiger-100.html

144 www.sueddeutsche.de/stil/dem-geheimnis-auf-der-spur-der-seine-seele-verkaufte-1.2721440

145 Lehmann und Kopiez (2013).

146 Trafford und Pluskowski (2007).

147 Beispielsweise Ashby und Shofield (2015) oder La Rocca (2017).

148 Darüber hinaus beleuchten einige Aufsätze die kurze, aber leider sehr dunkle Phase innerhalb der Black-Metal-Historie, in der sich der symbolische Hass gegen Christen in den Texten in reale Gewalt und Zerstörung verwandelte; siehe z. B. Spracklen (2015) und Williams (2012).

149 Mein bereits im Intro erwähnter Opa war im Zweiten Weltkrieg zuletzt in Norwegen stationiert. Er wurde mehrfach angeschossen, ihm fehlten einige Zehen, zudem hatte er ein steifes Knie als Folge einer Verletzung durch Granatsplitter. Ich hatte ein sehr enges Verhältnis zu meinen Großeltern, habe beide im Alter gemeinsam mit meiner Mutter versorgt und gepflegt. Wenn Menschen älter werden, vor allem wenn eine Demenz einsetzt, beginnen viele von ihnen erfahrungsgemäß, die gleichen Geschichten immer und immer wieder zu erzählen. Ich habe Opas Kriegserfahrungen so oft hören müssen (oder dürfen?), dass es sich bisweilen anfühlte, als sei ich selbst dort gewesen. Die Bilder sind seitdem auch in meinem Kopf. Zum Ende des Kriegs kam er kurz in amerikanische Gefangenschaft. Ein Jahr zuvor hatte er es während eines Fronturlaubs irgendwie fertiggebracht, meine Mutter auf den Weg zu bringen, die im August 1945 zur Welt kam.
Solche Umstände faszinieren mich ungemein. Wie viele Kriege, Seuchen, Hungersnöte und ähnliche Katastrophen mussten die beiden Linien meiner Vorfahren über die Generationen durchstehen, damit meine zukünftige Mutter meinem zukünftigen Vater Mitte der Sechziger auf einer Karnevalsparty eines Kanuvereins beim Tanzen mit einem anderen Jüngling auf den Fuß treten konnte, worauf mein Vater als Entschuldigung einen Tanz mit ihr verlangte – und der Rest (auch meine) Geschichte ist? Jeder Mensch, der heute existiert, ist im Grunde ein unwahrscheinlicher Glücksfall. Ich wünschte, noch mehr Erdenbewohner würden das erkennen und diese Chance nutzen.

150 www.spektrum.de/lexikon/psychologie/archetypen/1354. Ich sollte dazu anmerken, dass Carl Gustav Jung unter wissenschaftlichen Gesichtspunkten durchaus kritikwürdig ist, weil seine Erkenntnisse sich – ähnlich wie bei Sigmund Freud – nicht in ausreichendem Maß auf unabhängige empirische

Forschung stützen. Nichtsdestotrotz faszinieren seine Gedankenwelten bis heute Millionen Menschen auf der ganzen Welt.

151 Eine Studie legt im Übrigen nahe, dass Metalfans durch die Gewaltdarstellungen in den Texten und auf den Covern nicht emotional abstumpfen. Sie reagieren auf solche Stimuli ähnlich wie Fans anderer Musikrichtungen: www.metal-hammer.de/studie-death-metal-fans-stumpfen-gewalt-gegenueber-nicht-ab-1182755

152 www.absatzwirtschaft.de/die-heldenreise-ein-archetypischer-spannungsbogen-bei-airbnb-findet-man-das-konzept-klug-umgesetzt-2-99775

153 Siehe dazu auch die entsprechenden Kapitel in McParland (2018).

154 Auch dazu gibt es Forschung, siehe Metzer (2016).

155 www.srf.ch/kultur/musik/wochenende-musik/heavy-metal-klischees-kunsthistoriker-heavy-metal-ist-mehr-als-krach

156 Metal hat mittlerweile sogar seine eigenen Feiertage. So gilt, zumindest in den USA, der 11. November als Tag des Metal. Der TV-Sender VH1 hat diesen 2011 ins Leben gerufen. Das Datum wurde ihn Anlehnung an die Mockumentary *This is Spinal Tap* ausgewählt, weil die Volume-Regler der fiktiven Band bis Elf reichen. Siehe www.kuriose-feiertage.de/tag-des-heavy-metal. In San Francisco wird zudem neuerdings am 16. Dezember der Metallica-Tag gefeiert: www.metal-hammer.de/san-francisco-erklaert-16-12-zum-metallica-tag-1890577

157 Wer mit der Combo nicht vertraut ist: Die Geige hat als Instrument insbesondere auf dem Frühwerk der Doom-Band eine wichtige Rolle gespielt.

158 Malmzeit ist ein Heavy-Metal-Duo, bestehend aus Jörg Scheller und Jochen Neuffer, das nach eigener Aussage nur sitzend, teetrinkend und gut gekleidet auftritt. Alle Songtexte handeln ausschließlich vom Wetter.

159 Er ist der Lebenspartner von Arch-Enemy-Sängerin Alissa White-Gluz.

160 In diesem Interview beschreibt Skolnick seinen Weg vom Metal zum Jazz: https://guitar.com/features/alex-skolnick-trio-testament-quarantine-lockdown/

161 Beispielsweise Kernchen (2012).

162 Keltner und Haidt (2003); siehe auch https://www.bbc.com/worklife/article/20220103-awe-the-little-earthquake-that-could-free-your-mind

163 Pilgrim et al. (2017, S. 443, übersetzt durch mich).
164 www.neuepresse.de/Nachrichten/Kultur/Uli-Jon-Roth-ueber-50-Jahre-Karriere-im-Rock
165 Beispielsweise Fox et al. (2014).
166 www.theguardian.com/music/musicblog/2007/mar/21/why-metalfansarebrainier und www.spiegel.de/panorama/krach-fuer-die-schlauen-a-63ccf283-0002-0001-0000-000051211753
167 Es gab eine Zeit lang die Vermutung, dass der Genuss von klassischer Musik bestimmte Aspekte des Denkvermögens (von Kindern) verbessern könne. Das Phänomen wurde Mozart-Effekt getauft. Mittlerweile liegt eine hohe Zahl von unabhängigen Untersuchungen dazu vor. In einer Überblicksstudie von 2010 kommen Pietschnig et al. zu dem Fazit, dass an der Sache wenig bis gar nichts dran ist.
168 Butkovic und Rancic Dopudj (2017).
169 Schmaltz et al. (2021).
170 Dafür, dass man beim Abwägen auch zu völlig verblödeten Entscheidungen kommen kann, bin ich selbst das beste Beispiel: Im August 1998 waren die Götter von Savatage Headliner beim Rock Hard Festival in Hagen. Davor spielten unter anderem Hammerfall, Iced Earth, Symphony X und Stratovarius (was für ein geiles Lineup, wenn man Power Metal goutiert). Nun begab es sich, dass meine aaabsolute Lieblingsband Stratovarius (damals) leider meinen aaabsoluten Lieblingssong »Against the Wind« (damals) nicht im Gepäck hatte. Dieser Umstand hat mich so dermaßen angepisst, dass ich nach dem Set der Finnen das Festival verließ. Als Konsequenz dieser Entscheidung habe ich Savatage verpasst und bis heute nie live gesehen. Wie enthirnt kann ein Mensch sein?!
171 Greenberg et al. (2015).
172 www.welt.de/print-wams/article131095/Ein-Philosoph-und-Gentleman-Lemmy.html
173 www.watson.ch/wissen/history/916882230-die-schlacht-bei-stamford-bridge-die-tragoedie-der-letzten-wikinger
174 Umurhan (2013).
175 Überhaupt scheint Metal durchaus in der Lage zu sein, ein paar öde Lateinstunden zu ersetzen, siehe z. B. Cecchini et al. (2020).
176 www.metal-archives.com
177 www.yahoo.com/entertainment/black-sabbath-made-heavy-metal-150003908.html

178 Ich hatte das große Glück, dem Maestro im Rahmen des W:O:A 2017 begegnen zu dürfen. Er ließ sich von mir spontan interviewen – und ich konnte mich dafür bedanken, dass er, gemeinsam mit Rudolf Schenker und Klaus Meine, damals meinen musikalischen Horizont erweitert hatte. Das Ergebnis findet sich hier: www.wuv.de/karriere/was_sie_von_diesem_gitarren_gott_lernen_koennen

179 Wobei Musikwissenschaftler nahelegen, dass die Bezeichnung irreführend ist, siehe Heritage (2016).

180 Und: ob Wagner sich deswegen im Grab umdreht.

181 Es handelt sich um den Auftakt von Paganinis Capriccio No. 24.

182 Rund sechs Jahre vor diesem Ereignis habe ich in der gleichen Halle beim Tanz in den Mai meine Gattin kennengelernt, während eines Gastspiels von Guildo Horn. Die Wege des Herrn sind untergründig.

183 Eigentlich bezeichnen sich Leute aus Hamm als Hammer. Außer, wenn du als Hammer auf dicke Hose machen willst. Dann bist du Hammenser.

184 Dass Metalfans sich vergleichsweise ordentlich benehmen (können), verdeutlicht der Bürgermeister von Wacken in einem Interview anlässlich der Absage des Festivals im Jahr 2020. Zitat: »Was uns seit ein paar Jahren ein Dorn im Auge ist, sind die Festival-Touristen, die keine Karten haben, gar keine W.O.A.-Fans sind und über unsere Hauptstraße laufen. Die machen Dreck und Ärger und benehmen sich nicht ordentlich.« Siehe www.faz.net/aktuell/gesellschaft/menschen/buergermeister-in-wacken-die-fahnen-sind-auf-halbmast-16881320.html

185 Wobei man sich bei so manchem Merch-Artikel dann doch arg am Kopf kratzen möchte: www.kerrang.com/when-rock-merch-goes-too-far

186 Dazu habe ich hier etwas geschrieben: www.xing.com/news/insiders/articles/laufbahn-b-uber-inspiration-und-das-ungelebte-leben-900993

187 Ich habe lange überlegt, ob ich diese Episode aufschreiben sollte. Am Ende, denke ich, gehört sie zum Gesamtbild dazu.

188 Wobei: Ich fand Michael Stich eigentlich cooler. Support the Underdog!

189 In Wirklichkeit war mein erstes Konzert – wie für viele Kinder meines Jahrgangs – ein Gastspiel der Kelly Family. Allerdings

eins, bei dem sie noch auf dem Bahnhofsplatz spielten und mit dem Hut rumgegangen sind. Doch das hat ja meine Mutter für mich entschieden, also zählt das nicht wirklich.

190 An die wahre Nummer zwei kann ich mich beim besten Willen nicht mehr erinnern. Könnte *Live Magic* von Queen gewesen sein. Dafür bräuchte man sich wirklich nicht schämen als angehender Metalhead.

191 Metalballaden haben die musikalische Verbindung zu meinem Vater über die Zeit getragen. In der zweiten Hälfte der Neunziger war eine Speicherform namens MiniDisc auf dem Vormarsch. Sie verband die klangliche Qualität der CD mit der einfachen Möglichkeit, Songs zu kopieren und wieder zu löschen – ideal für Mixtapes. Fortan nahm ich regelmäßig Compilations mit Metalballaden auf, wenn ich genug neue CDs gekauft hatte. Ich glaube, er hat sich darüber gefreut. Und ich konnte meinen Freunden stolz erzählen, dass mein Vater Blind Guardian und Manowar hört.

192 Den Satz lernt man für gewöhnlich in der ersten Woche der Grundausbildung bei der Bundeswehr, bei mir war das im Herbst 1997 der Fall.

193 Oder war es Eierlikör?

194 www.bbc.com/news/uk-england-birmingham-38768573

195 Siehe auch dieses Interview mit Tom Angelripper von Sodom: https://loudwire.com/sodom-tom-angelripper-war-interview

196 Ausnahmen: Metalstile, die sich in der Nachfolge des Hardcore sehen, sind häufig (i. w. S.) links, wie es auch Marcus Bischoff in seinem Interview betont. Auf der anderen Seite des Spektrums läge dann der Nationalsozialistische Black Metal (NSBM).

197 Scott (2012, S. 237, übersetzt durch mich).

198 Moberg (2012).

199 www.deutschlandfunk.de/wacken-festival-wie-viel-religion-steckt-im-metal-100.html

200 Oh, diese Bilder im Kopf!

201 Hundert Prozent Lemmy, vierzig Prozent Jack Daniel's.

202 Ryan et al. (2008, S. 158, übersetzt durch mich).

203 www.rollingstone.de/lemmy-kilmister-asche-pistolen-kugeln-2249741 bzw. https://loudwire.com/motorhead-road-crew-members-get-fresh-tattoos-with-lemmys-ashes. Eine Petition, in der gefordert wurde, ein neu entdecktes chemisches Element nach ihm zu benennen, ist leider gescheitert:

www.fr.de/ratgeber/medien/lemmy-kilmister-zu-ehren-zehntausende-wollen-lemmium-zr-6013187.html

204 Hoffentlich.

205 Kneer und Rieger (2016, S. 258, übersetzt durch mich); siehe auch: www.metal-hammer.de/studie-metal-fans-koennen-besser-mit-dem-tod-umgehen-650283

206 Whitaker (2019, ohne Seitenangabe, übersetzt durch mich).

207 Elvers (2016, ohne Seitenangabe, übersetzt durch mich).

208 Damit hat Marcus eine Gemeinsamkeit mit der früheren Nightwish-Sängerin Anette Olzon, die ebenfalls als Krankenpflegerin arbeitet: www.metal-hammer.de/anette-olzon-schultert-zwei-jobs-gleichzeitig-1870869. Viele berühmte Musiker haben (oder hatten früher) bürgerliche Berufe: https://metalinjection.net/lists/10-metal-musicians-with-smart-day-jobs

209 www.metal-hammer.de/heaven-shall-burn-chart-krieg-sieg-gegen-lombardi-1442313

210 Siehe auch diese Einschätzung zum Album *Black Metal*: www.rockhard.de/reviews/venom-black-metal_243597.html

211 www.tagesspiegel.de/gesellschaft/iron-maiden-saenger-bruce-dickinson-himmelherrgott-natuerlich-ist-das-ironisch/22659944.html

212 www.ripleys.com/weird-news/loudest-bands

213 Und bei Spinal Tap natürlich auf Elf.

214 www.spiegel.de/kultur/musik/anti-boygroup-knorkator-wir-sind-haesslich-und-stehen-dazu-a-90292.html

215 Eine ähnliche Storyline verfolgt *Night of the Beast* (Kolumbien, 2020). Hier versuchen Teenager im Jahr 2008 unter großen Mühen, zu einem Konzert von Iron Maiden in Bogotá zu gelangen.

216 »Heavy Trip« (Finnland, 2018) verfolgt eine vergleichbare Storyline. In »School of Rock« (USA, 2003) wiederum schleicht sich ein gerade von seiner Band geschasster Gitarrist (Jack Black) als Aushilfslehrer in einer noblen Mittelschule ein und formt aus den jungen Schülern eine Rockband, um mit dieser das Preisgeld bei einem Bandwettbewerb abzusahnen.

217 Der Film *Deathgasm* (Neuseeland, 2015) treibt das Ganze auf die Spitze, indem er die typischen Metalklischees mit Zombie-Splatter kreuzt. Nachdem eine Teenie-Band durch das Spielen geheimer Noten einen Dämon beschwört hat, müssen sie ihre Stadt verteidigen. So, wie der Dämon durch

Metal gerufen wird, wird er am Ende durch harte Riffs wieder vernichtet.

218 Ausnahmen vom typischen Metalfilmklischee bieten sowohl das isländische Drama *Metalhead* von 2013 wie auch *Sound of Metal* (2019). Das erstgenannte Werk ist auch eine Coming-of-Age-Geschichte, geht das Thema jedoch wesentlich düsterer an. Der zweitgenannte Film handelt von einem Drummer, der mit den Folgen seines Gehörverlusts kämpft. Darüber hinaus kann ich *Mission to Lars* (UK, 2012) sowie *Höchste Höhen und brutale Tiefen* (Kanada, 2015) empfehlen. Der erstgenannte Film ist eine berührende Dokumentation über ein Geschwister-Trio: Tom ist Autist und träumt davon, einmal im Leben seinem großen Idol Lars Ulrich zu begegnen. Die beiden anderen, eine Journalistin und ein Filmemacher, versuchen dies unter großen Mühen zu ermöglichen. Der zweitgenannte Film ist eine Dokumentation über Metalsängerinnen und die besonderen Herausforderungen, die es in dieser Rolle zu bewältigen gibt (unter anderem mit Doro, Floor Jansen von Nightwish und Simone Simons von Epica).

219 Scheller (2020, S. 22).

220 https://wortwuchs.net/katharsis

221 Hartmut Rosa (2019, S. 163) schreibt dazu: »Selbst (und gerade) Musik, welche Traurigkeit, Schwermut, Hoffnungslosigkeit oder Zerrissenheit zum Ausdruck bringt, vermag uns zu berühren, weil wir sie als Resonanz auf unsere eigene Trauer, Melancholie oder Zerrissenheit […] erfahren können.«

222 https://de.statista.com/statistik/daten/studie/171214/umfrage/interesse-an-hardrock-und-heavy-metal bzw http://miz.org/downloads/statistik/31/31_Bevorzugte_Musikrichtungen_Altersgruppen.pdf

223 https://www.rollingstone.de/studie-beweist-metal-fans-sind-weltweit-die-loyalsten-hoerer-701139

224 www.destatis.de/DE/Themen/Gesellschaft-Umwelt/Bildung-Forschung-Kultur/Bildungsstand/_inhalt.html bzw https://de.statista.com/themen/293/durchschnittseinkommen

225 Laut einer aktuellen Umfrage machen neunzehn Prozent der Deutschen hobbymäßig Musik, inklusive Singen: www.das-musikinstrument.de/news-aktuelles/studie-19-prozent-der-deutschen-machen-aktiv-musik. Da in dieser Studie allerdings Kinder ab sechs Jahren enthalten sind und nicht wenige davon vermutlich in der späten Jugend das Musizie-

ren wieder ad acta legen, sind die fünfundzwanzig Prozent in dieser Stichprobe umso höher zu gewichten.

226 Ich habe im Vorfeld zur Veröffentlichung der Studie viel mit Menschen über diese Cluster diskutiert. Einige empfinden sie - und das kann ich durchaus nachvollziehen - als zu grob gezeichnet. Manche vermissen z. B. den Prog-Nerd, einen meist männlichen Protagonisten, der den Viervierteltakt für ein Verbrechen an der Menschheit und Dream Theater für Kirmesmusik hält. Ich will gar nicht abstreiten, dass es diesen Typus gibt. Ich habe mich allerdings recht streng an das gehalten, was ich in den Daten gefunden habe - und da zeigt sich beispielsweise, dass es insgesamt recht wenige Menschen gibt, bei denen Progressive Metal ganz oben auf der Liste der Lieblingsstile steht. Folglich hat es auf der Basis der verwendeten Methode (k-Means-Algorithmus) nicht für eine gesonderte Erwähnung gereicht.

227 In der Gesamtstichprobe sind rund fünfundsechzig Prozent Männer und fünfunddreißig Prozent Frauen vertreten. Es ist also prinzipiell zu erwarten, dass auch in allen Untergruppen mehr Männer vorhanden sind.

228 Das ist insofern eine Besonderheit, als dass Thrash Metal ansonsten das wichtigste Bindeglied zwischen den verschiedenen Metalpersonas ist: Alle - bis auf Gothic Girl - mögen zumindest in der Tendenz Metallica, Slayer, Megadeth und Co., auch wenn Thrash nicht ihr absoluter Lieblingsstil ist.

229 www.geo.de/magazine/geo-kompakt/15836-rtkl-big-five-modell-fuenf-charakterzuege-die-jeder-hat-so-entschluesseln

230 Ich betone hier explizit, dass keine Ausprägung per se gut oder schlecht ist. Das Modell ist in dieser Hinsicht neutral. Allerdings kann man festhalten, dass extreme Ausprägungen auf den Dimensionen mit spezifischen Herausforderungen einhergehen (können). So ist z. B. vorstellbar, dass ein außergewöhnlich hohes Maß an Introvertiertheit in bestimmten sozialen Situationen nachteilige Konsequenzen zeitigen kann. Für das Gegenteil - sprich: außergewöhnlich hohe Extraversion - gilt das allerdings auch.

231 Rammstedt et al. (2012): www.ssoar.info/ssoar/bitstream/handle/document/31213/ssoar-2012-rammstedt_et_al-eine_kurze_skala_zur_messung.pdf

232 Die Daten für die nicht-metallische Bevölkerung beruhen auf einer Stichprobe, die deutlich mehr Frauen beinhaltet. Zudem sind die Personen im Mittel ein gutes Dutzend Jahre älter. Vor diesem Hintergrund müssen einige der hier interpretierten Unterschiede gesondert eingeordnet werden, weil es für die Big-Five-Dimensionen natürliche Unterschiede zwischen Männern und Frauen wie auch zwischen jüngeren und älteren Personen gibt. In vielen Studien zeigt sich: Frauen sind im Durchschnitt gewissenhafter, ein klein wenig extrovertierter und etwas verträglicher. Zudem zeigen sie deutlich höhere Werte beim Neurotizismus. Zum Alter: Junge Menschen sind im Mittel offener und extrovertierter, ab der Mitte des Lebens gehen diese Werte zum Teil deutlich zurück. Mit zunehmendem Alter wachsen hingegen Gewissenhaftigkeit und Verträglichkeit, zudem werden wir emotional stabiler (sprich: der Neurotizismus geht zurück). Das ist übrigens – ganz unabhängig von dieser Studie – eine gute Nachricht. Nach der für viele Menschen real existierenden Midlife-Crisis wird das Leben subjektiv betrachtet angenehmer. Etwas weniger Party und Flausen im Kopf, dafür entspannter, zufriedener und letztlich für andere leichter zu ertragen. Keine verkehrten Aussichten …

233 Swami et al. (2013).

234 www.shz.de/regionales/themen/wacken-open-air/die-polizeibilanz-fuer-wacken-im-grossen-und-ganzen-entspannt-id17503156.html

235 Kotov et al. (2010).

236 DeNeve und Cooper (1999).

237 www.managerseminare.de/ms_Artikel/Bestandsaufnahme-Positive-Psychologie-Erwachsene-Erkenntnisse,282287; der Podcast zum Beitrag ist kostenfrei.

238 https://link.springer.com/article/10.1007/s41543-019-00021-0

239 Wammerl et al. (2019).

240 Boudouda und Gana (2020).

241 www.rollingstone.com/music/music-lists/pmrcs-filthy-15-where-are-they-now-60601/sheena-easton-sugar-walls-181065

242 Einer der Männer starb sofort, der andere wurde schwer verletzt und starb einige Jahre später: https://www.rollingstone.com/music/music-features/judas-priests-subliminal-message-trial-rob-halford-looks-back-57552

243 https://loudwire.com/ozzy-osbourne-exonerated-suicide-solution-fan-death-lawsuit-anniversary

244 Dazu passt folgende statistische Beobachtung: Je stärker Menschen der Aussage zustimmen, dass Metal schon einmal ihr Leben gerettet habe, desto intensiver nutzen sie die Musik zum Emotionsmanagement. Die lineare Korrelation beträgt 0.42. Das ist ein recht deutlicher Zusammenhang.

245 https://praxistipps.focus.de/diathese-stress-modell-einfach-erklaert_124996

246 Neben den Ereignissen in meiner Jugend hatte ich um meinen dreißigsten Geburtstag eine Episode, die das Schlüssel-Schloss-Prinzip gut verdeutlicht: Ich habe damals, parallel zur Promotion, (zu) viel gearbeitet und (zu) viele Fortbildungen absolviert, war in diesem Zustand jedoch über lange Zeit stabil. Dann ist innerhalb kurzer Zeit meine Stelle als Assistent am Lehrstuhl ausgelaufen (Geldsorgen), mein Opa verstorben und meine damalige Beziehung zerbrochen. Das hat mich für einige Wochen übel aus der Spur gehauen. Etwas später lernte ich meine heutige Frau kennen. Diese Verbindung und auch der Abschluss der Doktorarbeit haben viel Stabilität in mein Leben gebracht.

STICHWORTVERZEICHNIS